PSICOTERAPIA SOMÁTICA

La información contenida en este libro se basa en las investigaciones y experiencias personales y profesionales del autor y no debe utilizarse como sustituto de una consulta médica. Cualquier intento de diagnóstico o tratamiento deberá realizarse bajo la dirección de un profesional de la salud.

La editorial no aboga por el uso de ningún protocolo de salud en particular, pero cree que la información contenida en este libro debe estar a disposición del público. La editorial y el autor no se hacen responsables de cualquier reacción adversa o consecuencia producidas como resultado de la puesta en práctica de las sugerencias, fórmulas o procedimientos expuestos en este libro. En caso de que el lector tenga alguna pregunta relacionada con la idoneidad de alguno de los procedimientos o tratamientos mencionados, tanto el autor como la editorial recomiendan encarecidamente consultar con un profesional de la salud.

Título original: Somatic Psychotherapy Toolbox 125 Worksheets and Exercises
                to Treat Trauma & Stress
Traducido del inglés por Francesc Prims Terradas
Diseño de portada: Editorial Sirio, S.A.
Maquetación: Toñi F. Castellón

© de la edición original
  2019 de Manuela Mischke-Reeds

  Edición publicada con autorización de Susan Schulman Literary Agency LLC, Nueva York

© de la presente edición
  EDITORIAL SIRIO, S.A.
  C/ Rosa de los Vientos, 64
  Pol. Ind. El Viso
  29006-Málaga
  España

www.editorialsirio.com
sirio@editorialsirio.com

I.S.B.N.: 978-84-19685-75-9
Depósito Legal: MA-2120-2024

Impreso en Imagraf Impresores, S. A.
c/ Nabucco, 14 D - Pol. Alameda
29006 - Málaga

Impreso en España

Puedes seguirnos en Facebook, Twitter, YouTube e Instagram.

 El papel utilizado para la impresión de este libro está **libre de cloro** elemental (ECF) y su procedencia está certificada por una entidad independiente, no gubernamental, que promueve la sostenibilidad de los bosques.

MANUELA MISCHKE-REEDS

PSICOTERAPIA SOMÁTICA

125 hojas de trabajo y ejercicios para tratar
el trauma y el estrés

EDITORIAL
SIRIO

Sé amable con tu cuerpo,
es tu mejor amigo y estará siempre contigo.

«Nuestro cuerpo es una fuente de verdad».
—Albert Pesso

«Si tienes un cuerpo vivo, nadie puede decirte cómo experimentar el mundo. Y nadie puede decirte cuál es la verdad, porque la experimentas por ti mismo».
—Stanley Keleman

«El cuerpo humano no es un instrumento para utilizar, sino un ámbito de nuestro ser que hay que experimentar, explorar, enriquecer y, de esta manera, educar».
—Thomas Hanna

«El cuerpo es tu entorno más cercano».
—Jean Klein

Índice

Reconocimientos y agradecimientos

La psicoterapia somática cuenta con una larga tradición en la que se interconectan diversas escuelas y corrientes somáticas. Las técnicas que se incluyen en este libro se pueden encontrar en diferentes escuelas. He utilizado muchas de ellas a lo largo de mis veinticinco años de práctica clínica y han evolucionado y cambiado a partir de las contribuciones de mis clientes en el curso del tiempo. A través de los resultados obtenidos en la sanación podemos ver el verdadero poder transformador del trabajo somático.

Quiero expresar mi reconocimiento a algunas de las influencias destacadas que han moldeado mi vida profesional y mi labor de enseñanza. Para empezar, las influencias de la psicoterapia Hakomi y los talentosos formadores de Hakomi de todo el mundo, con quienes he tenido el privilegio de trabajar codo a codo. Quiero manifestar un agradecimiento especial a Somatic Experiencing y al doctor Peter Levine, la doctora Marianna Eckberg y la fundadora de Sensorymotor, la doctora Pat Ogden, quienes me inspiraron en mis primeros pasos como terapeuta del trauma. También quiero expresar mi reconocimiento a Emilie Conrad y Susan Harper, fundadoras de Continuum Movement. En este libro también se pueden encontrar las influencias de la terapia Gestalt, la somática de Hanna, el sistema Bodynamic, Janina Fisher, Don Johnson, Ann Halprin y el trabajo con el trauma de Babette Rothschild, así como el EMDR (siglas en inglés de desensibilización y reprocesamiento por movimientos oculares). Además, quiero agradecer la influencia de Reggie Ray por inspirarme a experimentar la práctica de la meditación como concreción de la práctica espiritual.

CAPÍTULO 1

Introducción

POR QUÉ TODO TERAPEUTA DEBE INTEGRAR EL CUERPO EN LA PSICOTERAPIA

Creemos que vivimos en nuestro cuerpo. Pero ¿cuántos de nosotros tenemos, realmente, plena conciencia del cuerpo? Los profesionales de la salud mental saben que los traumas, el estrés, la ansiedad y la depresión pueden dar lugar a multitud de síntomas, como insomnio, irritabilidad, alteraciones emocionales, ataques de pánico, sensaciones corporales asociadas con la depresión, etc. Es fácil pensar que estos síntomas se pueden sanar trabajando con los patrones de pensamiento y las emociones solamente, pero la verdad es que vivimos y soñamos en el cuerpo. Los síntomas son corporales. Sin embargo, raramente consideramos que la sanación pueda proceder del propio cuerpo o que este pueda inspirarla. Ahora bien, percibimos el mundo que nos rodea a través de nuestras respuestas corporales. Y no dormir bien, los pensamientos recurrentes, las preocupaciones sobre la familia o el futuro, el duelo y los traumas tienen efectos terribles en la salud. El cuerpo está sufriendo ataques y no podemos sanarlo solo con la mente.

A lo largo de mis veinticinco años de práctica clínica, muchos clientes han tenido la valentía de hablarme de lo que les ocurría en la relación con su cuerpo. Es habitual que me expliquen que se sienten profundamente desconectados de sí mismos, distanciados de la realidad o, peor aún, fuera de su cuerpo. Cuando nosotros, como humanos, estamos desconectados de nuestro cuerpo, también lo estamos de la vida. Los hábitos pueden disimular el dolor y la ansiedad puede dar paso a hábitos y adicciones. El profundo deseo de habitar plenamente el cuerpo lo tenemos todos. En los años que llevo escuchando a clientes y estudiantes, hay algo que me ha quedado muy claro: queremos estar vivos en nuestro cuerpo, vivir plenamente nuestra experiencia. Sin embargo, la conexión instintiva con el cuerpo no se cultiva adecuadamente en el ámbito clínico.

Cualquiera que sea la modalidad clínica que practiquemos como terapeutas, cuando estamos con un cliente, todos nos encontramos frente a un cuerpo dinámico que respira. El propósito de este libro es ayudar a los terapeutas a incorporar los distintos tipos de conciencia somática. Por ejemplo, existen patrones de respiración, cambios en la piel, movimientos de los ojos, posturas, movimientos y gestos sutiles que expresan determinados estados de ánimo, sentimientos y paisajes internos. Es posible estudiar estas manifestaciones corporales y trabajar de manera efectiva con ellas. Fomentar la conciencia corporal del cliente es una herramienta potente para impulsar su transformación. Y, por supuesto, este trabajo no es solo para el paciente o cliente; el terapeuta que se sienta en calma consigo mismo puede evaluar su propio estado corporal desde el punto de vista somático. De esta manera, llegará a estar más preparado para explorar somáticamente el mundo interior y la sabiduría corporal de sus clientes.

Otro enfoque que se utilizará en estas páginas es el del mindfulness o atención plena. El mindfulness ha tenido un gran impacto en nuestra sociedad y en el campo de la psicología en los últimos años. Muchos terapeutas lo han incorporado a la modalidad de tratamiento que practican. Con el uso del mindfulness, el cliente examina su conciencia somática, cómo se «siente» por dentro. Pero a menudo no tiene lugar un seguimiento para facilitar que las sensaciones somáticas se conviertan en una experiencia coherente. En pocas palabras: los clientes aprenden a ser conscientes de su experiencia somática, pero no lo que tienen que hacer para adentrarse en ella de manera segura. Y esto último es crucial cuando se trabaja con el estrés y el trauma.

Muchos terapeutas me preguntan *cómo* deben orientar a sus clientes en cuanto a la conciencia básica del cuerpo y el trabajo con las sensaciones corporales. A lo largo de los años, colegas y alumnos me han preguntado, entre otras cosas, cómo pueden lograr que sus clientes estén más conectados con su cuerpo o me han pedido que les dé algunas ideas que puedan ofrecerles sobre el aspecto somático. Pues bien, en este volumen doy respuesta a estas preguntas y peticiones, dado que todo terapeuta necesita contar con un repertorio somático básico.

El campo de la psicoterapia ha madurado hasta el punto de que podemos permitirnos salir de nuestro ámbito de especialidad y aprender de diversas disciplinas terapéuticas por el bien de nuestros clientes. A partir de esta filosofía ofrezco aquí una serie de técnicas somáticas potentes, para que las utilices con tus clientes. Trabajar con la experiencia somática del cliente debería ser tan natural como emplear cualquier otra herramienta psicológica. Al hacerlo, trabajamos con el mayor activo con el que contamos para fomentar la sanación y el bienestar: la sabiduría corporal innata.

¿QUÉ TIENE DE DIFERENTE ESTE LIBRO?

La separación cartesiana entre cuerpo y mente está vigente y se mantiene fuerte en la cultura dominante. «Pensamos» que podemos superar los problemas aplicando el razonamiento cognitivo solamente. La psicología occidental da prioridad a la mente sobre el cuerpo, en lugar de confiar en la inteligencia del cuerpo. Se ha prestado muy poca atención a los sentimientos y sensaciones en relación con la conciencia corporal, lo cual puede explicar, en parte, por qué las técnicas somáticas aún no se han integrado ampliamente en la psicoterapia convencional. Sin embargo, la conciencia holística del cuerpo-mente es crucial en cualquier proceso de curación de los trastornos mentales y las dificultades físicas a que se enfrentan nuestros clientes.

Una serie de creencias culturales profundas tienen un impacto en la forma en que percibimos el cuerpo. Al trabajar con este, debemos saber cuáles son estas improntas culturales y respetarlas, dentro de la comprensión que debemos tener de nuestros propios prejuicios, así como los del cliente. El reconocimiento de que las emociones son inteligentes abre la puerta a considerar que el pensamiento no basta para conseguir la sanación. La década del cerebro trajo la conciencia de que los patrones de pensamiento influyen en el cuerpo. Y actualmente se está reconociendo que nuestras experiencias están interconectadas con nuestros estados cerebrales, nuestros patrones emocionales, lo que creemos y la forma en que habitamos nuestro cuerpo.

La ola del mindfulness nos ha traído herramientas para investigar, calmar la ajetreada mente y escuchar lo que dice nuestro corazón en el trasfondo. También ha puesto de relieve la necesidad global de aliviar el estrés y el valor del silencio, y ha mostrado un camino hacia la autorrealización y la salud. Asimismo hemos descubierto el poder del momento presente. El único momento, en el continuo pasado-presente-futuro, en el que podemos realizar cualquier cambio es el ahora. Y es ahora cuando necesitamos integrar la década del cerebro y el descubrimiento del mindfulness en la experiencia que tenemos del propio cuerpo. Las técnicas somáticas pueden unir lo que se ha descubierto sobre el cerebro y la mente con la investigación de nuestra propia experiencia vital. El camino que conduce a habitar plenamente el cuerpo puede recorrerlo cualquier ser humano.

El trauma aleja al cliente de su cuerpo, hace que su mente y su corazón dejen de estar sanos y adultera la conciencia del cuerpo. Una de las razones por las que las técnicas somáticas han tenido tanto éxito con los clientes que sufren traumas es que estos ven lo mucho que se han alejado de su salud innata. Cada cliente traumatizado al que he conocido albergaba tanto un temor a los síntomas del trauma como un profundo deseo de volver a sentirse una entidad holística. Este deseo es indicativo de que el cuerpo sabe, en lo más íntimo, que hay una forma de recuperar la salud. Esta sensación es la conciencia somática.

Este libro tiene como objetivo enseñar al cliente y al terapeuta herramientas para ayudarlos en su viaje de regreso al cuerpo, la salud y la sabiduría.

Es importante señalar que la sensibilidad del terapeuta es fundamental. El terapeuta no puede facilitar con éxito el trabajo somático sin haberlo hecho en sí mismo. El terapeuta que habita bien su cuerpo sabrá cómo guiar al cliente de regreso a su sabiduría corporal. El kit de herramientas del terapeuta debe ser lo suficientemente ecléctico como para que este pueda ofrecer técnicas somáticas que se adapten al cliente en el momento. Estar en contacto con tu propia sabiduría corporal hará que estés abierto y receptivo* a lo que es correcto ofrecerle a tu cliente. Es entonces cuando puede producirse una transformación verdadera y duradera.

CUATRO HITOS EN TU VIAJE

Este libro contiene cuatro partes. La **primera parte** prepara al terapeuta para tener en cuenta unas pautas básicas y comprender la importancia de trabajar con el cuerpo. Aquí verás cómo configurar de manera segura las intervenciones somáticas. La clave del éxito reside en que incorpores estas técnicas, muy interesantes, a tu repertorio de recursos terapéuticos. El buen ojo del terapeuta para los detalles y lo que yo llamo *rastreo* o *seguimiento* (advertir los cambios sutiles) marca la diferencia a la hora de ofrecer una intervención cuidadosa que beneficie realmente al cliente. Dedica un tiempo a leer las pautas básicas y los aspectos de seguridad que se exponen en el capítulo cuatro para situarte en la postura mental correcta, que debe ser abierta y receptiva.

---

* N. del T.: Por razones prácticas, se ha utilizado el masculino genérico en la traducción del libro. Dada la cantidad de información y datos que contiene, la prioridad al traducir ha sido que la lectora y el lector la reciban de la manera más clara y directa posible.

La **segunda parte** aborda las herramientas concretas que puedes usar para prepararte para trabajar somáticamente con los clientes. Esta es una parte fundamental del trabajo somático: el cultivo de la sabiduría somática del terapeuta y la labor de preparación de este. Se incluyen herramientas y métodos para que los utilices y te familiarices con ellos.

La **tercera parte** se centra en la forma de integrar las herramientas somáticas en tu práctica actual. La intervención somática puede combinarse fácilmente con las modalidades existentes con las que ya te sientes cómodo e integrarse en ellas. Especialmente si usas el mindfulness en tu trabajo, estas técnicas te parecerán una extensión natural de lo que has estado haciendo. El mindfulness y su aplicación desde una perspectiva orientada al cuerpo son clave para usar con éxito estas técnicas. Tanto el cliente como el terapeuta deben ser capaces de percibir los cambios que se producen en el cuerpo. Hay un abanico de técnicas y formas de trabajar, desde el uso del dibujo del cuerpo como medio hasta intervenciones de movimiento seguras que se pueden usar con muchas personas, pasando por la percepción física de los límites y el trabajo con la postura. Estas herramientas ayudarán al terapeuta a conducir al cliente a una sanación más profunda en su interior.

La conciencia del cuerpo y la respiración constituyen el núcleo de toda técnica somática. Hay una sección que aborda estas técnicas y ofrece pasos concretos para trabajar con ellas. También incluyo el uso del toque seguro; a este respecto, cada terapeuta deberá aplicar su propio criterio pensando en los beneficios que podrá proporcionar, lo que le permita su licencia, su grado de comodidad y el grado de comodidad del cliente. No incluir el uso del toque contravendría de forma muy importante lo que representan las técnicas somáticas; no obstante, debemos sujetarnos a las normas de atención al paciente o cliente al aplicar este tipo de intervención. Por favor, familiarízate con las normas al respecto vigentes en el lugar donde ejerces y lo que permita tu licencia. (Por ejemplo, en el estado de California hay una gran precaución entre los psicoterapeutas con licencia en cuanto al uso del toque). Hay muchas consideraciones éticas sobre cómo usar el toque de manera segura y apropiada, pero es legal utilizarlo. Ten en cuenta el marco legal y ético de tu estado o tu país antes de utilizar el toque seguro.

La **cuarta parte** examina más a fondo las intervenciones somáticas específicas que son útiles con los clientes que sufren estrés o algún trauma. Un alto porcentaje de clientes que padecen el trastorno de estrés postraumático u otros trastornos de estrés presentan problemas de tipo somático, y la inclusión del cuerpo es un factor importante en la recuperación del recuerdo traumático y la sanación de los síntomas del trauma. Destaco la importancia que tiene proporcionar recursos somáticos al cliente y contar con técnicas útiles de apoyo; esto es fundamental en el trabajo somático con el trauma.

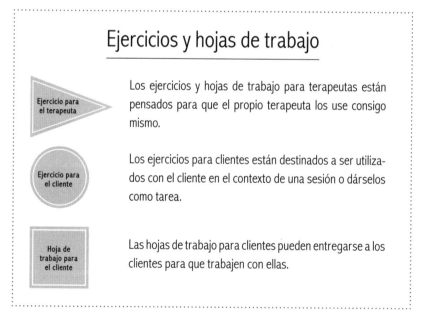

Ejercicios y hojas de trabajo

Ejercicio para el terapeuta
Los ejercicios y hojas de trabajo para terapeutas están pensados para que el propio terapeuta los use consigo mismo.

Ejercicio para el cliente
Los ejercicios para clientes están destinados a ser utilizados con el cliente en el contexto de una sesión o dárselos como tarea.

Hoja de trabajo para el cliente
Las hojas de trabajo para clientes pueden entregarse a los clientes para que trabajen con ellas.

PRIMERA PARTE

DIRECTRICES — Sobre el cuerpo y el trabajo con él

CAPÍTULO 2

¿Qué es el soma?

> *La conciencia somática se encuentra en la vanguardia [...] y representa una forma de empoderar verdaderamente a las personas en sus esfuerzos por mantener o recuperar una buena salud. La conciencia somática constituye una sabiduría innata que tiene el ser humano sobre su propia salud psicobiológica [...] La conciencia somática representa el siguiente estadio en la evolución de la atención integral.*
>
> **—Donald Bakal**

¿QUÉ ES EL SOMA?

La palabra griega *soma* significa 'cuerpo'. *Psyche* significa 'mente'. Por lo tanto, la psicoterapia somática es el estudio de la interacción entre el cuerpo y la mente. Referirse al soma en el contexto de la psicoterapia es hacer referencia a la capacidad de percibirse a uno mismo a través de las sensaciones. La *interocepción* es la capacidad de sentir el propio cuerpo a través de las emociones, las sensaciones y distintos estados corporales. A menudo, se considera que los términos *sentimientos* y *emociones* pueden usarse indistintamente. Sin embargo, si bien hacen referencia a realidades que están interconectadas, no indican lo mismo. Las emociones son respuestas de nivel inferior basadas en sensaciones; pueden obedecer a cambios bioquímicos en el cerebro. En cambio, los sentimientos empiezan a formarse en las regiones neocorticales del cerebro y son importantes para la consolidación de los recuerdos. Las emociones son anteriores a los sentimientos; son primarias y directas, y tienen un carácter físico. Por otra parte, el doctor Antonio Damasio dice que los sentimientos son «experiencias mentales de estados corporales que surgen a medida que el cerebro interpreta las emociones». A lo largo del libro, usaré la palabra *sentimiento* con los clientes para facilitar su comprensión. Y utilizaré a menudo la palabra *experiencia*, ya que será más precisa para suscitar las emociones y la experiencia somática que buscamos en este libro. Esto te ayudará a buscar las experiencias más primarias del soma. Las sensaciones se pueden experimentar por sí mismas y pueden proporcionar una experiencia directa del propio cuerpo que puede aportar nueva información al yo. Por ejemplo, puedes estar comiendo helado y disfrutar del sabor a avellana y chocolate sin que estén presentes emociones. Sin embargo, también puedes tener el pensamiento de estar comiendo el mismo helado en las vacaciones que has pasado en Florencia en fechas recientes, lo que te inundará de sensaciones y también de emociones y recuerdos. Esta unión de emociones, sensaciones y recuerdos es lo que encontramos a menudo cuando los clientes quedan atrapados en recuerdos traumáticos o imágenes inquietantes.

Otra capacidad que tenemos es el sentido *propioceptivo*. Es una autoconciencia que se experimenta a través del movimiento del cuerpo. Descubrimos dónde estamos en el tiempo y el espacio gracias a nuestra propiocepción. Pues bien, la interocepción y la propiocepción interactúan a través de las vías nerviosas y espinales del cerebro y el resto del cuerpo, integrándose en una conciencia del cuerpo cohesionada. Esta integración se percibe mediante emociones y sensaciones.

¿QUÉ ES LA PSICOTERAPIA SOMÁTICA?

La psicoterapia somática es un enfoque integrador cuyo objetivo es tratar al ser humano en su totalidad. Los pensamientos, los sentimientos, las sensaciones, la actitud y los sistemas de creencias de una persona dada tienen un impacto en su bienestar físico. ¿Cómo se está experimentando a sí misma la persona en los distintos ámbitos de su existencia? ¿Qué cree sobre sí misma? Y ¿sobre qué cuestiones alberga unas creencias tan estrechas o limitantes que ello está afectando a su bienestar físico y emocional?

El psicoterapeuta somático considera que el cuerpo y la mente están esencialmente interconectados e investiga cómo se expresa la persona a través de sus posturas, gestos, patrones musculares, patrones emocionales y excitaciones fisiológicas; y luego ayuda a facilitar procesos de autorregulación cuando el cuerpo-mente se ha desequilibrado.

La psicoterapia somática es altamente efectiva con los síntomas asociados al trauma porque estos suelen experimentarse de manera muy física en el cuerpo. La psicoterapia somática utiliza el mindfulness, la conciencia corporal, la conciencia de la respiración y herramientas orientadas al cuerpo para guiar a los clientes hacia sus recursos internos y externos con el fin de que puedan estabilizar cualquier sintomatología alterada. A continuación los clientes pueden explorar, con atención plena, opciones para resolver los patrones emocionales y fisiológicos que les estén causando problemas.

¿POR QUÉ ES TAN IMPORTANTE HABITAR EL PROPIO CUERPO?*

> La conciencia de habitar el cuerpo** es *la capacidad que tenemos de prestarnos atención a nosotros mismos; de sentir nuestras sensaciones, emociones y movimientos en un estado de conexión, en el momento presente, sin la influencia mediadora de pensamientos críticos.*
>
> —**Allen Fogel**

Vivimos en una cultura que no atiende a la conexión con el propio cuerpo. Pasamos cada vez más tiempo combatiendo el aburrimiento y ocupando nuestros breves períodos de atención con distintos medios de comunicación, y cada vez menos tiempo sintiendo y percibiendo nuestras respuestas a lo que consumimos. El resultado es una sensación de desconexión física y emocional que va desde el embotamiento hasta la disociación y la apatía. En pocas palabras: dejamos de ser conscientes de que habitamos un cuerpo. Afortunadamente, cuando recuperamos esta conciencia se reduce el embotamiento.

Cuando habitamos el cuerpo, sentimos por los demás, ya que gozamos de empatía. A través de la empatía, conectamos con el dolor de los demás y podemos tomar medidas para proteger a las personas vulnerables*** de nuestro entorno, o el medioambiente circundante, porque todo ello nos importa. El hecho de desconectar de nuestro yo encarnado nos lleva a desconectar directamente de nuestro cuerpo más grande: la Tierra. Las cifras son claras: menos personas pasan tiempo en la naturaleza, más niños están pegados a sus dispositivos y

---

* N. del T.: En esta obra, se habla de *habitar el cuerpo* para traducir el concepto inglés *embodiment*. Esta idea se traduce en psicología como 'incorporación', 'encarnación' o 'corporización', o se opta por dejar la forma original en inglés. Consideramos que estas diversas alternativas pueden dar lugar a confusiones y, ante la falta de un criterio unificado, se ha optado aquí por una denominación poco difundida que, sin embargo, estimamos que refleja con un grado de fidelidad aceptable el concepto que se quiere expresar.

** N. del T.: Traducción de *embodied self-awareness*, literalmente 'autoconciencia encarnada'.

*** N. del T.: En el original inglés, *the vulnerable*, sin más, por lo que la autora podría estar pensando también en otros seres vivos además de los humanos.

juegos digitales que nunca antes, y los adultos se entumecen con diversas modalidades de entretenimiento, fragmentos de noticias y distracciones. Nuevos sectores centrados en las redes sociales y las noticias están floreciendo con esta nueva adicción global, y el resultado es la desconexión respecto del cuerpo.

Muchas personas no siguen una práctica diaria o regular para volver a conectar con su cuerpo. Percibimos y sentimos a través del cuerpo a cada minuto del día, pero rara vez nos damos cuenta de que lo estamos haciendo. **Solo cuando surgen tensiones o dolor en el cuerpo prestamos atención a lo que está ocurriendo.**

Otra forma de pensar en esto es que el hecho de habitar el cuerpo asegura nuestra supervivencia. Por ejemplo, si no pudiésemos sentir dolor, podríamos lastimarnos, ya que no percibiríamos que el calor de un fogón nos está quemando la mano. Por lo tanto, el dolor es un mecanismo de alarma necesario en nuestro organismo que nos alerta de los peligros y los riesgos para la supervivencia. Cuando amamos profundamente o disfrutamos con el contacto físico, podemos sentir expansión y **sentimientos de seguridad** en relación con esta experiencia. Si tuviésemos que describir estas sensaciones, diríamos que estamos más conectados o que experimentamos mayor intimidad, que nos sentimos como en casa o que nos invade una sensación de calidez. Estas percepciones del cuerpo son impulsadas por nuestra *exterocepción* (sensibilidad a los estímulos que provienen del exterior del cuerpo) y nuestra *interocepción* (sensibilidad a los estímulos que proceden del interior del cuerpo).

Habitar el cuerpo es sentirse a uno mismo directamente, sin que la mente pensante esté narrando o interpretando todo el rato. No hay juicios ni filtros, tampoco comentarios con origen en creencias internas, por lo que los datos relativos al cuerpo no están elaborados por la mente. Se puede decir que habitar el cuerpo es tener conciencia de este en el momento actual; en este estado, nuestro yo más profundo se comunica con nosotros de forma directa. No estamos centrados en el pasado ni en el futuro, por lo que vivimos en el presente. A menudo describimos este estado, simple pero esquivo, como regresar a casa, estar cerca de nosotros mismos o «estar aquí», sin más.

Esto apunta al valor de *ser* en lugar de *hacer*. En términos modernos, podríamos decir que se trata de ser plenamente conscientes de nuestra experiencia. Actualmente estamos incorporando la atención plena como un camino aceptable hacia la salud y la sanación, sí, pero todavía estamos descuidando la comunicación directa que nos ofrece el cuerpo a través de nuestro soma. La división cartesiana que hemos experimentado debido a la Revolución Industrial (la desconexión entre la mente y el cuerpo, y la creencia de que los pensamientos son más poderosos o confiables que lo que comunica el cuerpo) aún sigue siendo una norma cultural.

> *En los últimos siglos, la gente no ha estado acostumbrada a pensar en su cuerpo como una fuente activa de significado.*
> **—Don Johnson**

Eugene Gendlin, el desarrollador del *focusing*, llamó a esto *the felt sense* ('el sentido sentido') y habló de una sensación corporal intuitiva. Esto difiere del sentir en el sentido de que la conciencia corporal se experimenta como algo continuo con las percepciones interna y externa como una experiencia vivida.

INTEGRAR LAS TÉCNICAS SOMÁTICAS EN PRÁCTICAS EXISTENTES

Es fácil integrar las técnicas de psicoterapia somática en cualquier caja de herramientas de intervención terapéutica. Y si ya trabajas con el mindfulness de alguna manera, aún te resultará más fácil.

Es importante señalar que debes informar e incluir a los clientes en la toma de decisiones al utilizar estas técnicas. Una forma sencilla de hacerlo es proponer un experimento; puedes decirle al cliente, por ejemplo, «¿te gustaría probar un experimento?» o «¿qué te parece si probamos a hacer este ejercicio?».

Al preguntarle, no solo estás mostrando respeto hacia él o ella, sino que también estás estableciendo un estado mental favorable a la experimentación, y todo experimento puede tener éxito, o bien se pueden realizar modificaciones en él, o se puede estudiar y mejorar. Las intervenciones somáticas son experimentos centrados en el cliente destinados a ayudarlo a descubrir por sí mismo lo que funciona y lo que no. Con este enfoque, podemos empoderarlo para que se autogestione y goce de autoconciencia.

Asegúrate de sugerir, explicar y luego hacer un seguimiento de los resultados. El hecho de explicar de antemano en qué va a consistir el ejercicio o la práctica hace que dicha actividad sea segura y accesible para el cliente; le hace sentir que está participando y no limitándose a seguir instrucciones.

Además, permanece abierto a las sugerencias del cliente por si es conveniente cambiar algún aspecto del ejercicio; invítalo a colaborar. Como haría un buen científico, ten claro el punto de partida, sugiere los experimentos y, después, evalúa los cambios que se han producido. ¿Cuáles son los resultados? La mayoría de las técnicas somáticas tienen como objetivo mejorar la autoconciencia e invitar al cliente a descubrir qué puede hacer de manera diferente él o ella. En mi opinión, el tipo de intervención más sostenible y duradera es la que tiene lugar cuando el cliente descubre el cambio por sí mismo.

La forma correcta de proceder:
1. Sugiere el ejercicio.
2. Obtén la aceptación o el permiso del cliente para probar algo nuevo.
3. Sigue las instrucciones.
4. Evalúa el resultado.

Estas son algunas formas de sugerirle al cliente la incorporación
de técnicas somáticas:

- «¿Te gustaría probar a hacer este ejercicio?».
- «¿Qué te parece si probamos esta práctica?».
- «Veamos si podemos ayudarte a _____ con esta nueva experiencia».
- «¿Estás interesado en intentar la siguiente exploración?».

PRINCIPIOS BÁSICOS DE LA SABIDURÍA CORPORAL

Los principios básicos de sabiduría corporal que siguen constituyen
un recordatorio de lo que es verdad, en esencia, en cuanto a las capacidades y tendencias del cuerpo. Tenlos en cuenta tú mismo cuando los presentes a tus clientes y al trabajar juntos con ellos. Incluso
puedes imprimírselos, con el fin de proporcionarles una perspectiva
novedosa en lo relativo a la conexión con el cuerpo. Esto también
puede ayudarles a recordar que las experiencias corporales, ya sean
percibidas como positivas o negativas, no son «inamovibles», sino
de naturaleza transitoria. Cuando se enfrentan al dolor crónico, los
clientes pueden perder de vista el carácter pasajero del dolor y quedar atrapados en la percepción de que su dolor estará ahí siempre.
Trabajar con el cuerpo también significa trabajar con las percepciones
mentales del cuerpo. Además, no olvides que el cerebro y el resto del
cuerpo están conectados.

Siete principios de sabiduría corporal:

1. El cuerpo responde al entorno externo con constricciones,
   bloqueos, tensión muscular o desequilibrios, y manifiesta hábitos no saludables cuando está estresado, cuando se siente
   amenazado en el aspecto fisiológico o emocional, o cuando se
   lo somete a excesos.

2. El cuerpo recuerda implícitamente sentimientos, sensaciones
   y recuerdos cuando está vulnerable, cuando es presa de las

emociones, cuando hay un factor desencadenante o cuando es tocado.

3. El cuerpo cambia todo el tiempo. Es flexible y maleable.

4. La experiencia del cuerpo es transitoria y no dura. Incluso el dolor disminuirá.

5. El cuerpo es capaz de repararse y sanar en cualquier momento.

6. La sabiduría del cuerpo surge cuando le prestamos atención o cuando nos relacionamos con él con amabilidad, curiosidad y paciencia.

7. El cuerpo es el ámbito más importante con vistas a la sanación y la transformación.

CAPÍTULO 3

A qué debemos prestar atención

COMPRENDER LOS SÍNTOMAS DEL CUERPO

El cuerpo se expresa a través de un abanico de sentimientos, sensaciones y tensiones. Por eso, comprender y evaluar correctamente los síntomas o señales que manifiesta el cuerpo es clave para aplicar con éxito las técnicas somáticas. Por ejemplo, un cliente podría decirte que experimenta tensión en un hombro porque ha dormido mal, y podrías considerar que esta es toda la verdad. Pero a través de la lente somática, puedes ver esta tensión como una señal del cuerpo en la que vale la pena profundizar. Podrías decirle al cliente: «Vamos a prestar atención a este hombro ahora mismo. Observa qué puedes percibir o sentir mientras te relajas». Así puede lograrse un grado de conciencia corporal mayor y más significativo.

Aprender sobre la expresión individual del cliente es un factor muy importante en el trabajo de psicoterapia somática. Deberás prestar atención a cómo se mueve su cuerpo, a la manera en que habla de su cuerpo el cliente y a cómo reacciona su cuerpo cuando surgen contenidos emocionales de cierta intensidad. Deberás comprender lo que está diciendo el cliente poniéndolo en relación con la manera en que está expresando eso su cuerpo. Si menciona que hay partes del cuerpo que le duelen o en las que experimenta un dolor recurrente, puede valer la pena prestar atención a estas señales. Puedes optar por no profundizar en ello o puedes decidir explorar la cuestión. Lo importante es aprender a observar cuidadosamente el lenguaje no verbal.

¿A QUÉ CLIENTES LES PUEDEN IR BIEN LAS INTERVENCIONES SOMÁTICAS?

El trabajo de psicoterapia somática puede ser beneficioso para todo el mundo; no obstante, debemos evaluar cada caso y percibir si a un cliente dado le irá bien o no.

Es habitual que los clientes expresen su insatisfacción con otros métodos que han probado, con los que han tenido un éxito limitado. Son comunes declaraciones del estilo «la terapia conversacional me ha parecido útil, pero no ha resuelto ninguno de mis problemas físicos» o «no he encontrado nada que cambie mis patrones, mis relaciones o la forma en que me relaciono conmigo mismo». En mi propia práctica, he trabajado con tres tipos de clientes, sobre todo. El primer tipo son personas que están informadas sobre el trabajo somático y quieren probarlo, el segundo tipo son personas a las que les han aconsejado esta modalidad de tratamiento debido a sus síntomas somáticos «inexplicables», y el tercer tipo son personas traumatizadas que manifiestan síntomas traumáticos importantes o que están experimentando dificultades o están estancadas en el proceso de resolver o procesar sus recuerdos traumáticos.

Aquí tienes algunas pautas para aplicar el trabajo somático con estos tres tipos:

1. La primera pauta es informar al cliente sobre las intervenciones somáticas y explicarle en qué consisten y en qué no. Por ejemplo, algunas intervenciones somáticas se centran en el movimiento del cuerpo y pueden hacer que el cliente se sienta incómodo si no se deja claro cuál es el marco. El uso del tacto puede ser una cuestión muy delicada, en la que tienen un

papel las consideraciones éticas y legales. (Abordaremos con detalle este tema en el capítulo veintiuno, «El trabajo con el toque seguro»).

2. Es necesario que el cliente esté de acuerdo con trabajar con el cuerpo y dispuesto a ello. Esto es fundamental, ya que las intervenciones somáticas implican un componente de exploración y experimentación conscientes. Estas intervenciones requieren que el cliente esté receptivo para ser eficaces.

3. Los clientes con traumas suelen ser candidatos ideales para la psicoterapia somática, ya que sus síntomas y experiencias a menudo tienen una base corporal y pueden ser tratados con eficacia con este método. Es importante evaluar la disposición del cliente y asegurarse de que está informado sobre esta modalidad terapéutica; ¡no conviene que haya sorpresas! Los supervivientes del trauma tienen unas necesidades de seguridad que hay que satisfacer; con este fin, hay que informarlos de lo que va a suceder en el transcurso de las actividades antes de iniciarlas.

4. Los síntomas somáticos inexplicables hacen que se derive a muchos pacientes a los psicoterapeutas somáticos. Es importante que estos síntomas sean evaluados por un profesional médico para descartar posibles orígenes orgánicos antes de suponer que son de naturaleza psicosomática. Por ejemplo, me mandaron a una clienta con síntomas de alergia que no se podían explicar, a partir del supuesto de que se los estaba «inventando». Después de una evaluación cuidadosa, en la que intervinieron profesionales médicos, descubrimos que esto era así solo en parte. Esta mujer presentaba algunas alergias alimentarias verdaderas, pero también síntomas psicosomáticos de naturaleza emocional, ya que estaba angustiada por la dieta radical que llevaba, las restricciones que había en su vida y los traumas que había sufrido en la infancia. En casos como este, lo mejor es combinar la atención médica y la psicoterapia somática.

5. El cliente informado es, por supuesto, el ideal, pero incluso en este caso es importante no suponer que está abierto incondicionalmente a todas las intervenciones. Además de ofrecer intervenciones somáticas con el ánimo de «probar cosas para que el cliente vea, estudie y aprenda», tiene sentido que tú, como terapeuta, estudies el resultado de tus intervenciones y efectúes modificaciones cuando estas no sean fructíferas.

CUÁNDO NO OFRECER INTERVENCIONES SOMÁTICAS

Asegúrate de evaluar si tu cliente está preparado para las prácticas somáticas. Si encuentras miedo o resistencia, es mejor esperar y realizar otro tipo de trabajos. Siempre puedes plantearte las intervenciones somáticas más adelante, cuando la persona se sienta más segura y muestre un mayor interés, o decidir no usarlas en absoluto. Se debe prestar especial atención a los clientes que han experimentado cualquier tipo de violación, incluida la violación de sus límites, así como a aquellos que no tienen un sentido de identidad fuerte o no pueden presenciar su propia experiencia.

Los clientes que no pueden practicar la atención plena y sintonizar con su propia percepción interna no son buenos candidatos para las intervenciones somáticas. La psicoterapia somática y el uso de la conciencia corporal plena se basan en la curiosidad de querer investigar el cuerpo y la mente y aprender de ellos. Si este interés no está presente, puedes fomentarlo, pero es necesario que exista una curiosidad humana básica antes de aplicar este tipo de intervenciones. Por ejemplo, un cliente que experimenta disociación corporal de resultas de un trauma corporal grave o problemas de imagen corporal podría no estar listo, de momento, para explorar su experiencia corporal. Si el hecho de prestar atención al cuerpo es una experiencia demasiado abrumadora o genera una mayor ansiedad, ello sería indicativo de que las intervenciones somáticas no son apropiadas.

El uso del toque seguro debe evaluarse con mucho cuidado en relación con los traumas que haya vivido el cliente. Hay que prestar especial atención a un historial que incluya el maltrato físico o los abusos sexuales. Es mejor pecar de precavido que ofrecerle una técnica que lo abrume.

Una buena medida que se puede adoptar es evaluar la conciencia, la curiosidad y el grado de compromiso del cliente con cualquiera de los ejercicios. Si tiene miedo, no está abierto a explorar y no encuentra ninguna utilidad a la actividad, haremos bien en replantear nuestra estrategia.

CAPÍTULO 4

Pautas y seguridad

DIRECTRICES PARA TRABAJAR CON EL CUERPO

1. **Informa al cliente cuando quieras incluir intervenciones orientadas al cuerpo:** no lo sorprendas con técnicas «nuevas»; explícale lo que vas a hacer.

2. **Elección y control:** pide permiso en todos los casos, explica qué intervenciones y ejercicios quieres realizar y ofrece opciones cuando sea posible.

3. **Recursos para la seguridad:** la seguridad es de suma importancia. Descubre lo que necesita el cliente para sentirse seguro (por ejemplo, encontrar una parte del cuerpo con la que se sienta bien o que sienta fuerte, e indicarle que conecte periódicamente con este punto imaginando un lugar seguro al que pueda ir).

4. **Recursos para el bienestar y la fortaleza:** encuentra lugares somáticos en el cuerpo, la sala de terapia, la imaginación, etc., que el cliente pueda asociar con la fuerza y el bienestar. Establece asociaciones positivas.

5. **Seguimiento para obtener retroalimentación:** ¿cómo se siente tu cliente? ¿Tal vez disociado o abrumado? En caso afirmativo, proporciónale recursos, baja el ritmo o detente. Mantén el contacto verbal. Si el cliente se siente incómodo

trabajando con el cuerpo, para y ofrécele alternativas. Nunca insistas en intervenciones que no desee.

6. **Realiza un seguimiento de los signos de seguridad física** (por ejemplo, la ideación suicida o el riesgo de autolesiones) y sigue las pautas éticas que exige esta profesión.

7. **Sé digno de confianza:** trabaja dentro de los códigos éticos, no sorprendas a los clientes, respeta los límites, detente cuando se te pida, sé coherente y confiable, y sé respetuoso en todo momento.

LA SEGURIDAD PRIMERO: CÓMO TRABAJAR RESPETUOSAMENTE CON EL CUERPO Y MANTENER LOS LÍMITES

Dado que trabajar con la conciencia corporal puede ser algo nuevo y tiene el potencial de suscitar sentimientos de vergüenza e incomodidad, así como respuestas traumáticas, debes abordar cualquier técnica corporal con una actitud abierta y respetuosa.

Aquí tienes algunos consejos sobre la forma de ver las intervenciones orientadas al cuerpo que se ofrecen en este libro:

1. **Observa la respuesta del cliente ante cualquier sugerencia de intervención:** ¿está receptivo o se siente incómodo? En el segundo caso, no sigas adelante y explora lo que le iría bien. Aborda cualquier incomodidad y pregúntale qué le haría sentir seguro.

2. **Ofrece cambios pequeños y progresivos:** por ejemplo, si quieres trabajar con una tensión corporal, en lugar de sugerir un cambio grande, comienza con un pequeño paso, como podría ser preguntar «¿cómo percibes la tensión en el hombro?, ¿de qué te das cuenta?».

3. **Despierta la curiosidad del cliente:** «¿Qué piensas de esta tensión en este momento?», «¿cómo estás experimentando esta sensación?», «¿qué sabes sobre...?».

4. **Reconoce que el cliente es el experto en su propio cuerpo:** «¿Cómo sabe esto tu cuerpo?». Evita decirle cómo se siente su cuerpo o qué debería hacer; esto solo generaría resistencias y perderías la oportunidad de que se abriese a explorar las formas de trabajo orientadas al cuerpo.

5. **Respeta los límites físicos y emocionales:** en cuanto a los límites físicos, da por sentado que deberás mantener una distancia socialmente apropiada, a menos que hayas discutido este tema con tu cliente. (Por favor, lee el capítulo veintiuno, sobre el uso seguro del tacto). Sé sensible también a las diferencias culturales, ya que hay variaciones sobre cómo se perciben la distancia y la cercanía física. Y los límites no son solo físicos; también existen los límites emocionales. Asegúrate de no presionar al cliente para que explore algo que no quiera examinar. Puedes hacer que tome conciencia de algo, pero ten en consideración, primero, la sabiduría del cliente sobre su propio cuerpo.

6. **El cliente es el experto en su propio proceso:** esto significa que debes leer las señales de su cuerpo con respecto a su grado de compromiso y curiosidad, y no estar centrado en tus propias intenciones. Sé flexible y ofrece técnicas somáticas que pongan al cliente al mando.

7. **Las intervenciones somáticas solo funcionan si hay colaboración, curiosidad y ganas de aprender a partir de la experiencia:** permanece abierto y mantén la curiosidad si tus grandes intenciones son rechazadas. Encuentra formas nuevas y creativas de trabajar con el cuerpo que respeten el ritmo y los sentimientos del cliente.

EL CUERPO DEL CLIENTE SABE LO QUE ES MEJOR

Apoya la sabiduría del cliente sobre su experiencia y su proceso. Esto requiere que tú, como terapeuta, te mantengas enfocado en su experiencia directa y vivencia. No te tomes de manera personal el rechazo; mantente abierto y curioso, incluso si una intervención dada no funciona. Cuanto más enfocado estés en el momento presente, más verás lo que hay que hacer, en lugar de lo que creías que había que hacer. De esta manera, podrás escuchar realmente lo que está diciendo el cliente sobre su cuerpo.

Algunas pautas generales:

1. Pregunta más sobre *cómo* siente el cliente una experiencia dada.
2. Fomenta la curiosidad más que las soluciones.

**Ejemplos de frases y formulaciones para ayudar
a fomentar la confianza en el cuerpo:**

- «¿Cómo estás percibiendo estas sensaciones?».
- «¿Dónde estás sintiendo _____?».
- «¿Cómo estás experimentando esto en este momento?».
- «¿Qué adviertes mientras sientes esto?».
- «¿Cómo se está manifestando la experiencia corporal de _____ ahora mismo?».
- «¿Qué te despierta curiosidad en este momento?».
- «¿Qué necesitas en este momento para permanecer presente con lo que estás experimentando?».

CONSEJOS PARA LA PREPARACIÓN SOMÁTICA

Las siguientes consideraciones constituyen una herramienta para que el terapeuta evalúe si un cliente dado está listo para el trabajo de tipo somático.

¿En qué medida es capaz de lo siguiente el cliente? ¿Y está dispuesto a ello?:

1. Tener curiosidad sobre su cuerpo como fuente de información.
2. Dirigir la mirada hacia dentro y aplicar la atención plena.

3. Permanecer centrado en su interior y no salir periódicamente de la atención plena para efectuar comprobaciones.

4. Implicarse con la experiencia de una exploración tranquila. (¿Se aburre, desconecta, se irrita, se muestra autocrítico o despectivo?).

5. Examinar creencias que surjan, del tipo «la quietud es peligrosa»; «si estoy demasiado enfocado hacia dentro, necesito salir», o «puedo sentirme abrumado e incomprendido».

6. Explorar sus creencias relativas a que el cuerpo no es un lugar seguro e investigar las raíces de esta suposición y lo que hay detrás de ella.

7. Estar en su cuerpo y explorar otras opciones.

Si el cliente no es capaz de hacer lo anterior:

Si el cliente no puede permanecer quieto y reflexionar interiormente, podría ser necesario que le enseñases a aplicar la atención plena y a tener curiosidad sobre la experiencia de su cuerpo en el momento presente antes de realizar actividades de profundización. Inicia este proceso con pequeñas prácticas y acompañándolo hacia el estado de atención plena. Haz que practique lo que significa aquietarse y permanecer dentro de sí.

El objetivo es:

1. Hacer que el cliente se acostumbre a dirigirse hacia dentro.

2. Dar a los clientes orientaciones específicas sobre cómo dirigirse hacia dentro y ayudarlos a llegar allí y permanecer allí, en pequeños pasos.

CÓMO ESTABILIZAR LA ATENCIÓN PLENA

- Observa los signos corporales de la atención plena, como la ralentización de la respiración, dirigir la atención hacia dentro, cerrar los ojos o mirar hacia abajo.

- Busca señales de que el cliente ha salido del estado de atención plena, como pueden ser parpadeos, movimientos oculares exploradores, movimientos inquietos del cuerpo o volverse más hablador y menos reflexivo. Entonces, condúcelo de nuevo a ese estado, con suavidad.

- Utiliza un lenguaje tranquilizador para que el cliente tenga claro que es normal sentir algún tipo de miedo ante el trabajo somático.

- Establece contacto en el momento de la experiencia: «Acabas de abrir los ojos; ¿te has dado cuenta?».

- Guía al cliente manteniéndote tranquilo y estable. Ralentiza la experiencia para que tanto tú como él podáis percibir lo que está sucediendo.

- Cuanto menos te apresures y más consciente seas al guiar al cliente, más espacio le estarás brindando para que se enfoque en su espacio interior.

SEGUNDA PARTE

Las herramientas del terapeuta

CAPÍTULO 5

Tu estado: preparado y enraizado

PREPARACIÓN: LA CONCIENCIA SOMÁTICA EN TU PROPIO CUERPO

Uno de los aspectos clave del trabajo somático es preparar tu cuerpo y tu mente para la labor que tienes por delante. Debes comprender las técnicas desde dentro hacia fuera para entender su poder y saber cómo puedes aplicarlas de manera efectiva con tus clientes. Además, tienes que conocer tu *punto de referencia* somático, que es una zona neutra desde la que puedes sentir y percibir tus propios cambios internos. Por ejemplo, ¿qué elementos o factores contribuyen a tu sensación de equilibrio? ¿Cómo sabes que te sientes equilibrado en tu cuerpo y no hay nada que te esté perturbando? ¿Cuáles son los indicadores somáticos que puedes reconocer en tu cuerpo que te dicen que estás tenso, bien, relajado, con ganas de aprender, etc.? ¿Cómo puedes reconocer la sensación de estar agotado y desanimado después de trabajar con un cliente? ¿Has «recogido» información somática de un cliente pero estás interpretando que todo lo que ocurre es que estás cansado? Es importante estar sintonizado somáticamente para percibir la diferencia.

Saber cómo te sientes antes de comenzar el trabajo te proporciona información para saber qué hacer para volver a equilibrarte. Esta es la evaluación más importante en la tarea de descubrir qué es lo que te desgasta y qué es lo que te revitaliza. Hacer de la conciencia una práctica básica para saber qué sienten tu cuerpo, tu mente y tu corazón es parte de la práctica de un terapeuta que trabaja con el ámbito somático. No es algo que requiera mucho tiempo; solo necesitas instaurar una práctica regular de comprobación y de afinación de tus habilidades y tu conciencia.

Como parte de tu trabajo somático, te puede resultar útil hacerte preguntas en relación con tu cuerpo. La herramienta «Tomar una instantánea corporal para el día» contiene unas preguntas básicas que te puedes hacer al empezar tu jornada de trabajo.

··········· Herramienta 1 ···········

Ejercicio para
el terapeuta

Tomar una instantánea corporal para el día

OBJETIVO

Este ejercicio está diseñado para que determines cómo te sientes hoy y en este momento presente, en muy poco tiempo. De este modo estableces un punto de referencia somático desde el que puedes comparar cómo te vas sintiendo mientras trabajas con tus clientes a lo largo del día.

Esta instantánea es un momento de conciencia dirigido hacia dentro para que te percibas a ti mismo *ahora*. Conocer tu instantánea interna es crucial; así, cuando pierdas el equilibrio, te darás cuenta y sabrás que es el momento de regresar a ese estado. Tenderás más a advertir que hay algo que ha provocado una reacción en ti o que te sientes cansado, abrumado o embargado por una emoción.

Tomamos la instantánea corporal para saber cómo estamos y aceptarlo sin reparos. Si hoy tienes las emociones a flor de piel o un

mal día, está bien. Permítete sentir cómo se manifiestan estas circunstancias en tu cuerpo y acéptalo. Eres un proceso dinámico, al
igual que tus clientes. Toma la instantánea somática y envíate una nota
interna amable. Sé gentil contigo mismo, mantén la mente abierta y
examínate con curiosidad.

Consejo: Puedes tomar esta instantánea interna entre un cliente y el siguiente para ayudarte a mantener la sintonía contigo mismo.

INSTRUCCIONES

- ¿Cómo se siente mi cuerpo hoy?
- ¿Cómo se manifiesta la sensación de este/a _____
  en mi cuerpo en este momento?
- Si esta parte del cuerpo pudiera hablar en este momento, ¿qué
  diría?

Ejercicio para
el terapeuta

················· Herramienta 2 ·················

Conciencia de la espalda para prepararte para la labor terapéutica

OBJETIVO

La conciencia de la espalda en el asiento es una técnica que puede enraizarte mientras te preparas para una sesión o llevarte de vuelta a tu equilibrio interior si te sientes perturbado en el transcurso de una sesión. El objetivo es que te remitas al alineamiento interno de tu espalda para adquirir fuerza, equilibrio y ecuanimidad.

INSTRUCCIONES

Tómate de cinco a siete minutos de tranquilidad. Puedes hacer este ejercicio antes de cada sesión o al principio del día para prepararte. Asegúrate de que nadie ni nada te interrumpa durante este lapso.

Siéntate en una silla o en el suelo. Adopta una postura relajada pero alerta, manteniéndote erguido y procurando que tus hombros estén alineados con tus caderas; tu cabeza también. Asegúrate de que tu barbilla no sobresalga; inclínala ligeramente hacia dentro, lo cual hará que la parte trasera del cuello se alargue ligeramente.

Alinea tu postura para sentirte erguido. Puedes pensar en una imagen que evoque relajación y majestad. Cierra los ojos y percibe tu postura interna al sentir esta postura externa tranquila. Se trata de que sientas que estás erguido, pero no tenso.

Mientras trabajas en una sesión:

Adopta la postura relajada pero erguida indicada, sin más. El hecho de recordarle a tu cuerpo que se siente de esta manera desencadenará la memoria corporal de un estado relajado y tranquilo. Es importante practicar esta postura varias veces previamente, para que, después, puedas sentarte en ella y cosechar los beneficios de un estado de conciencia más relajado. Esta postura te permitirá adoptar una perspectiva más abarcadora que podrá serte útil cuando te sientas cansado, aburrido o estancado en el transcurso de una sesión. Es mejor que practiques esta sencilla técnica de conciencia corporal en todas las sesiones que puedas, para que se convierta en un hábito saludable. Observa que cuando te sientes cansado o bloqueado tu postura corporal suele reflejar este estado.

.... Herramienta 3 ....

Ejercicio para
el terapeuta

Enraizarte a través del cuerpo

OBJETIVO

Si aprendes a enraizarte usando el cuerpo, podrás afrontar cualquier desafío que te presenten los clientes.

Esta es una herramienta básica; úsala con frecuencia para convertirla en un hábito saludable. Puedes llegar somáticamente al cuerpo con tu conciencia independientemente de si te sientes desconectado, cansado, perturbado o alterado. Aprender a enraizarte a través del cuerpo es una práctica básica de salud y bienestar que te permitirá sostener tu trabajo. Con ella, también puedes examinarte con regularidad y ver cómo estás. Puedes utilizar esta técnica en cualquier momento antes o después de una sesión en el trabajo, o en casa cuando quieras liberarte del estrés del día. El propósito es que vuelvas a conectar con la alegría cuando estés realizando tu trabajo, con la sensación de bienestar y con la tranquilidad mental y emocional.

INSTRUCCIONES

Primero, comprueba tu estado; después, trabaja con el cuerpo. Puedes hacerlo de pie, sentado o acostado; adapta el ejercicio para que sea adecuado para ti.

1.ª Parte:

Obsérvate y mira si estás:

- ☐ Cansado
- ☐ Irritado
- ☐ Desconectado de la alegría o de la sensación de fluir
- ☐ Afectado emocionalmente

☐ Sobrecargado sensorialmente
☐ Repasando mentalmente la última sesión
☐ No completamente en tu cuerpo
☐ Con resistencias ante la idea de ver al próximo cliente

Haz una marca de verificación en lo que corresponda. Después, respira y di: «Está bien; está siendo un día difícil. Esto pasará. Ahora necesito volver a mi cuerpo».

2.ª Parte:

- Adopta una postura que te resulte cómoda. Dado que has identificado lo que sientes o las sensaciones corporales que estás experimentando, respira y reconoce y acepta el estado en el que te encuentras.
- Dirige la atención hacia el interior. Puedes tener los ojos abiertos o cerrados.
- Repasa rápidamente lo que sientes en el cuerpo en este momento. Si percibes irritación, intenta identificar en qué parte la experimentas.
- Pon la mano sobre esa zona del cuerpo. Respira y exhala poco a poco, dejando que la sensación de agitación se disipe.
- Siente los pies en el suelo. (Si estás acostado, dobla las rodillas y pon los pies en el suelo. Esto es preferible a estirar las piernas).
- Aplica una ligera presión contra el suelo desde los pies, imaginando que estás paseando despacio por el lugar.
- Imagina que estás empujando el suelo que hay debajo de ti. Esto requiere aplicar un poco de esfuerzo.
- Ahora imagina que tus pies están plantados descalzos en la hierba o en el suelo. Sigue caminando, empujando y exhalando activamente, durante dos o tres minutos.
- A continuación, detente y observa tu cuerpo. Siente y visualiza el suelo debajo de ti, que te está sosteniendo en este momento.

Toma conciencia de este hecho. No lo estás imaginando solamente; el sostén que estás recibiendo es literal.

- ¿Se ha producido algún cambio? ¿Cómo se siente tu cuerpo ahora?

Me siento _____ ahora mismo.

Siento _____ en mi cuerpo.

Estoy soltando _____.

Estoy enraizándome en _____.

Ejercicio para
el terapeuta

Temblar para soltar tensión (acostado)

OBJETIVO

Los temblores son una respuesta natural que ofrece el cuerpo para recuperarse después de haber experimentado un susto o un *shock*. También es posible usar esta respuesta corporal de manera consciente para restablecer el equilibrio y la conciencia.

Este ejercicio ayuda a conectar el cuerpo con su capacidad de recuperación inherente. Esta herramienta te enseña a soltar de manera segura cualquier tensión o sensación de ansiedad que aloje tu cuerpo. El objetivo es interrumpir cualquier parloteo mental y volver a enfocarse en el cuerpo. El movimiento «llama» a la conciencia corporal a regresar. Esta es una buena práctica si el cliente dice sentirse «alterado», «nervioso por dentro» o descentrado, ya que es posible que, en este caso, tú también te sientas alterado o descentrado al presenciar o facilitar su proceso. Usa este ejercicio para restablecer tu equilibrio. El objetivo es permitir las sacudidas, sin pasarte, al mismo tiempo que sientes la conexión con el suelo.

INSTRUCCIONES

Esta es una técnica cuya aplicación requiere de cuatro a cinco minutos, y su objetivo es promover la relajación y el enraizamiento. Además, puedes usar música rítmica para facilitar el movimiento.

- Puedes hacer este ejercicio de pie o acostado. Si lo haces acostado, pon los pies en el suelo para obtener apoyo. Dobla las rodillas y apoya los pies en el suelo.

- Observa qué parte del cuerpo está «temblorosa»; pregúntate dónde notas la sensación de temblor en este momento y cuál es la característica o el ritmo de esta sensación.
- Presta atención al hecho de que el suelo está sosteniendo tu espalda. Pregúntate si puedes notar el apoyo del suelo y permite que este te sostenga.
- A continuación, exhala suavemente y deja que la sensación de temblor se desplace hasta tus pies o el suelo.
- Procura respirar con naturalidad. Permanece presente con el cuerpo y la respiración, y deja que esta se apacigüe, sin forzar. Si ves que corres el riesgo de distanciarte del cuerpo o perder la conciencia, abre los ojos; es posible que tengas que sentarte y cambiar de postura.
- Haz que los pies presionen algo el suelo, con suavidad; así, el resto del cuerpo se balanceará ligeramente. Esta acción es una actividad calmante que debería reducir la sensación de temblor. Es posible que tengas que alternar entre «permitir el temblor» y regresar al balanceo suave; tendrás que hacerlo varias veces para encontrar el ritmo. El objetivo es integrar la sensación de temblor en un balanceo corporal que te permita relajarte y sentir que tienes el control de tu cuerpo y tu experiencia emocional.
- La respiración facilita el movimiento, así que déjala fluir de forma orgánica. No la fuerces; solo deja que esté ahí junto con el movimiento.
- Enfócate en el movimiento rítmico solamente; procura que se mantenga constante, para ir generando un patrón de movimiento suave.
- Deja de moverte y advierte los efectos. ¿Qué partes del cuerpo puedes sentir y percibir? ¿En cuáles notas energía? ¿Puedes advertir un movimiento interno? ¿Cómo es? ¿Cómo describirías lo que sientes en el cuerpo ahora? Descansa y disfruta el regreso a un estado corporal equilibrado.

- Puedes usar esta práctica para pasar de la activación nerviosa a la calma. Cuanto más realices este ejercicio, más podrás convertirlo en un hábito saludable para mantener un estado adecuado como terapeuta durante las sesiones.

Nota para el terapeuta:

Este es un ejercicio que puedes usar con un cliente dado también. Si lo haces, sé muy consciente de cualquier activación que se produzca. Observa con cuidado cómo hace el ejercicio. Si se activa demasiado, indícale que detenga el movimiento. Se trata de soltar tensiones con suavidad, no de que el ritmo vaya en aumento. Es posible que tengas que controlar atentamente los momentos de agitación y decirle al cliente que pare para que perciba lo que está sintiendo. Lo mejor es que se permita temblar durante un corto período y después se detenga y observe sus sensaciones internas.

No permitas que el movimiento se prolongue durante más de cinco minutos, para evitar un estado parecido al del trance. Las sacudidas constituyen un movimiento biológico y se trata de enraizar el cuerpo, no de disociarse de él. La alternancia entre permitir el temblor y hacer, a continuación, el movimiento de balanceo deliberado acabará por estabilizar el temblor nervioso (es decir, la sensación de temblor se transformará en una experiencia de mayor calma y enraizamiento). Observa con cuidado y con atención plena los cambios y mantén una buena comunicación con el cliente. Haz ajustes según los veas necesarios.

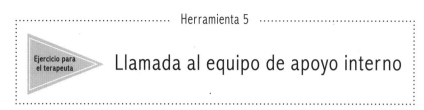

Herramienta 5

Ejercicio para el terapeuta

Llamada al equipo de apoyo interno

OBJETIVO

El propósito de este pequeño ejercicio es ayudarte a prepararte para el trabajo de tipo somático. Es una visualización destinada a centrar el cuerpo y la mente, y nos recuerda los recursos con los que contamos en nuestra vida. Cuando estás conectado con tus recursos internos, puedes estar más presente y disponible para tu cliente. Este ejercicio te resultará especialmente útil cuando sientas que necesitas estar especialmente centrado para afrontar una sesión que crees que podría ser difícil. Puedes realizar esta visualización en cualquier momento en que te sientas bloqueado o no sepas por qué intervención debes optar a continuación, o siempre que quieras gozar de bienestar.

INSTRUCCIONES

Tardarás entre tres y cinco minutos en hacer este ejercicio.

- Siéntate tranquila y cómodamente.
- Cierra los ojos y realiza una respiración centrada en tu cuerpo. Permítete calmarte y prepárate para reflexionar.
- Responde las preguntas de la página siguiente y determina quiénes formarán parte de tu equipo.
- Visualiza a estas personas de apoyo como un equipo físico que está sentado detrás de ti dispuesto en un semicírculo.
- Imagina que te están transmitiendo las cualidades que admiras en ellas. Estas personas constituyen tu equipo personal; van a apoyar tu éxito y tu bienestar.

- Observa qué sucede con tu postura a medida que te envían sus cualidades.
- Abre los ojos y advierte cómo estás sentado en este momento.

Preguntas de indagación para establecer tu equipo interno:

¿Quién te ha apoyado de manera incondicional en tu vida? Enumera tres cualidades o puntos fuertes que admires en esta persona:

1. _____
2. _____
3. _____

Piensa en tres, cuatro o cinco personas más a las que admires. Pueden estar vivas o pertenecer a otra época. Enumera tres cualidades que posean (o que poseían) que aprecies:

1. _____
2. _____
3. _____
4. _____
5. _____

Mientras piensas en estas personas, anota tres aspectos de ti mismo que quieras cultivar (por ejemplo, admiras la serenidad estable de alguien y quieres ser más como esta persona):

1. _____
2. _____
3. _____

Imagina que este grupo de personas toma asiento detrás de ti para apoyarte. Observa qué sucede en tu respiración y tu cuerpo mientras tanto. Recuerda que este equipo está ahí mientras trabajas en tu sesión. Siempre puedes invocarlo en el curso de tu trabajo. Te será de ayuda contar con una referencia de tipo físico en relación con tu cuerpo, como inclinarte hacia atrás o sentir el asiento debajo de ti, para recordar somáticamente a tu equipo.

···················· Herramienta 6 ····················

Ejercicio para
el terapeuta

Autoabastecimiento – Trabajo en el suelo

OBJETIVO

Hay momentos en los que las sesiones son difíciles o estamos cansados y necesitamos revitalizarnos en poco tiempo antes de ver a más clientes. La forma más rápida de hacerlo es conectar con el suelo y el movimiento a través del cuerpo. Este ejercicio se puede realizar en cualquier lapso de tiempo de entre cinco y quince minutos. Asegúrate de calmarte, sincronizar la respiración con el movimiento y moverte según lo que se indica a continuación.

INSTRUCCIONES

- Encuentra un lugar cómodo en el suelo y adopta una posición de costado. Comienza por el lado derecho, con el lado del corazón hacia arriba.
- Tómate un momento para sentir el suelo debajo de ti y tu peso sobre él.
- Exhala y despréndete de cualquier tensión que puedas sentir.
- Ahora, con suavidad y despacio, desplaza el brazo izquierdo desde el costado del cuerpo hacia el suelo, como si arrastraras suavemente el brazo por el suelo; desplázalo sobre la cabeza y gira suavemente la parte superior del cuerpo. Haz que este sea un movimiento continuo y fluido. La idea es que muevas el cuerpo en un giro que deje la parte inferior donde está, de tal manera que solo gire la parte superior, al mover el brazo por encima de la cabeza.

- Cuando no puedas desplazar más el brazo, regresa; hazlo pasar de nuevo sobre la cabeza y arrástralo a lo largo del suelo, hasta regresar a la posición lateral original.
- Ejecuta este movimiento tres o cuatro veces, o según el tiempo que quieras dedicarle. Deja que tu respiración se apacigüe con el movimiento. Si hay zonas tensas en tu cuerpo, puedes hacer una pausa que no desentone con el fluir de la actividad y llevar el aire a estos puntos de tensión.
- Cambia de lado. Comienza acostándote sobre el lado izquierdo ahora y desplaza el brazo derecho desde el costado hacia el suelo, arrástralo suavemente por el suelo hacia la cabeza y pásalo por encima de ella, hasta que la parte superior del cuerpo efectúe un giro.
- Es importante no detener el movimiento –procura que sea largo y fluido– y permitir que cualquier estiramiento muscular se integre en el movimiento mismo.
- Descansa de lado una vez que hayas terminado y observa si tu cuerpo está más tranquilo y tu estado de ánimo ha cambiado.

Ejercicio para
el terapeuta

Registro somático de signos de agotamiento por desgaste

Cuidar de los demás puede desembocar en un cansancio del alma. Este cansancio deriva del trato diario con las obras del miedo. A veces habita en los bordes de la vida de la persona, cercano a la esperanza y dejando sentir su presencia a duras penas. En otros momentos, irrumpe y abruma a la persona con las imágenes vívidas del terror de otro y sus profundas exigencias de atención; con pesadillas, extraños temores e indefensión generalizada.

—Beth Hudnall Stamm

OBJETIVO

El síndrome de desgaste profesional (*burnout*) o la fatiga por compasión pueden estar asociados con el hecho de trabajar conjuntamente con clientes que sufren estrés o algún trauma. Además de llevarte a percibir los signos tradicionales de agotamiento, este ejercicio te permite evaluar tu grado de desgaste desde dentro hacia fuera.

En el profesional de la salud, el síndrome de desgaste profesional se manifiesta como un agotamiento emocional y físico debido al ejercicio de su profesión. Hay unos indicios que delatan la presencia de este agotamiento, que pueden detectarse prestando atención a cómo responde el cuerpo. Para obtener datos más específicos, consulta el inventario de *burnout*/fatiga por compasión, la ProQol (escala de calidad de vida profesional) o el test de estrés de vida.

Dedica de veinte a treinta minutos a realizar la evaluación que sigue. No es solo una lista de elementos en los que poner una marca de verificación, sino un ejercicio para conectar con tu grado de malestar asociado al desgaste en el plano somático.

Posibles síntomas del síndrome de desgaste profesional
y la fatiga por compasión:

- ☐ Aislamiento de los demás
- ☐ Culpar en exceso, sentir resentimiento
- ☐ Sentirse abrumado con facilidad
- ☐ Emociones bloqueadas que no se pueden expresar
- ☐ Irritabilidad, tendencia a estallidos agresivos
- ☐ Problemas frecuentes con los demás, malentendidos
- ☐ Comportamientos compulsivos
- ☐ Falta de cuidado personal
- ☐ Pesadillas, escenas retrospectivas de historias de clientes o de la propia historia traumática
- ☐ Dolencias físicas crónicas (salud gastrointestinal)
- ☐ Apatía en relación con eventos de la vida, los amigos y el trabajo
- ☐ Dificultad para concentrarse
- ☐ Cansancio mental y físico
- ☐ Preocupación o impulso de distraerse (uso excesivo de medios de comunicación)
- ☐ Negación del problema
- ☐ Resistencia al cambio
- ☐ Falta de flexibilidad
- ☐ Falta de visión de futuro
- ☐ Problemas legales y de endeudamiento
- ☐ Negatividad en general y depresión
- ☐ Incapacidad para completar tareas, sensación de ineficacia.
- ☐ Dolencias somáticas que no se pueden explicar (dolores de cabeza, dolores de estómago, problemas digestivos)
- ☐ Vitalidad física y energía escasas

Cómo sanar el síndrome de desgaste profesional y la fatiga por compasión:
- Sé amable contigo mismo.

- Reconoce tu problema de agotamiento y realiza pequeñas acciones por el bien de tu salud.
- Sé compasivo con tu propio cuerpo.
- Dedica momentos a la atención plena y realiza prácticas de mindfulness.
- Sé consciente del problema; admítelo.
- Duerme lo suficiente y no desatiendas el cuidado personal.
- Acepta que estás en proceso de recuperación.
- Escucha a otras personas que sufren.
- Determina contigo mismo los límites en cuanto a lo que funciona y lo que no.
- Expresa tus necesidades; a ti mismo primero, luego a los demás.
- Obtén ayuda terapéutica o consulta con alguien familiarizado con este problema.
- Cuida del cuerpo físico con técnicas y acciones somáticas.
- Emprende acciones positivas en tu vida.
- Establece un plan realista y da pequeños pasos hacia un cambio que puedas mantener.

INSTRUCCIONES

Echa un vistazo a la lista de síntomas anterior. ¿Te resultan familiares? Marca los que sean aplicables a tu caso. Observa cómo reaccionas frente a la lista: ¿te sientes abrumado?, ¿no tienes claro por dónde empezar? Comencemos con el cuerpo.

- Siéntate o acuéstate. Conéctate con tu cuerpo. Cierra los ojos, siente la respiración, tómate un momento para calmarte. Procede paso a paso.
- Visualiza una situación de desgaste profesional o fatiga por compasión. Para empezar a percibir la experiencia somática del agotamiento, puedes pensar en un cliente que te deja sin energía o

en una sesión en la que te has sentido desconectado o impaciente. ¿Qué surge?

- Ahora, sintoniza con tu cuerpo. ¿Puedes sentirlo? ¿Qué percibes exactamente en él?

- ¿En qué parte o partes del cuerpo experimentas agitación en este momento? Deja de lado el pasado o la razón; enfócate en el cuerpo solamente.

- Dibuja tu cuerpo a grandes rasgos para indicar dónde sientes la agitación.

- Ahora imagina qué es la agitación y qué necesita tu cuerpo en este momento. Escribe tres cualidades que necesite tu cuerpo para superar la agitación:

1. _____
2. _____
3. _____

- Aquiétate y obsérvate aplicando estas cualidades. Puedes visualizarlo o mover el cuerpo, llevando la atención a la respiración. Observa qué cambio se produce. Escribe un enunciado positivo sobre el cambio que has notado o dibuja tu cuerpo tal como lo sientes ahora.

CAPÍTULO 6

La actitud terapéutica cuando se trabaja con el cuerpo

ADOPTAR UNA VISIÓN EXPERIENCIAL

La mentalidad experiencial está orientada al crecimiento. El psico-terapeuta somático se permite ver su trabajo y el proceso del cliente como un proceso abierto, cambiante y dinámico. Cuando adoptas la mentalidad experiencial, te permites no quedar atado al relato del cliente o a la limitada percepción que tiene de su problema. En lugar de ello, mantienes la perspectiva de que hay muchas posibilidades de resolución y muchos caminos hacia la sanación.

Es humano tener inclinaciones, prejuicios y opiniones precon-cebidas, pero al trabajar con el cuerpo dinámico, tienes que estar abierto a sorprenderte y cambiar lo que habías pensado previamen-te. Con la mentalidad experiencial, puedes percibir un poco más en profundidad a la persona, cultivar la compasión y concebir nuevas opciones.

Ser un terapeuta con mentalidad experiencial significa que tie-nes curiosidad y que estás abierto y dispuesto a experimentar. Por ejemplo, si un cliente dado desea explorar un movimiento de la mano y sugieres un modo de hacerlo, pero el cliente prefiere explorarlo de otra forma, ¿estás dispuesto a aceptar y permitir que la exploración se desarrolle de diferentes maneras? El hecho de que hayas sugerido un experimento corporal no significa que debas apegarte a tu opción. Una vez iniciado, el experimento cambia y evoluciona. Lo mismo ocurre con el cuerpo.

Para tener una mentalidad experiencial...

- Sé una persona abierta.
- Ten curiosidad y disposición a explorar.
- Permite que la experiencia del cliente te guíe.
- No temas probar cosas nuevas.
- Tómatelo con calma, ¡de verdad!
- Estate presente en tu propio cuerpo, con atención plena.
- Permítete no saber; así, el experimento irá mejor.
- Sé amable contigo mismo, sobre todo cuando sugieras algo y el cliente no lo acepte o muestre que no le gusta tu sugerencia.
- Aprende de tus «fracasos»: conviértelos en momentos de aprendizaje sobre el proceso. (¡Está bien cometer errores!).
- Permite la creatividad y la colaboración.
- Ajusta tu enfoque según lo que el cliente encuentre valioso y atractivo.
- Sé un científico en tiempo real: realiza experimentos y observa los resultados.
- Permanece abierto a las sorpresas y a lo que no habías pensado antes.
- Asegúrate de mantener unos límites claros y de velar por la seguridad.
- Está muy bien que disfrutes esta fase del trabajo. ¡Diviértete!

Ejercicio para
el cliente

·········· Herramienta 8 ··········

Técnica de la atención abierta

OBJETIVO

La atención abierta implica «ver lo que hay» en el momento sin juzgarlo, con curiosidad. Nos servimos de la atención plena para percibir en trescientos sesenta grados lo que está presente. No hay que «hacer» nada; solo advertir lo que sea que esté ahí.

Esta técnica se puede utilizar para iniciar o finalizar un ejercicio. Es un paso crucial en el trabajo somático para establecer la intención adecuada para la exploración inminente, así como para «cosechar» el fruto de la actividad realizada. (Esta «cosecha» le permite al cliente saborear el resultado y mantenerlo en los momentos posteriores a la experiencia). La técnica de la atención abierta se puede aplicar con los ojos abiertos o cerrados. Te permite apaciguar al cliente, bien para prepararlo para una experiencia, bien para fomentar su estabilidad después de una experiencia. Lo que buscamos es obtener una nueva comprensión o ver cómo el cliente se prepara para lo que viene. La atención abierta entrena la mente y el cuerpo para estar con lo que hay y desarrollar resistencia emocional; establece la base para aceptar patrones de la mente y el cuerpo, y fomenta la curiosidad por explorarlos.

Cuándo usar la atención abierta con los clientes:

- Cuando estás a punto de dirigir un ejercicio y el cliente se siente aprensivo, está nervioso o necesita calmarse.
- Cuando has dirigido un ejercicio y quieres ver sus efectos (la «cosecha» obtenida).

- Cuando el cliente ha probado algo nuevo, como un nuevo patrón de respiración o movimiento, y no quieres pasar por alto sus efectos.
- Cuando el enfoque se vuelve demasiado estrecho, ya que la atención abierta puede ampliar las percepciones. (Esto es importante cuando se experimenta tensión, surge ansiedad, etc., ya que este ejercicio restablece la confianza en el cuerpo).
- Cuando estás trabajando somáticamente en una zona concreta y quieres que la atención del cliente se abra para incluir la conciencia del cuerpo entero: «Advierte cómo todo tu cuerpo está participando en este momento; ¿qué más percibes?».
- Cuando una sesión ha terminado, esta herramienta se puede usar con una finalidad integradora. Esto abrirá al cliente a valorar el trabajo realizado, a ser amable consigo mismo y a aceptar la experiencia que ha tenido.

Razones terapéuticas por las que usar la herramienta de la atención abierta:

- Abre la atención del cliente para que no se quede atrapado en el dolor o en un enfoque limitado de su experiencia y para que la encuentre más significativa.
- Te permite invitar al cliente a experimentar una mayor intensidad sin sentirse abrumado.
- Permite que surjan sensaciones y emociones sin juzgarlas.
- Ayuda a los clientes a entrar en un ejercicio dado con la mentalidad y la disposición correctas.
- Enseña lo útil que es enfocarse sensorialmente en el cuerpo: los clientes aprenden a confiar en lo que está ahí y a sentirse bien con lo que surja.
- Cuando un cliente se sorprende por lo que aparece, puedes enraizarlo en la atención abierta para que tenga tiempo de estar con la experiencia.
- Enseña a los clientes a quedarse un poco más con la experiencia y no salir demasiado rápido de ella. (Este ejercicio actúa contra

la tendencia a considerar que la experiencia ha «terminado» y hay que pasar a otra cosa).
* Proporciona una función integradora al final de la sesión para reconocer y valorar lo que ha ocurrido.

INSTRUCCIONES

La ejecución de esta actividad requiere entre tres y cinco minutos. Este es el guion que debes seguir con el cliente:

* Permite que tu atención se extienda en un ángulo completo, de trescientos sesenta grados, en este momento. Si pudieras mirar dentro de ti despacio y efectuando un recorrido de trescientos sesenta grados, ¿qué verías?
* Deja que esta atención que se va desplazando sea abierta, suave y totalmente inclusiva.
* ¿Qué más adviertes en este momento? ¿Puedes ampliar tu atención para incluir cualquier otra sensación que esté dentro del alcance de tu percepción?
* Ahora, percibe todo tu cuerpo, no solo la zona en la que te estabas enfocando.
* Si pudieras ampliar tu enfoque para incluir toda tu experiencia, ¿qué advertirías?
* Limítate a ser: prueba a dejar de enfocarte, totalmente. Por un momento, sé, sin más. Descansa en esta apertura. *(Terapeuta: podrías esperar unos momentos antes de hacer la siguiente pregunta)*.
* ¿Qué despierta tu interés en este momento? ¿Qué te resulta curioso?
* ¿Eres consciente de alguna sensación o algún aspecto más?

Ejercicio para
el cliente

Atención concentrada

OBJETIVO

La atención concentrada utiliza la capacidad de atención para percibir, sentir y observar la propia experiencia, pero pone el foco en una zona específica que se quiere investigar. Con la atención concentrada se cultiva la conciencia plena y la estabilidad de la percepción. Esta herramienta ayuda al cliente a permanecer con su experiencia y a profundizar en ella. Esto es útil cuando se están explorando sensaciones y emociones, y permite que se despliegue un proceso. El hecho de centrar la atención requiere la participación de la corteza prefrontal medial del cerebro. Esto tiene un impacto en la productividad y en la creación de vías neuronales que ayuden a reducir las activaciones emocionales. Aprender a enfocarse contribuye a mitigar el estrés y las activaciones debidas a traumas, y ayuda a regular las emociones. La atención concentrada se utiliza en la práctica de la meditación para cultivar una concentración serena; fomenta que la mente goce de estabilidad y no divague.

Cuándo y por qué usar esta herramienta con los clientes:

- Úsala cuando el cliente esté distraído y salte de un tema a otro al hablar o tenga dificultades para enfocarse.
- Si el cliente dice que no puede conectar con lo que hay en su interior, la atención concentrada le ayudará a centrarse.
- Con esta actividad se cultiva la capacidad de permanecer en el proceso y la confianza en que las experiencias internas difíciles evolucionarán o se disolverán.
- Enseña el valor del aquí y ahora.

- También enseña el valor del proceso tal como se desenvuelve por sí mismo.

Razón terapéutica por la que usar la herramienta de la atención concentrada:
Puede ser difícil para el cliente permanecer con su experiencia cuando una emoción se intensifica o cuando lo que está viviendo es desagradable. Es en este momento cuando el terapeuta debe «guiar» la atención concentrada para que se mantenga en su lugar. Se trata de que animes a tu cliente, con suavidad, a ver el objeto de su enfoque sin sentirse abrumado y a que tenga el valor de explorar lo desconocido para poder descubrir algo nuevo.

INSTRUCCIONES

La ejecución de esta actividad requiere entre tres y cinco minutos. Este es el guion que debes seguir con el cliente:

- Deja que tu cuerpo esté alerta y abierto.
- Adopta una postura erguida y relajada, cuyo mantenimiento requiera un esfuerzo sutil.
- Dirige la atención hacia el interior del cuerpo.
- Baja la mirada o cierra los ojos. Asegúrate de poder estar alerta y no adormilarte.
- Conecta con tu atención. Si te distraes, vuelve. (Esto puede suceder varias veces).
- Permite que tu atención se enfoque en este momento. Puedes elegir como objeto de concentración la respiración, una sensación corporal, un sentimiento, una imagen o un pensamiento. Elige una de estas opciones. *(Si tú, como terapeuta, has estado trabajando con una de estas categorías, puedes sugerirla).*
- Céntrate en el objeto escogido. Ahora enfoca la atención en eso exclusivamente e intenta mantenerla.
- Sigue así.

- Permítete profundizar y mantener la concentración. La experiencia podría cambiar ligeramente.
- Mantén la atención enfocada hasta que se produzca un cambio o la atención quiera dejar de estar ahí.
- Asegúrate de no desviar la atención por querer evitar el contenido observado o debido al aburrimiento; estos son motivos para volver a enfocarte en el objeto de atención.
- Cuando esta sesión de concentración en un determinado objeto haya dado de sí todo lo que tenía que dar, de forma natural querrás abrirte y ver qué más hay. ¿Qué es lo que te conduce, de manera natural, a la atención abierta?

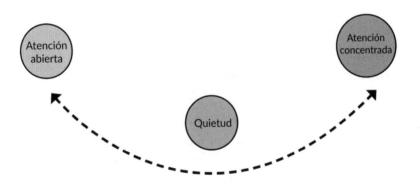

Ejercicio para el cliente

Alternar entre la atención abierta y la atención concentrada

OBJETIVO

La alternancia entre las dos atenciones es una herramienta para facilitar el ritmo natural de la atención. La atención abierta es la capacidad de permanecer abierto; la atención concentrada es la capacidad de sujetarse a una experiencia. El punto de quietud se sitúa entre las dos atenciones, a modo de conciencia neutra.

Cuándo y por qué usar esta herramienta con los clientes:

- Cuando el cliente no puede profundizar en la atención concentrada y se distrae con facilidad.
- Cuando el cliente puede permanecer con la atención abierta.
- Si el cliente experimenta una activación del estrés o el trauma, la alternancia entre la atención abierta y la atención concentrada le ayudará a calmar la activación.
- Si el cliente necesita regular sus emociones.

INSTRUCCIONES

Se tarda cinco minutos en hacer este ejercicio. Se diferencia del ejercicio de la atención abierta y el de la atención concentrada en que este le pide al cliente que alterne rápidamente entre las dos atenciones. Es importante facilitar una transición suave pero rápida entre ambas; se trata de «desplazar» la conciencia.

Este es el guion que debes seguir con el cliente:

- Comienza con una de las atenciones. Deja que tu atención sea lo más amplia posible.

- Dirige la atención hacia el interior. Puedes tener los ojos abiertos o cerrados.
- Ahora sitúa la atención en una zona del cuerpo o en una imagen o sentimiento que quieras explorar. Haz una respiración completa y mantén la concentración un momento. Haz otra respiración antes de continuar.
- Regresa ahora a una atención más abierta y difusa, como si estuvieras observando todo el interior de tu cuerpo. Haz una respiración mientras mantienes este estado.
- Regresa al estado de concentración. Puede ser que haya cambiado o que sea más profundo. Haz otra respiración mientras te mantienes en él.
- Alterna entre los dos tipos de atención con cada respiración.
- Después de algunas respiraciones, es posible que adviertas un punto de quietud en el medio, casi como si hubiera una respiración entre la anterior y la que vendrá a continuación. Haz esta «respiración». Limítate a ser. Este es un momento de descanso.
- Ahora puedes reanudar la dinámica de alternancia, y será más lenta, como si te deslizaras desde un punto de concentración en el cuerpo hacia un momento de reposo, para regresar a una atención abierta que se sitúa por todo el cuerpo. Encuentra un ritmo apropiado para ti. (La mayoría de las personas se sienten bien haciendo una o dos respiraciones en cada punto).
- Al cabo de unos minutos, notarás que deseas descansar más; permítelo. Hay un punto de finalización natural en el que la atención ya no desea oscilar más. Haz caso a esta sabiduría, que procede del cuerpo.
- Observa lo que ha cambiado.

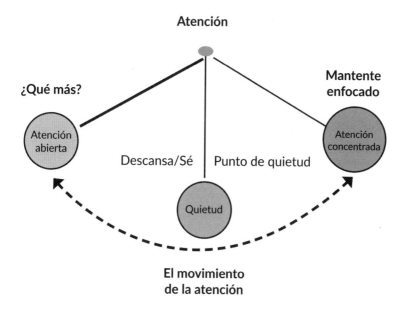

Atención

¿Qué más?

Mantente enfocado

Atención abierta

Descansa/Sé | Punto de quietud

Atención concentrada

Quietud

El movimiento de la atención

CAPÍTULO 7

Cómo facilitar el proceso somático

LA PREGUNTA QUE NUNCA HACEMOS

Las preguntas que empiezan con *por qué* presentan un gran problema: dan lugar a respuestas intelectuales, prefabricadas y basadas en el hábito. Estas respuestas no provienen de una reflexión ni de la experiencia directa en el momento presente. Las preguntas que empiezan con *por qué* fomentan la postura de que ya se sabe la respuesta, no una actitud de indagación.

Cuando trabajamos somáticamente, necesitamos una indagación, una curiosidad y un autodescubrimiento no sujeto a restricciones que conduzcan a un conocimiento que aporte empoderamiento. El cuerpo es una experiencia misteriosa y que se está desplegando constantemente, por lo que no hay respuestas correctas. Una exploración realizada en un contexto seguro conduce a descubrimientos y a tomar buenas decisiones a partir de una sabiduría basada en la experiencia directa.

En lugar de preguntar *por qué*, **pregunta** *cómo, dónde, qué es eso para ti.*

No pidas respuestas, sino indagación.

···················· Herramienta 11 ··························

> Ejercicio para
> el terapeuta

«¡Vamos a experimentar! ¿Te gustaría intentar algo?»

OBJETIVO

La experiencia directa frente a pensar en el tema:

Anima al cliente a tener una actitud experiencial cuando explore su experiencia somática. Esto tiene un componente bidireccional: la disposición del terapeuta a probar un experimento nuevo requiere una mente abierta y carente de prejuicios. Para explorar el soma, es necesario permanecer abierto y mantener la curiosidad acerca de lo que quiera emerger y suceder.

INSTRUCCIONES

Aquí tienes algunas preguntas para la indagación que pueden serte de utilidad:

- **¿Qué cualidad tiene?** ¿Qué tipo de alegría, enojo, tristeza, etc., sientes hacia él o ella?
- **¿Cuál es la textura?** ¿Cómo percibes este cambio en este momento?
- **¿Cuál es la ubicación?** ¿En qué parte del cuerpo sientes la tensión?
- **¿Cómo es?** Compara: ¿está tratando de retener algo o de dejar salir algo el cuerpo? ¿Es más fuerte en el lado derecho o en el izquierdo esta sensación? (*Ten en cuenta que la respuesta a esta segunda pregunta probablemente no sea relevante, pero sirve para guiar a la persona hacia un nivel más profundo en su interior*).
- **¿Qué tipo de movimiento?** ¿Qué tipo de movimiento acompaña a este sentimiento?
- **¿Dónde está el impulso?** ¿Qué impulsos están conectados con este enojo, esta tristeza, etc.?

- **Identifica los recuerdos.** ¿Qué recuerdos te trae a la mente este sentimiento que experimentas en el cuerpo (esta alegría, este enojo, esta tristeza, etc.)?
- **¿Qué tipo de palabras?** ¿Qué palabras puedes asociar a esta experiencia ahora mismo?
- **¿Qué tipo de significado?** Si tus dedos estuvieran hablando en este momento, ¿qué podrían estar tratando de decir?

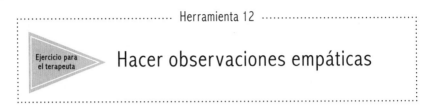

Herramienta 12

Ejercicio para
el terapeuta

Hacer observaciones empáticas

OBJETIVO

El terapeuta debe recibir la experiencia del cliente de tal manera que este se sienta valorado y escuchado. La forma más fundamental en la que conectamos es a través del conocimiento empático. Para reconocer como válida la experiencia del cliente y hacer que esté más receptivo a su propia experiencia interna y más dispuesto a estudiar su cuerpo, tenemos que encontrarnos con él o ella en el punto en que se halle.

Los enunciados que se ofrecen a continuación son ejemplos de formulaciones que ayudan a establecer una conexión empática con el cliente y a estimular su propia curiosidad para que estudie con mayor interés sus experiencias corporales. Estos enunciados deben estar centrados en el presente y en la experiencia del momento; si se formulasen en pasado, se estimularían los recuerdos del cliente o su proceso de pensamiento.

Para facilitar el proceso somático, es necesario mantenerse cerca del cuerpo y del momento presente; de lo contrario, el cliente no conectará con sus experiencias corporales.

INSTRUCCIONES

- Opta por formulaciones centradas en el presente.
- Di frases cortas y concisas.
- Procura que lo que digas se corresponda con la experiencia del cliente.

Practica las frases y formulaciones que se ofrecen a continuación a modo de ejemplo y después reflexiona sobre tu forma de proceder habitual para referirte a la experiencia de tu cliente. ¿Le haces preguntas? ¿Tiendes a exagerar o excederte al describir su experiencia? ¿Permaneces demasiado callado? ¿Haces comentarios? ¿Le das consejos?

Para desencadenar el proceso somático, es necesario que reflexiones honestamente sobre tu estilo y efectúes cambios. El lenguaje del cuerpo no se revela a partir de preguntas, sino al mostrarse abierto, cálido y curioso. Los enunciados empáticos reflejan la experiencia del cliente e invitan a este a abrirse a lo que está ocurriendo en su interior. El objetivo es ser comprensivo y mostrar esta comprensión.

Ejemplos de frases y formulaciones empáticas:

- «Pareces _____ (triste, enojado, ansioso, etc.)».
- «Estás experimentando muchas cosas en este momento...».
- «Parece que hay bastantes _____ (emociones, sensaciones, pensamientos, sentimientos) en relación con _____».
- «Hay mucho/a _____ (movimiento, energía, etc.) justo ahí...».
- «Esto puede ser difícil de entender...».
- «Hay algo curioso en relación con esto _____».
- «Parece que hay muchos/as _____ (pensamientos, emociones, etc.) en relación con _____».
- «Percibo que está surgiendo algo difícil...».
- «Eso sería bastante perturbador...».
- «Entonces, la sensación se está desplazando ahora mismo...».
- «Estás percibiendo el/la _____».
- «Esto te resulta doloroso...».
- «Ah, eso te hace enojar...».

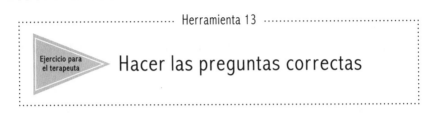

Herramienta 13

Ejercicio para el terapeuta

Hacer las preguntas correctas

OBJETIVO

Se pueden hacer preguntas para conectar con un significado más profundo y observar la experiencia corporal. A menudo, las preguntas se formulan con el fin de comprender algo o están centradas en buscar una solución. Sin embargo, en el contexto somático, las preguntas facilitan una exploración y una comprensión más profundas, desde dentro hacia fuera, de lo que está ocurriendo y lo que se puede explorar en el proceso. Evita las preguntas centradas en la solución y formula preguntas abiertas, para que tu cliente tenga que acudir a su cuerpo para encontrar las respuestas. Las preguntas «correctas» son las que conectan al cliente con las respuestas que aún no sabe, pero que podrá descubrir.

INSTRUCCIONES

Advierte la diferencia entre «¿estás triste?» y «¿qué tipo de tristeza es esta?».

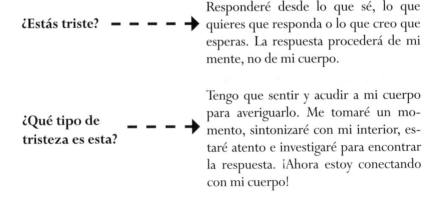

¿Estás triste? ➔ Responderé desde lo que sé, lo que quieres que responda o lo que creo que esperas. La respuesta procederá de mi mente, no de mi cuerpo.

¿Qué tipo de tristeza es esta? ➔ Tengo que sentir y acudir a mi cuerpo para averiguarlo. Me tomaré un momento, sintonizaré con mi interior, estaré atento e investigaré para encontrar la respuesta. ¡Ahora estoy conectando con mi cuerpo!

Preguntas de ejemplo:

- «¿Qué tipo de _____ (tristeza, miedo, confusión, entumecimiento, etc.) hay ahí?».
- «¿A qué profundidad llega esta tensión?».
- «¿Hay algún estado corporal que se corresponda con esto?». (Por ejemplo, vacío, cansancio, constricción, etc.).
- «¿Hay en esto algo que te resulte familiar?». (Por ejemplo, hormigueo, intensidad, fatiga, etc.).
- «¿Hay alguna imagen que se corresponda con esto?».
- «Si este/a _____ tuviera un color, ¿cuál sería?».
- «¿Qué sonido haría este/a _____?».
- «¿Qué hay en el otro lado (detrás, alrededor, debajo) de esto?».
- «¿Qué está pasando en el resto de tu cuerpo?».
- «¿Hasta qué punto es cómodo/incómodo/placentero este/a _____?».

.... Herramienta 14 ....

Ejercicio para
el cliente

Guiar al cliente en su experiencia somática

OBJETIVO

Pedirle a tu cliente que *permanezca* con una experiencia le ayudará a explorar lo que está viviendo en el momento presente.

Fórmula simple para conectar con la experiencia del momento y profundizar en ella:

1. Sintonizar (con la experiencia presente).
2. Permanecer (en el momento presente).
3. Explorar (lo que hay).
4. Advertir (lo que ha cambiado).
5. Reflexionar (sobre lo que es nuevo o diferente o lo que tiene significado).

Utiliza estas indicaciones (tu tono de voz debe ser indagador y abierto):

- «Siente curiosidad por _____».
- «Permítete dirigirte hacia tu **experiencia** en este momento». (Puedes decir «dolor», «ansiedad», «pesadez», etc.).
- «¿Qué ocurre dentro de ti cuando dices esto?».
- «¿Cómo experimentas esto en tu cuerpo?».
- «Adelante, permanece con ello».
- «Observa tu experiencia en este momento, sin más».
- «Deja que eso esté ahí».
- «Permanece con el/la _____ y observa adónde te lleva».
- «Observa lo que sabe el/la _____».

Ejemplo de ciclo de acompañamiento al cliente en su experiencia sensorial-emocional:

Escenario: el cliente dice que siente tristeza.

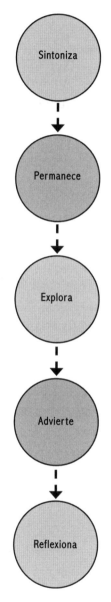

- **Terapeuta:** Permítete sintonizar con esta tristeza en este momento.
  Cliente: La siento pesada en el pecho.

- **Terapeuta:** Permanece con esta sensación que sientes en el cuerpo.
  Cliente: Es realmente pesada y triste.

- **Terapeuta:** Explora esta mezcla de pesadez y tristeza y ve adónde te lleva.
  Cliente: Se intensifica y siento ganas de llorar.

- **Terapeuta:** Observa lo que quiere suceder.
  Cliente: Lágrimas.

- **Terapeuta:** Muy tierno, ¿verdad? Adelante, siente cómo está cambiando la sensación en este momento.
  Cliente: Sí, parece que estoy soltando la pesadez.

- **Terapeuta:** ¿Te parece más fácil estar con la sensación?
  Cliente: Sí, la pesadez se está aligerando. Todavía hay tristeza, pero no es tan opresiva.

Para guiar al cliente en su experiencia somática.

Da pautas suaves usando estas formulaciones:

Sintoniza con...

Permanece con...

Explora...

Advierte (observa, percibe)...

Reflexiona sobre...

Después de guiar al cliente, puedes empezar de nuevo: «Sintoniza con lo que ha cambiado», «Permanece con este cambio», y así sucesivamente.

·········· Herramienta 15 ··································

Ejercicio para
el cliente

¿Qué más?

OBJETIVO

Facilitar la indagación somática implica seguir el proceso orgánico. Después de que tu cliente se haya adentrado en la experiencia del momento presente con atención plena y conciencia corporal, hazle esta pregunta: *¿qué más?* La finalidad *no* es obtener una respuesta, sino facilitar la apertura a la experiencia somática del momento presente. Haz esta pregunta y deja que tu cliente observe; hazla de nuevo y deja que vuelva a observar. Permite que advierta lo que surja. ¿Dónde está su atención? ¿Qué recibe? ¿Imágenes? ¿Sentimientos? ¿Percepciones?

INSTRUCCIONES

Sigue este guion con tu cliente:

- Facilita que entre en el estado de atención plena.
- Indícale que cierre o abra los ojos y que haga una respiración para sentir el cuerpo.
- Hazle las preguntas que siguen:

1. **¿Qué más?**
   ¿Qué percibes?

2. **¿Qué más?**
   ¿Cómo lo percibes en tu cuerpo?

3. **¿Qué más?**

¿Qué adviertes en tu experiencia global?

4. **¿Qué más?**

Como terapeuta, date cuenta de que la pregunta *¿qué más?* forma parte de la mentalidad experiencial. Puedes hacer esta pregunta en varios momentos de la sesión, pero formúlala sobre todo cuando el cliente esté explorando una sensación corporal o una emoción que no le resulten familiares.

El objetivo de preguntar *¿qué más?* es fomentar una experiencia dinámica. Ahora bien, no hay que abusar de esta pregunta; formúlala unas tres o cuatro veces, hasta que el cliente obtenga más información corporal sobre alguna cuestión que le suscite curiosidad. Después, debe reflexionar sobre lo que surgió. ¿Qué descubrió? ¿Qué le dijo el cuerpo?

Ejercicio para
el cliente

Escuchar al cuerpo

OBJETIVO

Escuchar al cuerpo es fundamental para aprender. Este ejercicio se puede realizar en muchos momentos diferentes:

1. En la sesión de terapia, como una herramienta de investigación.
2. Como tarea para realizar en casa, para practicar el conocimiento del paisaje interno del cuerpo.
3. Siempre que surjan experiencias intensas, como una herramienta para la autorregulación.

Cuando sientas la necesidad de practicar la escucha del cuerpo, toma nota de lo que percibes y de lo que te impulsa a mirar hacia dentro. A continuación, practica la técnica de la escucha. Después, vuelve a tomar nota de lo que adviertes y observa lo que has descubierto. Como la naturaleza de nuestra experiencia interna puede ser efímera, llevar un registro puede ser útil con el tiempo.

Quiero escuchar a mi cuerpo porque percibo:

_____

_____

_____

_____

_____

_____

INSTRUCCIONES

- Siéntate o acuéstate en una postura que te resulte cómoda.
- Conéctate con la silla o el suelo que sostiene tu cuerpo. Para empezar, estabiliza el cuerpo con la ayuda de la respiración.
- Haz una exploración rápida de tu cuerpo, advirtiendo aspectos obvios como las tensiones, la temperatura y cualquier otro elemento que destaque de inmediato.
- Seguidamente, expande la atención, como extendiendo una conciencia amplia por todo el cuerpo.
- Percibe el cuerpo en conjunto y sin forzar. Lleva la atención allí donde creas que vale la pena llevarla. Por ejemplo, si adviertes que la zona del corazón parece adormecida o cerrada, puedes dirigir la atención allí y esperar. Observa cómo cambian las sensaciones al hacer algo tan simple como prestar atención.
- Puedes trabajar con varias partes del cuerpo de esta manera. No abordes más de tres zonas en la misma sesión.
- Si estás lidiando con algún tema o inquietud en este momento de tu vida, puedes traerlo a la mente. Asegúrate de no intentar resolver problemas ni de detenerte en detalles. Lo mejor es plantear preguntas simples.
- Ahora, observa cómo responde tu cuerpo. ¿Se abre, se contrae o no reacciona de ninguna manera? Permanece con lo que surja.
- Si experimentas emociones durante este ejercicio, deja que estén ahí y observa que el solo hecho de escuchar a tu cuerpo da lugar a un cambio.
- Si obtienes alguna idea o comprensión, asegúrate de anotarla en la hoja de registro de experiencias (ver a continuación).

Hoja de trabajo para el cliente

Registro de experiencias

Anota tus experiencias cuando escuches a tu cuerpo. Presta atención al momento y la manera en que se manifiestan los cambios. ¿Qué es diferente cada vez? ¿Qué permanece igual? ¿Hay temas que se repiten?

Día	Sensaciones emocionales en mi cuerpo	Sensaciones físicas en mi cuerpo	Lo que dice mi cuerpo	Notas

CAPÍTULO 8

Herramientas de seguimiento

QUÉ ES RASTREAR LAS REACCIONES CORPORALES Y CÓMO HACERLO

> *Rastrear significa advertir los pequeños hechos que acontecen mientras alguien está hablando, especialmente aquellos de los que no está hablando. Es saber leerlos como pistas de la experiencia del hablante y las interpretaciones que hace este [...] El terapeuta tiene esta doble tarea: estar en el mundo del cliente, de todas las formas habituales, y al mismo tiempo estar fuera de ese mundo, siendo capaz de verlo desde una perspectiva más amplia.*
>
> **—Ron Kurtz**

El rastreo o seguimiento lo lleva a cabo el terapeuta. En el caso del cliente, se traduce en advertir la propia experiencia interna. En el contexto de la terapia psicosomática, el *rastreo* es el acto de advertir los signos externos de la experiencia interior. Es la observación de los comportamientos, los movimientos y las expresiones, a partir de la cual el terapeuta puede hacerse una idea de qué es lo que está experimentando el cliente. Rastrear no consiste en interpretar, sino en recopilar pistas que puedan llevar al terapeuta a comprender con mayor precisión el mundo interno del cliente. Es muy importante efectuar este seguimiento en tiempo real y verificar en el momento si aquello que se está percibiendo es correcto y coincide con la experiencia del cliente.

Rastreo es un término tomado prestado del ámbito animal. Cuando rastreamos las huellas de los animales, podemos hacer conjeturas fundadas sobre ellos. Al ver la profundidad que tiene la huella de un animal, por ejemplo, un rastreador experimentado puede realizar una estimación de su peso, y tal vez pueda conjeturar incluso cuál era su estado de ánimo (puede inferir si se encontraba en una situación apurada o si estaba escapando, pongamos por caso). Basándose en las pistas que el animal dejó tras de sí, el rastreador puede hacer conjeturas bastante precisas sobre aspectos de su vida.

Esta analogía es aplicable al rastreo o seguimiento de las señales del cuerpo. Advertir un contacto visual tranquilo y constante podría indicar una participación abierta e impregnada de curiosidad. Por otro lado, una mirada apresurada y alerta podría indicar un estado interno de miedo. Al rastrear y advertir estas señales, el terapeuta obtiene pistas sobre lo que está experimentando el cliente. Esta información podrá ayudarle a ofrecer unas intervenciones terapéuticas más apropiadas y efectivas.

Aprender a rastrear es beneficioso para la salud de la relación terapéutica. Esto se debe a que el terapeuta puede sintonizar mejor con el estado interno del cliente, y este se siente más seguro y se vuelve más perceptivo. En pocas palabras: cuanto más consciente sea el terapeuta en relación con las señales del cuerpo, más sensible será al ofrecer sus intervenciones somáticas.

Rastrear significa:

- Recibir la información tal como se presenta, evitando interpretarla.
- Relajar la percepción para ver lo que está ocurriendo en el momento presente.
- Advertir las sutilezas de las expresiones.
- Atender con atención plena a lo que estamos percibiendo y estar dispuestos a que cualquier conclusión a la que lleguemos sea errónea.

¿Quién rastrea a quién?:

- El terapeuta rastrea al cliente para reunir información.
- El terapeuta se rastrea a sí mismo para mantenerse presente y consciente de sí mismo.
- El terapeuta rastrea la relación terapéutica para observar cómo cambian las dinámicas.

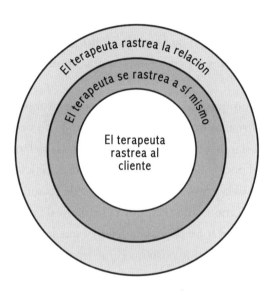

> **Ejercicio para el terapeuta** ▶ Cinco tipos de rastreo

OBJETIVO

Cuando rastreamos la experiencia del cliente, nos estamos ejercitando para ver más allá de lo que está diciendo. Se trata de descubrir los mensajes subyacentes u ocultos de los que no es plenamente consciente.

Por ejemplo, podrías percibir que las comisuras de la boca del cliente están dirigidas hacia abajo, que su mirada no tiene brillo y que sus hombros están ligeramente encorvados hacia delante. La falta de contacto visual podría llevarte a creer que está decepcionado, triste o resentido. Esta es la primera capa del rastreo de las señales, y los datos reunidos hasta el momento te llevan a efectuar esta primera conjetura. Ahora rastreas el tono de voz y adviertes que la persona habla con cierto esfuerzo, como si le costara. ¿Qué tipo de hipótesis estás formulando ahora? Tal vez especulas con que el cliente está triste y está soportando algún tipo de carga.

Sin embargo, también observas que su voz es animada, casi frenética, y que mantiene una cadencia rápida y enfática. Al rastrear estas señales, adviertes que parece haber una disonancia entre ellas. ¿Cómo encaja todo esto? La voz animada parece estar en oposición con la expresión facial triste... ¿Qué tipo de hipótesis formulas ahora? Una pregunta que me hago en momentos de disonancia como estos es qué contenido interno quiere manifestarse y no puede salir a la luz.

Existen cinco tipos de rastreo:

1. Rastreo del contenido: cómo se cuenta la historia.
2. Rastreo de las expresiones y señales corporales.
3. Rastreo de las señales que ofrece el sistema nervioso autónomo.

4. Rastreo de lo que hay detrás del relato (lo que no se dice directamente o está subyacente).

5. Rastreo de lo que no se dice (la historia no verbal).

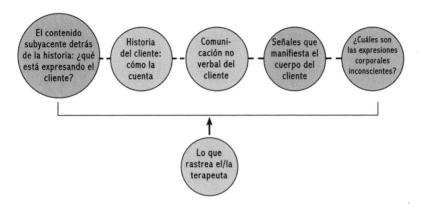

INSTRUCCIONES

Preguntas de indagación para hacerte a ti mismo:

- ¿Cómo se presenta el cliente ante ti?
- ¿Cuál es la historia «oficial»?
- ¿Qué es lo que no dice?
- ¿Qué hay detrás de la historia?
- ¿Qué es congruente?
- ¿Qué es incongruente?
- ¿Qué está comunicando el cuerpo del cliente *mientras* este relata su historia?
- ¿Cómo responde el cuerpo de manera no verbal? (Forma de respirar, movimientos, manera de hablar, etc.).

······· Herramienta 18 ·······

Hoja de trabajo para el terapeuta

Rastreo del cuerpo: lista de verificación

POSTURA

☐ Erguida
☐ Abatida
☐ Encorvada
☐ Tensa y rígida
☐ Expandida y con el pecho hacia fuera
☐ Recogida, contraída
☐ Expresiva, con muchos movimientos

☐ Hombros hacia atrás o hacia delante
☐ Piernas dobladas y abrazadas
☐ Columna vertebral curvada
☐ Piernas recogidas y cruzadas

ZONAS CON TENSIÓN

☐ Mandíbula
☐ Hombros
☐ Alrededor de los ojos
☐ Nuca

☐ Ombligo
☐ Espalda
☐ Brazos y piernas

OJOS

☐ Parpadeantes
☐ Somnolientos
☐ Brillantes
☐ Cálidos y afectuosos
☐ Acogedores
☐ Examinando el entorno, alertas

☐ Examinando el entorno, temerosos
☐ Con curiosidad y abiertos
☐ Con lágrimas
☐ Contacto visual directo

- [ ] Se evita el contacto visual
- [ ] Mirada inexpresiva
- [ ] Expresión nostálgica
- [ ] Pupilas dilatadas
- [ ] Esquinas de los ojos tensas
- [ ] Mirada fija

EXPRESIÓN FACIAL

- [ ] Rostro relajado
- [ ] Destellos rápidos de emociones en el rostro
- [ ] Expresiones faciales muy emotivas
- [ ] Microexpresiones (destellos de miedo, ira, tristeza, aflicción... que se manifiestan muy brevemente en el rostro)
- [ ] Expresiones reprimidas (sonreír con una mueca)
- [ ] Ligera inclinación de la cabeza hacia abajo
- [ ] Rostro tenso
- [ ] Expresiones faciales congeladas
- [ ] Asentimientos
- [ ] Sonrisas, auténticas y forzadas
- [ ] Emociones (ira, aflicción, tristeza, desprecio, alegría, angustia, miedo, sorpresa)

GESTOS

- [ ] Manos inquietas
- [ ] Sentarse sobre las manos
- [ ] Recalcar con gestos al contar una historia
- [ ] Cruzar las manos (entrelazando los dedos)
- [ ] Tocarse a uno mismo
- [ ] Extender la mano
- [ ] Sostener objetos

MOVIMIENTO

- [ ] Activo
- [ ] Inquieto
- [ ] Controlado
- [ ] Espontáneo
- [ ] Brusco, abrupto
- [ ] Con mucha energía
- [ ] Con poca energía
- [ ] Inmovilidad
- [ ] Movimiento de la parte superior del cuerpo
- [ ] Movimiento de la parte inferior del cuerpo
- [ ] Movimientos repetitivos
- [ ] Movimiento de los pies o las piernas

VOZ

- [ ] Potente, fuerte
- [ ] Débil, suave
- [ ] Rápida
- [ ] Esforzada
- [ ] Cantarina, arrulladora
- [ ] Áspera o dura
- [ ] Ahogada
- [ ] Infantil
- [ ] Entrecortada
- [ ] Con poca emoción
- [ ] Denota un tono emocional elevado
- [ ] Denota un tono emocional bajo

DISCURSO

- [ ] Lento, intencionado
- [ ] Rápido
- [ ] Breve
- [ ] Redundante
- [ ] Escaso
- [ ] Reflexivo
- [ ] Recalcando algunas de las cosas que se dicen
- [ ] Con patrones o muletillas («¿Sabes?»)
- [ ] Con pausas

☐ La persona se sumerge en sus pensamientos en mitad de la historia e interrumpe el relato

☐ Habla rápida, sin hacer pausas entre las oraciones

RESPIRACIÓN

☐ Limitada a la parte superior del pecho

☐ En la zona del vientre

☐ Entrecortada o forzada

☐ Movimiento sutil y natural de expansión y contracción en toda la parte frontal del cuerpo

☐ Inhalaciones profundas

☐ Exhalaciones profundas

☐ Jadeo al hablar

PRESENCIA

☐ Alerta

☐ Somnoliento

☐ Ausente

☐ Distraído

☐ Disociado

Hoja de trabajo para el terapeuta

Buscar indicios de posible trauma

OBJETIVO

Al rastrear el cuerpo en busca de información o señales, presta especial atención a cualquier indicio de activación traumática. Rastrear las señales del trauma permite saber si el cliente se está sintiendo emocionalmente abrumado o agitado, o si está empezando a bloquearse y disociarse.

Es importante detectar estas señales tan pronto como aparecen e interpretarlas bien, pues obligan a tomar decisiones en cuanto a la intervención terapéutica. Cuando el cliente experimenta ansiedad, se abruma o se colapsa hasta el punto de que no puede mantenerse presente con su experiencia, hay que ayudarlo a sentirse seguro y a encontrar recursos.

Las señales del trauma revelan hiperactivación o hipoactivación, pues el espectro de la activación traumática abarca ambos aspectos. En cualquier caso, ten en cuenta que estas señales son pistas corporales y requieren una evaluación adicional para que pueda hacerse un diagnóstico completo. Estas señales obtenidas con el rastreo deben concebirse como complementos de otros indicadores de trauma.

Mira si están presentes las señales siguientes y determina la próxima medida que adoptarás como terapeuta. Marca todas las que correspondan.

SEÑALES DE HIPERACTIVACIÓN

OJOS

- ☐ Ojos abiertos de par en par (como si estuvieran en *shock*)
- ☐ Ojos buscando y explorando el entorno (actitud de alerta)
- ☐ Contacto visual directo y amenazante
- ☐ Contacto visual sostenido con emociones en conflicto (mirada fija)
- ☐ Contacto visual con una mirada confundida

PIEL

- ☐ Piel enrojecida
- ☐ Perlas de sudor en la frente
- ☐ Sensaciones de hormigueo y pinchazos en la piel
- ☐ La piel presenta áreas irregulares (manchas rojas en el cuello, el pecho y partes del rostro)
- ☐ El cliente dice sentir la piel caliente y que le pica

EMOCIONES

- ☐ Ráfagas de enojo e irritación
- ☐ Llanto fácil
- ☐ Emociones intensas y pronta reacción
- ☐ Cliente asustadizo, inquieto, parece nervioso
- ☐ Alerta ante cada sonido que se oye en la habitación

☐ Alerta ante cada movimiento que hay en la habitación

CUERPO

☐ Manos húmedas y sudorosas

☐ Movimientos del cuerpo erráticos o bruscos (funcionamiento motor alterado)

☐ Zumbido en los oídos (o el acúfeno se vuelve más fuerte)

☐ Tensión muscular en varias zonas (hombros, vientre, brazos, manos, piernas)

☐ El cuerpo se contorsiona en posturas y giros involuntarios

☐ El cliente dice que siente aumentar el calor interno

☐ El cliente informa de sensación de mariposas en el estómago

☐ El cliente informa de cambios en el sabor (por ejemplo, percibe un sabor metálico)

MENTE

☐ Pérdida de memoria o lagunas mentales

☐ La mente está acelerada e informa de muchos detalles

☐ La atención está hiperenfocada

☐ El cliente informa de recuerdos o imágenes invasivos

SEÑALES DE HIPOACTIVACIÓN

OJOS

- ☐ Ojos sin brillo y retraídos
- ☐ Mirada fija e inexpresiva
- ☐ Ojos en blanco, mirando hacia arriba
- ☐ Los ojos muestran una alerta disimulada (vistazos rápidos, por miedo a mirar)
- ☐ El contacto visual se ve interrumpido, no se puede sostener o se mantiene durante mucho tiempo

PIEL

- ☐ La piel se pone pálida (es como si no tuviera vida)
- ☐ Sudor frío
- ☐ El cliente informa de sensación de opresión
- ☐ El cliente dice que siente la piel fría

EMOCIONES

- ☐ Sensaciones y sentimientos adormecidos
- ☐ Expresión emocional reducida
- ☐ Los sentimientos están desconectados del cuerpo
- ☐ El cliente no puede informar sobre sensaciones; se apresura a interpretar y analizar
- ☐ El cliente afirma no sentir nada

CUERPO

- ☐ Tono corporal rígido o sin vitalidad
- ☐ Movimientos corporales restringidos
- ☐ Cuerpo encogido como si estuviera llorando (pecho y vientre encogidos)
- ☐ Tensión muscular generalizada (los músculos internos profundos y los tendones mantienen la tensión)
- ☐ Cuando se le pide al cliente que informe sobre lo que está experimentando, no puede sentir o percibir su propio cuerpo
- ☐ El cliente informa de falta de sensibilidad en el cuerpo
- ☐ El cliente se siente abrumado o demasiado confundido para percibir el cuerpo
- ☐ Habla apática o repetitiva, con un tono plano

MENTE

- ☐ Pérdida de memoria; no se recuerdan períodos de tiempo de cierta extensión
- ☐ Mente confundida (secuencia temporal alterada en estados de fuga disociativa extremos)
- ☐ Problemas de atención, demora en las respuestas
- ☐ El cliente tarda en responder en los diálogos
- ☐ El cliente evita los recuerdos dolorosos

······· Herramienta 20 ·······

Hoja de trabajo para el cliente

Cuadro de seguimiento del cuerpo

INSTRUCCIONES

Identifica una parte del cuerpo sobre la que quieras saber más. Por ejemplo, podrías sentir tensión en los hombros o notar que tu vientre está muy contraído.

La parte de mi cuerpo con la que trabajaré es:

_____

Hoy la forma en que percibo mi cuerpo es:

_____

Transcurridos cinco días, resume lo que has aprendido. El cuadro incluido en esta herramienta te proporciona una ayuda visual y datos concentrados sobre lo que sucedió a medida que fuiste prestando más atención a tu cuerpo de manera sostenida.

¿Cómo te sientes ahora respecto a esta parte de tu cuerpo?

_____

¿Qué ha cambiado?

_____

¿Qué cambios en tu conciencia marcaron la diferencia?

_____

Escribe una nueva declaración sobre cómo te sientes respecto a esta parte de tu cuerpo hoy.

Seguimiento de mi cuerpo

	Día 1	Día 2	Día 3	Día 4	Día 5	Notas
Lo que **pienso** de esta parte de mi cuerpo						
Lo que **siento** respecto a esta parte de mi cuerpo						
Lo que me ha alterado hoy ha sido…						
Lo que me ha ayudado ha sido…						

Seguimiento de mi cuerpo

Hoja de trabajo para el cliente

Hoy he desatendido mi cuerpo de estas maneras...					
Hoy he cambiado una cosa:					
He mirado mi cuerpo y he visto que...					
Cuando cierro los ojos y siento el cuerpo, percibo...					

TERCERA PARTE

La integración de las herramientas de la terapia somática en la práctica

CAPÍTULO 9

La atención plena y el cuerpo

Relaja tu mente crítica, siente tu cuerpo ahora. La buena noticia es que estás presente, la mala noticia acaso sea que puedes sentir lo que está sucediendo realmente. Y lo que es aún mejor: ahora tienes opciones en cuanto a qué ser.

—**Manuela Mischke-Reeds**

¿QUÉ ES LA ATENCIÓN PLENA ENCARNADA?

La atención plena orienta al cliente internamente en el fluir de experiencias del momento presente. La naturaleza no juiciosa de la observación es fundamental para comprender la experiencia interna y desarrollar la capacidad emocional de sentir y percibir sin reaccionar o sentirse abrumado.

El mindfulness enseña a estar en el aquí y ahora, y esto es fundamental para trabajar con las experiencias somáticas. Dado que las emociones y las sensaciones están entrelazadas, es fácil desviarse del auténtico objetivo y quedar atrapado en la intensidad de las emociones o desorientarse a causa de las sensaciones fuertes. Es posible observar lo que está experimentando el cuerpo en el momento presente y aprender a no reaccionar frente a un recuerdo traumático, sino limitarse a ser testigo de la experiencia.

La atención plena, la atención plena encarnada en particular, aporta apoyo y estabilización al proceso terapéutico. Cada vez que el cliente se detiene y presta atención al cuerpo en el momento presente, está ejercitando el «músculo de la observación» del cerebro y el resto del cuerpo. Este proceso de observación inhibe la activación emocional, objetivo que se logra porque el córtex prefrontal mitiga cualquier agobio, confusión o desencadenante emocional.

POTENCIALES DIFICULTADES AL TRABAJAR CON EL MINDFULNESS

Hay momentos en los que trabajar con el mindfulness no es apropiado o puede activar aún más al cliente. Como ocurre con cualquier intervención o técnica, el terapeuta debe practicar el rastreo y evaluar su utilidad para el cliente. Siguen algunas pautas sobre lo que hay que tener en cuenta y sobre cuándo es pertinente dejar de acudir al mindfulness:

Dificultades del cliente:

- No puede mantener la atención plena: no puede observar la experiencia presente, sino que empieza a pensar. Por ejemplo, el cliente piensa sobre una experiencia en lugar de estar con ella.
- No puede conservar la atención plena y se disocia. Esto es claramente indicativo de que el mindfulness no es útil.
- Se siente abrumado e inundado por las señales interiores; está sometido a demasiada estimulación interna.
- Siente incomodidad al percibir y sentir su cuerpo. No es capaz de ver esta incomodidad como una forma de explorar su experiencia, sino que prefiere rechazarla.
- La atención plena y la calma actúan como un desencadenante. El hecho de mirar hacia dentro suscita en el cliente unos recuerdos traumáticos que no puede manejar.
- Se pierde durante mucho tiempo en sus pensamientos; confunde la atención plena con el análisis de los pensamientos.
- La atención plena incrementa la angustia interna: la ansiedad se intensifica.

Dificultades y errores del terapeuta:

* Se siente abrumado, alterado e impaciente por las indicaciones del cliente y por la disociación de este o porque el cliente no puede calmarse.

* Quiere rescatar o forzar la atención plena dirigiendo el proceso de una manera demasiado mecánica.

* Aplica demasiadas técnicas; la orientación es excesivamente detallada y no deja suficiente espacio a la persona.

* No rastrea con precisión las señales del cuerpo; supone que el cliente se está relajando cuando en realidad está desconectando o se siente abrumado internamente.

* No mantiene su propia presencia consciente; se disocia junto con el cliente.

CÓMO CORREGIR LOS ERRORES Y DIFICULTADES

* Si las instrucciones relativas al mindfulness no hacen que el cliente se vuelva más consciente ni despiertan su curiosidad, *detente*.

* Si el cliente se siente abrumado o carece de recursos, detente, hablad al respecto y estableced un recurso (en el capítulo veintitrés encontrarás información sobre los recursos).

* Asegúrate de que el cliente esté dispuesto a probar el mindfulness y de que le despierte curiosidad.

* Tómate tiempo para dar las explicaciones pertinentes y preparar el terreno y asegúrate de orientar al cliente con un propósito. ¿Qué estáis buscando? ¿Qué representa para ti no pensar y permanecer sin pensamientos? ¿Cómo te sientes prestando atención a tu cuerpo sin tener que hacer nada?

* Prueba con pequeños intervalos de tiempo, de uno a tres minutos por ejemplo, antes de dirigir sesiones más largas.

* Formula siempre preguntas abiertas: «¿Cómo te sientes con esto?», «¿Cuál es tu experiencia?», «¿Qué percibes?», «¿Qué surge?».

- Si el cliente se bloquea, practica la amabilidad y controla tu decepción. Ser consciente del cuerpo y la mente no es fácil. ¡A los monjes les lleva toda una vida de esfuerzo, disciplina y dedicación alcanzar la serenidad y la paz! Sé paciente y amable.

Ejercicio para
el cliente

Cómo inducir la atención plena

INSTRUCCIONES

Hay dos formas de inducir la atención plena: se puede guiar al cliente a través de la visualización o se puede explorar la atención plena a través de las sensaciones corporales.

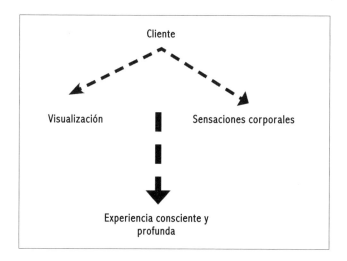

Visualización:

Con voz calmada, describe una escena tranquila que el cliente disfrutará. Pregúntale qué prefiere: un océano, un bosque, etc.

Guion:

«Imagina que das un paseo tranquilo [por el bosque, por una playa, etc.]. Bajas el ritmo y absorbes el entorno. Atendiendo a cada paso, te llenas de la serenidad y la paz que transmite la naturaleza que te rodea. A medida que caminas, te vas adentrando en un espacio de calma. Tu mente se ralentiza, tus pensamientos se apaciguan y te liberas de cualquier agitación».

Utiliza frases como las siguientes:
- «Visualízate caminando lentamente y con plena conciencia...».
- «Mira a tu alrededor y absorbe la tranquilidad del entorno...».
- «Imagina que estás completamente inmerso en este espacio, uno de tus lugares favoritos...».
- «Absorbe la belleza y la calma circundantes en este momento...».

Sensaciones corporales
Con voz calmada, guía al cliente en la experiencia de sus sensaciones corporales.

Guion
«Advierte tus sensaciones corporales en este momento. Siente que estás en la silla y que tu cuerpo y tu peso están en contacto con ella. Permite que tu respiración se ralentice. Observa si puedes dirigir tu atención hacia tu cuerpo y estar con las sensaciones en este momento. Permite que cualquier contenido mental distractor o negativo se disipe. Deja que las distracciones y los pensamientos se disuelvan y concéntrate en las sensaciones corporales que son agradables en este momento. Ralentiza la respiración y adéntrate en tu cuerpo».

Utiliza palabras y frases como las siguientes:
- «Deja que tu cuerpo sienta...».
- «Permanece con las sensaciones de placer, tranquilidad...».
- «Apacíguate y adéntrate en el cuerpo en este momento...».
- «Observa cómo puedes respirar de forma calmada en este momento...».
- «Siente en tu cuerpo...».

Inducir la atención plena depende de:

- Tu tono de voz. Debe ser calmado y constante.
- Tu ritmo. Debe ser lento y paciente.
- Tu descripción. Debe ser corta y precisa.
- Tu flexibilidad. Conecta con las preferencias del cliente; no te apegues a guiones que no encajen.
- Tu creatividad. Añade pequeños matices.
- Tu estado interno. ¡Tú mismo tienes que gozar de atención plena!

Ejercicio para
el cliente

Cultivar la autoobservación – Detener el momento

OBJETIVO

Una habilidad importante en cualquiera de los ejercicios somáticos es la de observarse a uno mismo. La idea es percibir lo que está ocurriendo en el momento y en el propio cuerpo. Puedes observar tus sentimientos, pensamientos, sensaciones, movimientos y respuestas conductuales ante las personas y las situaciones. Esta habilidad tiene que ver con aprender a autorregularse. Cultivar el testigo interno es esencial para aprender del propio cuerpo. Detén el momento con frecuencia a lo largo del día y observa qué ocurre mientras te ejercitas en el arte de ser el testigo de tu vida.

INSTRUCCIONES

Practica la detención del momento haciendo pausas antes de realizar cualquier cosa.

Pasos para la práctica:

1. Detener: haz una pausa sea lo que sea lo que estés haciendo en este momento.
2. Observar: ¿qué está sucediendo ahora mismo en el ámbito de tu experiencia?
3. Rastrear: ¿cómo estás sintiendo tu cuerpo en este momento?
4. Permanecer: no cambies nada, pero mantente presente.
5. Retoma lo que estabas haciendo y observa si te experimentas de manera diferente.

Preguntas útiles para hacerte a ti mismo/a:

- ¿Dónde está mi atención justo ahora?
- ¿Cómo estoy experimentando mi cuerpo ahora mismo?
- ¿Qué estoy percibiendo en mi conciencia en este momento?

Este ejercicio debe hacerse con frecuencia. Intenta integrarlo en tu día a día.

································ Herramienta 23 ································

| Hoja de trabajo para el cliente | Trabar amistad con el cuerpo |

OBJETIVO

Este ejercicio busca que cultives una amabilidad básica hacia tu cuerpo. Sigue los pasos; puedes repetir cualquiera de ellos en cualquier momento. Trabar amistad es un proceso. Sé paciente.

INSTRUCCIONES

1.ª Parte. Antes del ejercicio

Observa tu cuerpo en este momento. ¿Qué estás percibiendo? ¿Cómo te sientes con respecto a él? Si te preguntara en qué grado te muestras amistoso con tu cuerpo, ¿qué responderías? ¿Cómo describirías tu cuerpo con tres palabras o frases?

Pasos para trabar amistad con el cuerpo:

Mi cuerpo es/está:

1. _____
2. _____
3. _____

- Acuéstate sobre una superficie cómoda que te brinde un buen apoyo.
- Relaja el cuerpo tanto como puedas.
- Siente la gravedad de tu cuerpo y entrégate al apoyo que hay debajo de ti.
- Realiza tres exhalaciones lentas y sostenidas y dirige la atención hacia tu cuerpo y este momento presente.
- Ahora, suelta y limítate a percibir y sentir el cuerpo.
- Comienza por la parte posterior: relaja la espalda, como si te estuvieras fundiendo con el suelo.
- Continúa con la parte frontal del cuerpo y suelta cualquier tensión.
- Realiza otras tres exhalaciones suaves y sostenidas y percibe las zonas que ya están más relajadas.
- Ahora lleva la atención por todo el cuerpo. Observa qué parte reclama tu intervención. Puede ser una tensión, una sensación, una zona que te cause problemas o un área en la que experimentes molestias. Permite que sea tu *atención* la que te lleve al lugar correcto, no tu mente pensante.
- Permanece en esta zona que ha reclamado tu atención y aplica una respiración amable y tierna, como si estuvieras acariciando a un ser querido (una persona o un animal). Envía una respiración suave y ligera a esta parte del cuerpo.
- Sigue aplicando la atención ahí, hasta que notes algún cambio. Este cambio puede ser una apertura de algún tipo o la disolución de la tensión.
- A continuación, deja de centrarte en la respiración suave y observa qué sientes ahora en la zona.

- Envía una nota amable a esta parte del cuerpo. Por ejemplo: «Te doy la bienvenida. Te amo y te abrazo. Gracias». Procura que el texto sea breve y las palabras dulces.
- Observa nuevamente y advierte qué está cambiando en este momento.
- Ahora puedes permitir que la atención se sitúe en otra área del cuerpo o repetir los pasos en la misma zona si aún tienes curiosidad por lo que está sucediendo ahí.
- Mantén una actitud abierta y curiosa, y permite que se produzca un cambio.

2.ª Parte. Después del ejercicio

Ahora siéntate o acuéstate y relata lo que sientes y percibes. Determina lo que respondería tu cuerpo si le hicieses esta pregunta en este momento: «¿Hasta qué punto te muestras amistoso con tu cuerpo?». Describe tu cuerpo con tres palabras o frases.

Reflexión sobre el cambio:

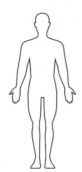

Mi cuerpo está trabando amistad con:

1. _____
2. _____
3. _____

Tómate un momento para pensar en lo que puedes cambiar después de esta experiencia. Realiza un cambio pequeño que puedas mantener esta semana.

Quiero tratar a mi cuerpo de esta manera: _____

_____

Quiero cambiar esto: _____

Esta semana me comprometo a lo siguiente en relación con mi cuerpo: _____

Escribe una nota de recordatorio para la semana:

Estoy trabando amistad con mi cuerpo de esta manera:

Ejercicio para
el cliente

Descanso relajante

OBJETIVO

Este ejercicio facilita que el cuerpo se abra a un nivel profundo de relajación por medio de «no hacer nada». Descansar completamente en el cuerpo no es tan fácil. Normalmente pensamos que necesitamos «hacer algo» y «ser productivos», y no aprendemos a confiar en nuestro cuerpo. El cuerpo necesita espacio y tiempo para «hablarte». Aprender a relajarte y descansar de verdad es sintonizar con el cuerpo a un nivel profundo, en lugar de hacerlo en el plano mental.

INSTRUCCIONES

- Acuéstate bocarriba, sobre una superficie cómoda y que te brinde un buen apoyo.
- Mantén las rodillas dobladas y los pies apoyados en el suelo.
- Deja que tu cuerpo descanse completamente en el suelo. Puedes poner una almohada debajo de las rodillas si necesitas más apoyo para las piernas. Lo mismo es aplicable al resto del cuerpo; si precisas más almohadas, disponlas según necesites.
- Deja que los brazos descansen a los lados del cuerpo o sobre la parte inferior del vientre.
- Conecta con la respiración y ralentízala.
- Funde el cuerpo con el suelo. Advierte las tensiones que hay en él y prueba a disolverlas llevando la respiración a la zona con la que estés trabajando.
- Permite que el peso y las tensiones se diluyan.

- Intenta relajar las zonas en las que se suele acumular más tensión, como la mandíbula, los hombros, el vientre, el pecho y las piernas.
- Sigue diluyendo las tensiones y observa cómo surge la cualidad del descanso.
- Imagina un animal «perezoso», como un león o un perro que se están relajando, y obsérvate a ti mismo dejándote llevar tal como lo hacen ellos.
- Suelta cualquier preocupación y pensamiento. Si te das cuenta de que estás pensando, regresa a la respiración.
- Examina el impulso de «hacer» cuando surja. Cuando lo adviertas, responde regresando a la actitud de derretir el cuerpo.
- Permítete estar alerta mientras te relajas. Si te adormeces, date cuenta y vuelve a enfocarte en la parte trasera de tu cuerpo para seguir fundiéndolo con el suelo.
- Presta atención a cómo tu cuerpo se relaja y se ajusta de manera natural. Permítete estar en él, sin ningún objetivo.

.... Herramienta 25 ....

Ejercicio para
el cliente

Exploración corporal en movimiento

OBJETIVO

La exploración corporal en movimiento es una herramienta esencial que puedes usar muchas veces. Es una excelente manera de evaluar el estado somático y ejercitar la atención plena en relación con el cuerpo. En este ejercicio, te moverás muy despacio, con micromovimientos que apenas deberían ser perceptibles desde el exterior. El objetivo es provocar sensaciones al mover varias partes del cuerpo de manera muy sutil.

En el curso de este ejercicio, es recomendable que estés sentado o de pie. Comienza por la cabeza y luego desplázate hacia abajo, hasta llegar a los dedos de los pies. Los movimientos deben ser lentos, suaves y oscilantes. A medida que avanzas en el ejercicio, advierte lo que está ocurriendo en tu cuerpo. ¿Qué temperatura dirías que sientes en tu interior?

INSTRUCCIONES

- Imagina que eres un árbol que se balancea suavemente o un alga marina que está bajo el agua.
- Ahora haz un pequeño movimiento con la cabeza. Deja que se extienda a lo largo de las vértebras del cuello, que debe balancearse suavemente de lado a lado.
- Deja que la respiración llegue a las zonas con las que estás trabajando. Tómate con calma este proceso; no te apresures.
- Lleva la atención al cuello. En esta zona, es fácil percibir el movimiento oscilante. Realiza pequeños movimientos hacia arriba y hacia abajo.

- Permítete relajarte por completo.
- Observa cómo cambia la respiración a medida que te mueves de esta manera.
- Ahora, lleva la atención a los hombros y el pecho. Efectúa pequeños movimientos en la cavidad torácica.
- Observa la exhalación y cómo descienden los hombros.
- Permanece unos momentos con la expansión y la relajación subsiguiente.
- Sitúate en el vientre y, después, en la parte posterior de la columna vertebral.
- Recorre arriba y abajo las vértebras de la columna vertebral. Cada vértebra puede moverse muy ligeramente cuando generas un micromovimiento sutil en la espalda. Experimenta con lo que funcione para ti. Es posible que tengas que ajustar la magnitud del movimiento hasta que sientas que es el apropiado.
- Ahora, deja de esforzarte, relájate en tu cuerpo y trabaja con lo que hay.
- Deja que tu atención se desplace a la zona pélvica y las piernas. ¿Adónde quieren ir los movimientos?; adviértelo. Permite que la respiración sea lenta también.
- Incluye cualquier otra parte del cuerpo: los pies, las manos, los brazos. Es posible que tengas la sensación de que todo tu cuerpo se está moviendo.
- Continúa durante unos momentos más. Limítate a permitir que acontezca el suave movimiento de balanceo.
- ¿Dónde y cómo experimentas las sensaciones?
- Respira, relájate y deja de hacer cualquier esfuerzo. Si notas alguna tensión, intenta soltarla.
- Transcurridos unos minutos, deja que el movimiento se detenga y observa qué está ocurriendo dentro de tu cuerpo.
- ¿Te sientes más conectado y con más energía? ¿Está presente una diversidad de sensaciones o emociones? Deja que estén ahí.

- Permanece con tu experiencia sin juzgarla. Quédate en la misma postura sentada y observa.
- Escucha a tu cuerpo con el corazón abierto.

Reflexión:

Antes de la exploración corporal en movimiento, siento que mi cuerpo está _____.

Después de la exploración corporal en movimiento, siento que mi cuerpo está _____.

············· Herramienta 26 ·············

Ejercicio para el cliente

Meditación caminando

OBJETIVO

La meditación caminando ofrece un respiro de la meditación sentada que se agradece. Proporciona variedad y otra forma de experimentar el cuerpo en movimiento mientras se practica la atención plena. Esta herramienta se puede aplicar en la vida diaria; por ejemplo, al ir caminando hacia el coche o hacia un destino. En el contexto terapéutico, puedes aplicar la meditación caminando en la consulta para ayudar a regular emociones intensas, apaciguar el estado de agitación de un cliente dado y fomentar la conciencia del cuerpo.

INSTRUCCIONES

Caminar ayuda a enfocar y centrar la mente a través de la acción de dar pasos. Los ojos miran hacia abajo, sin centrarse en nada en particular; no están buscando nada ni fijos en el entorno. Los pies dan un paso tras otro con lentitud y en medio de una gran atención. Dedica entre diez y quince minutos a esta actividad. Pon una alarma para que te indique que es el momento de terminar y, así, no te distraigas mirando el reloj.

- Ponte de pie.
- Observa tu espalda: debe estar erguida, pero relajada.
- Siente los pies en el suelo, conectados con la tierra. Haz una inhalación profunda y empieza por centrarte.
- Comienza a caminar, pero sin ir a ningún lado. Si te encuentras en un espacio pequeño, camina de un lado a otro. Ajusta tu paso según el lugar en el que estés.

- Baja los ojos y mira hacia delante con una mirada suave y receptiva. A pesar de la posición de los ojos, asegúrate de mantener una postura erguida y regia.
- Da un paso tras otro y sé consciente de cómo colocas el pie cada vez.
- Cada paso, cada momento en que uno de tus pies toca el suelo es tu práctica de atención plena.
- Deja que la respiración sea normal y fluida. Puedes sincronizarla con tus pasos, pero es mejor no condicionarla.
- Advierte tus pensamientos y déjalos ir cuando surjan; salúdalos amablemente, diciendo por ejemplo «hola, pensamiento» u «hola, amigo mío». Seguidamente, vuelve a enfocarte en la respiración y en el acto de caminar.
- Tus movimientos al caminar deben ser lentos e intencionados. Asegúrate de poner toda la atención en el cuerpo; si no lo haces, podrías terminar yendo demasiado deprisa o demasiado despacio.
- Encuentra un ritmo, como puede ser levantar el pie, dar un paso adelante, cambiar el peso de lado. Repite este ritmo: levanta el pie, da un paso, cambia la distribución del peso...
- Vacía la mente de pensamientos y mantente presente con tu cuerpo en movimiento.
- Cuando se haya cumplido el tiempo, quédate de pie un momento. Cierra los ojos y siente el cuerpo.

Reflexión:
Antes de la meditación caminando, percibí esto en mi cuerpo: _____
_____.

Después de la meditación caminando, percibí esto en mi cuerpo: ___
_____.

Ejercicio para
el cliente

Mindfulness de la Tierra

OBJETIVO

Este ejercicio fue diseñado después de trabajar con una clienta que decía sentirse fuertemente constreñida y atrapada internamente. No podía confiar en nadie ni abrirse a nadie. Le encantaba estar en la naturaleza y amaba el planeta Tierra, pero no podía confiar en las personas. Cuando cuesta confiar en los demás, puede ser útil trabajar la confianza en la naturaleza. Esta meditación te recuerda que puedes confiar en la Tierra y te reconecta con tu bondad innata.

INSTRUCCIONES

- Acuéstate en el suelo. (Este ejercicio también se puede hacer recostado).
- Toma conciencia del suelo que hay debajo de tu cuerpo.
- Visualiza que el suelo te proporciona apoyo y sostén. Piensa «la Tierra siempre está ahí para mí» o cualquier otra frase positiva que te parezca apropiada.
- La sensación de peso que experimentas es la gravedad atrayéndote suavemente hacia la Tierra y manteniéndote en contacto con ella.
- Enfoca los sentidos en la parte trasera de los pulmones.
- Permítete respirar desde la parte trasera de los pulmones.
- Imagina que la Tierra se encuentra contigo ahí.
- Después deja que la Tierra respire contigo. Imagina que es un pulmón gigante que suelta el aire en tus pulmones, proporcionándote vitalidad.

- La Tierra es amable, gentil y se toma su tiempo para respirar contigo y en ti.
- Deja que acontezca este intercambio entre tú y la Tierra; permite que tu respiración interactúe con la de la Tierra.
- Observa cómo te apaciguas, cómo se expande tu respiración y cómo se relaja la zona del vientre.
- Observa cómo se tranquiliza tu mente y cómo recuperas la sensación de bienestar.
- Evalúa tu experiencia.

Reflexión:

Confío en que la Tierra _____

_____.

Confío en que mi cuerpo _____

_____.

CAPÍTULO 10

Conciencia corporal y lectura corporal

La conciencia corporal es fundamental para la práctica somática de cualquier persona. Para trabajar con el cuerpo y aprender de nuestras experiencias, necesitamos establecer una conciencia fundamental, un punto de partida y regreso, para hacer un seguimiento de lo que va cambiando. Esta es la base del conocimiento cimentado en la práctica somática.

Dado que nuestras experiencias son muy individuales y personales, necesitamos establecer un punto de referencia en relación con el cual podamos valorarlas. De lo contrario, las olvidaremos o nuestras experiencias pasadas empezarán a contaminar la comprensión que tenemos de las experiencias presentes. Entonces, ¿cómo podemos hacer que nuestra atención permanezca libre de interferencias e implicada con la experiencia? ¿Por dónde empezamos? ¿Qué debemos buscar?

El autoconocimiento del cuerpo es innato. Antes de iniciar cualquier práctica, debemos reconocer que el cuerpo ya es autoconsciente. Pero ocupados con preocupaciones, ideas, angustias y obsesiones rutinarias, nuestra cháchara mental hace que seamos menos capaces de conectar con esta autopercepción.

He aquí algunos consejos básicos para empezar a trabajar con la conciencia corporal:

- Sé consciente de dónde estás *ahora*. Este es tu punto de partida. Puedes anotarlo.
- Observa lo obvio y lo sutil. Por ejemplo, en el nivel obvio podrías advertir que hoy estás cansado, y en un nivel más sutil podrías tomar conciencia de que tus ojos están pesados y apagados.
- Mantente presente y detecta las distracciones. Observa cuándo te desconectas y qué te hace desconectar. ¿El aburrimiento? ¿La ansiedad? ¿El hecho de aproximarte a algo incómodo?
- Una vez que hayas pasado por la conciencia corporal y la lectura corporal, determina de nuevo cuál es tu punto de referencia somático. Comprueba qué es diferente y qué ha cambiado, y vuelve a observar los niveles obvio y sutil. Anota las diferencias, por pequeñas que sean. Son los cambios pequeños y progresivos los que dan lugar a grandes cambios. Mantente atento al nivel sutil de la conciencia corporal.

······· Herramienta 28 ··············

Ejercicio para
el cliente

Conciencia global del cuerpo

OBJETIVO

La conciencia corporal es fundamental para la práctica de cualquier persona. Para trabajar con el cuerpo y aprender de nuestras experiencias, necesitamos establecer una conciencia fundamental, un punto de partida y regreso, para hacer un seguimiento de lo que va cambiando. Esta es la base del conocimiento basado en la práctica somática. Comenzamos con la conciencia global del cuerpo. No hacemos «nada» y somos conscientes, a través de nuestros sentidos, de cómo está nuestro cuerpo en este momento y en el siguiente. La clave es mantenerse despierto y no quedarse dormido. Si no estás familiarizado con este tipo de actividad, prueba a empezar aplicando la atención durante tres minutos y ve aumentando el tiempo hasta llegar a quince. Es importante que no te quedes dormido y también que no te permitas distraerte o dejarte llevar por el parloteo mental.

Al hacer varias veces esta práctica de conciencia global del cuerpo siguiendo las instrucciones, fortalecerás tu «músculo de la conciencia». Entonces habrás dispuesto un fundamento para cualquier otra práctica de tipo somático centrada en el cuerpo, ya que contarás con una base buena y sólida desde la que comenzar y a la que regresar.

INSTRUCCIONES

Las instrucciones que siguen son pautas básicas para ayudarte a ejercitar tu conciencia a percibir tu cuerpo y confiar en él.

- Programa una alarma. Si es la primera vez que haces una práctica de este tipo, comienza dedicándole entre tres y cinco minutos, y aumenta gradualmente el tiempo, hasta poder realizarla durante quince. Aunque parezca una práctica muy relajada, requiere concentración y entrenamiento. Aprenderás a agudizar tus patrones de atención.

- Ponte cómodo. Lo mejor es que te acuestes y utilices almohadas como apoyo, para poder relajarte completamente. No deberías experimentar ningún tipo de incomodidad en absoluto. Tómate un momento para establecer las condiciones adecuadas.
- Asegúrate de estar lo suficientemente alerta como para permanecer relajado sin quedarte dormido. Si adviertes que estás cansado, es mejor que limites esta práctica a tres o cinco minutos y pongas una alarma, para poder aprovechar al máximo el ejercicio. No es conveniente que emplees esta técnica para acostumbrarte a quedarte dormido con mayor rapidez.
- Di para tus adentros: «No voy a hacer nada; solo estar con mi cuerpo y observar lo que hace».
- Cierra los ojos y exhala un par de veces.
- Deja que tu atención deambule por todo tu cuerpo. No seas sistemático; por ejemplo, no la enfoques de la cabeza a los pies. Esta es una práctica de conciencia diseñada para permitirte observar lo que hace el cuerpo al azar y descubrir sus patrones de inteligencia inherentes. Si enfocas la atención deliberadamente, se convierte en otro tipo de práctica. Se trata de «no hacer nada» y aprender a observar lo que el cuerpo ya está haciendo. ¡Observa y descubre!
- Advierte qué partes del cuerpo están respondiendo. Por ejemplo, podrías percibir que un hombro se relaja, o que el vientre ha estado contraído, o cómo es tu respiración.
- Deja que tu atención vague; no hay un sistema que debas seguir. Aquiétate cada vez más para poder observar mejor tu cuerpo desde dentro hacia fuera.
- Cuando suene la alarma, estira el cuerpo y siéntate. No te permitas quedarte dormido. Advierte cómo te sientes en tu cuerpo.

- Permítete un breve período de transición; puedes escribir o reflexionar. ¿Percibes que tu cuerpo está más sensibilizado?

CÓMO UTILIZARLO EN TERAPIA

Guía a tu cliente a través de estos pasos. Antes de empezar, dedica uno o dos minutos a hablar con él o ella. Si el cliente te dice que no puede mantenerse conectado con su cuerpo, o si se distrae, puedes asistirlo de manera suave para que vuelva a ser consciente de su cuerpo. Esta es una herramienta muy potente que puedes emplear al comienzo de cada sesión; ayudará a tu cliente a relajarse y a sentirse cómodo aprendiendo a leer su cuerpo. Úsala como punto de partida para explorar, junto con tu cliente, cuestiones y áreas en las que este se sienta bloqueado o tema avanzar.

······· Herramienta 29 ·······

Hoja de trabajo para el cliente

Evaluación de la sensibilidad corporal

INSTRUCCIONES

Rodea con un círculo las sensaciones que sean aplicables a tu experiencia o añade otras.

Sensación pulsante	Cambios de ubicación de la sensación	Compresión	Pinchazos
Calma	Quietud	Estado despierto	Bostezos
Ardor	Fluir rápido y constante	Sensación ondulante	Debilidad
Sensación fuerte	Contracción	Fluidez	Tensión
Torsión	Rotación	Inquietud	Irritación
Temblores por frío	Vibración	Temblores (no por frío)	Estremecimiento
Dolor	Sensación líquida	Somnolencia	Estiramiento
Calidez	Alargamiento	Frío	Insensibilidad
Hormigueo	Relajación	Agotamiento	Bienestar
Sacudidas	Respiración ligera	Respiración fuerte	Contención
Opresión	Asfixia	Presión	Envolvimiento
Ligereza	Pesadez	Postura erguida	Desalineación
Laxitud	Tirantez	Efervescencia burbujeante	Cosquilleo de tipo eléctrico
Agitación	Vitalidad	Velocidad muy rápida	Dicha

Añade tu propia descripción por medio de una frase o una imagen:

······· Herramienta 30 ·······

Hoja de trabajo para el cliente

Tu experiencia presente en tu cuerpo

OBJETIVO

Desarrolla tu conciencia corporal con la ayuda de esta hoja de trabajo. Se puede rellenar durante la sesión o como tarea después de una sesión.

INSTRUCCIONES

Rellena los espacios en blanco:

En este momento, estoy sintiendo _____ _____ [emoción] **y estoy percibiendo en mi cuerpo** _____, _____, _____ [al menos tres sensaciones corporales].

Esta sensación corporal despierta mi curiosidad: _____ [anota una].

Estoy conectando con la sensación de _____ _____ [elige un aspecto que te resulte interesante o placentero] **y estoy descubriendo que mi cuerpo me muestra** _____ [anota un pequeño detalle].

También noto que mi respiración es _____
_____ [describe cómo es y dónde
tiene lugar].

A medida que percibo mi cuerpo en general, siento
_____ [¿qué viene a ti mientras
sientes y percibes tu cuerpo?].

Al sentir mi cuerpo en su totalidad, experimento
_____ [anota lo que experi-
mentas como sensación general].

Puedo decir que ahora estoy experimentando _____
_____ [tu experiencia en el mo-
mento actual].

········· Herramienta 31 ·········

Identificación de temas corporales

OBJETIVO

Si tu cuerpo pudiese hablar, ¿qué diría?

Este ejercicio te guía sistemáticamente a través de las distintas áreas del cuerpo y te permite obtener respuestas. Te ayuda a identificar los temas de tu cuerpo que ya conocías, además de otros que permanecían ocultos. Si sintonizas con tu cuerpo con atención plena, podrás profundizar en las respuestas e informaciones que obtendrás.

INSTRUCCIONES

Realiza un primer recorrido haciendo la pregunta varias veces en tu estado mental habitual; después, pasa al estado de atención plena: ve más despacio, cierra los ojos y formula de nuevo la pregunta. Te podría venir a la mente una frase, una imagen o una palabra.

Zona del cuerpo	Si tu cuerpo pudiese hablar, ¿qué diría? Estado normal – Lo que sé ahora	Si tu cuerpo pudiese hablar, ¿qué diría? Estado de atención plena – Lo que sé desde dentro hacia fuera
Parte frontal del cuerpo		
Parte posterior del cuerpo		
Cabeza		
Cuello		
Hombros (parte posterior)		
Hombros (parte superior, articulaciones)		
Parte frontal del pecho		
Zona del corazón		
Parte media de la espalda		
Parte inferior de la espalda		
Plexo solar		
Vientre		
Parte inferior del abdomen		
Pelvis		
Parte alta de los muslos		
Parte inferior de las piernas		
Rodillas		
Tobillos		
Pies		
Plantas de los pies		
Parte superior de los brazos		
Codos		
Antebrazos		

Zona del cuerpo	Si tu cuerpo pudiese hablar, ¿qué diría? Estado normal – Lo que sé ahora	Si tu cuerpo pudiese hablar, ¿qué diría? Estado de atención plena – Lo que sé desde dentro hacia fuera
Muñecas		
Manos		
Palmas		
Dedos		
Parte delantera del cuello		
Cara		
Boca		
Contorno de los ojos		
Orejas		
Parte frontal del cráneo		
Parte posterior del cráneo		
Coronilla		

·········· Herramienta 32 ··········

Hoja de trabajo para el cliente

Creencias somáticas del yo

OBJETIVO

Tenemos varios «cuerpos». Esto incluye nuestro cuerpo esquelético, muscular y fascial, así como nuestros cuerpos emocional, mental y espiritual. La forma en que nos movemos, mantenemos nuestras posturas y usamos nuestros músculos, incluidos los que dan lugar a nuestras expresiones faciales, puede reflejar nuestra vida emocional y mental. Existe una conexión entre la manera en que nos sentimos, lo que pensamos y nuestra forma de ser, y se manifiesta en nuestro cuerpo. El gráfico que sigue te ayudará a identificar tus creencias y a ver cómo se expresan en tu cuerpo.

INSTRUCCIONES

Sírvete del gráfico corporal para registrar las áreas del cuerpo y las creencias.

- Empieza con el cuerpo físico y anota lo que estés percibiendo en él. Puedes escribir en el gráfico o rodear con un círculo el nombre de las zonas que sientes y percibes.
- Ahora enfócate en las creencias emocionales que surgen de la experiencia física del cuerpo; por ejemplo: «Siento como si mis hombros tensos soportaran el peso de rocas y cargas por mi familia».

- Ahora céntrate en el cuerpo mental, que te dirá lo que crees sobre la experiencia física y emocional. Por ejemplo: «Cargo con estas rocas porque me siento responsable de lo que le ocurrió a mi familia. Es culpa mía».

- Elige dos o tres creencias centrales con las que estés muy familiarizado y que sean determinantes en tu experiencia diaria. Reflexiona sobre estas creencias y explora cómo están interconectados tu cuerpo y tu mente.

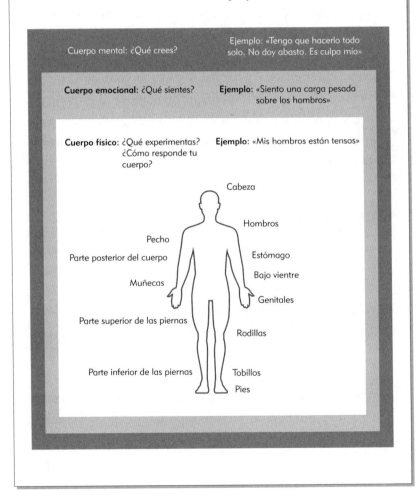

Cuerpo mental: ¿Qué crees? Ejemplo: «Tengo que hacerlo todo solo. No doy abasto. Es culpa mía»

Cuerpo emocional: ¿Qué sientes? Ejemplo: «Siento una carga pesada sobre los hombros»

Cuerpo físico: ¿Qué experimentas? ¿Cómo responde tu cuerpo? Ejemplo: «Mis hombros están tensos»

Cabeza
Hombros
Pecho
Parte posterior del cuerpo
Estómago
Bajo vientre
Muñecas
Genitales
Parte superior de las piernas
Rodillas
Parte inferior de las piernas
Tobillos
Pies

Mis creencias centrales son:

1. _____

2. _____

3. _____

.... Herramienta 33 ....

Representación gráfica del cuerpo

INSTRUCCIONES

En este ejercicio rápido, colorearás o dibujarás en los gráficos las zonas que estés interesado en explorar. Proyecta tu mundo interior usando colores, con la intención de reflejar tu paisaje interno en un momento en concreto. Sé imaginativo y creativo.

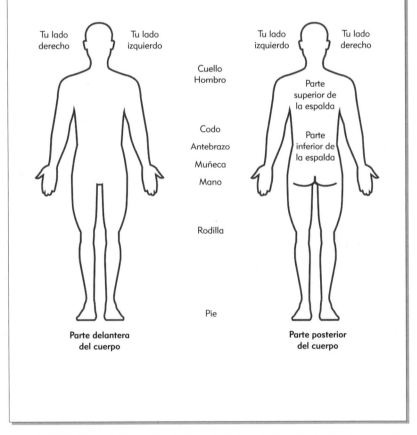

Hoja de trabajo para el terapeuta

Lectura corporal para el terapeuta

OBJETIVO

- Recuerda que estás observando a través de tus propios filtros de percepción, tus inclinaciones y tus prejuicios. ¡Trata de ser lo más claro y preciso posible acerca de lo que ves y lo que lees e interpretas!
- Permítete «ver» a la persona sin enfocar la mirada, «sacando instantáneas» ocasionalmente a medida que la «lees».
- Hazte una idea de cómo es vivir en su cuerpo. ¿Qué temas lleva incorporados esta persona?, ¿qué te imaginas al respecto? ¿Cómo ha moldeado su historia única su cuerpo?

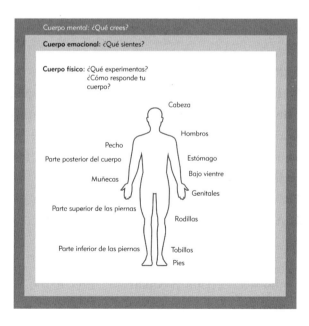

INSTRUCCIONES

- La actitud en esta lectura corporal debe ser compasiva, receptiva, curiosa y lúdica, y debe tener en cuenta la seguridad. Es importante mirar el cuerpo con amabilidad y curiosidad. Deja que la información venga a ti. La finalidad de esta actividad no es ayudarte a juzgar o encasillar el cuerpo, sino a «ver» temas, sentimientos y formas en él que te ayuden a comprender el mundo interno del cliente.

Observa hechos corporales: mira la forma, el color y el tamaño del cuerpo sin efectuar ningún juicio.

- Tamaño/altura.
- Forma (pera, manzana, redondeada, huesuda, etc.).
- Color de la piel, variabilidad.
- Simetría entre el lado izquierdo y el derecho.
- Equilibrio entre la parte superior y la inferior.

Con una actitud lúdica, reflexiona sobre lo siguiente:
- ¿Qué parte del cuerpo llama tu atención y por qué?
- Si tuvieras que asignar a este cuerpo una pegatina, ¿qué diría?
- Si hubiera un viento influyendo en el cuerpo, ¿de qué dirección vendría?
- ¿Qué tipo de infancia puedes imaginar?
- Si esta persona fuese un animal, ¿cuál sería?
- ¿Qué personaje de obra de teatro ves?
- ¿Qué tipo de niño ves?
- ¿Cómo ves reflejado el equilibrio entre cuerpo, mente y alma?

- ¿Qué parte del cuerpo parece más fuerte?
- ¿Qué partes del cuerpo están ocultas?
- ¿Cuál crees que es el mayor recurso de este cuerpo?
- ¿Dónde situarías los límites de este cuerpo?

Evaluación:

Veo: _____

Imagino: _____

Invento una historia sobre: _____

¿Cómo te ayuda esta información a «ver» la totalidad de la persona ahora? _____

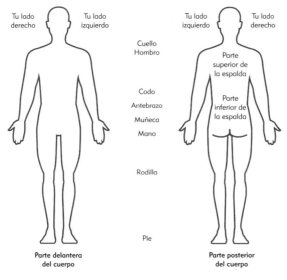

CAPÍTULO 11

El somagrama y las partes del cuerpo

Explorar el cuerpo a través de las técnicas del somagrama y las partes del cuerpo es una forma de cartografiar la experiencia interna desde dentro hacia fuera, hacia la externalización. Este proceso nos ayuda a «ver» patrones y experiencias que sentimos y que nos cuesta expresar con palabras. Al dibujar las escisiones emocionales que experimentamos en el cuerpo, podemos empezar a verlas y a comprender las divisiones psicoemocionales, y a nombrarlas con mayor precisión. Asegúrate de seguir la sensación y la percepción de la experiencia primero y luego, después de dibujar y exteriorizar la experiencia, siéntate y reflexiona sobre lo que ves. Esta actividad te aportará una visión muy sorprendente y una comprensión profunda y, probablemente, más compasión hacia lo que experimentes.

·········· Herramienta 35 ··········

Hoja de trabajo para el cliente

Somagrama n.º 1

OBJETIVO

El somagrama ofrece una retroalimentación visual para el cliente y el terapeuta. El cliente dibuja las sensaciones y emociones que está experimentando en el cuerpo en el gráfico corporal que se le proporciona. Se le pide que observe lo que está sucediendo dentro de su cuerpo y se le explica cómo relacionarse con ello.

El somagrama se puede realizar como una verificación diaria o como un ejercicio único. Es una herramienta visual que ayuda al cliente a ver cómo se siente en su cuerpo. También es una herramienta de diagnóstico para el terapeuta, que le permite saber qué parte del cuerpo requiere atención.

INSTRUCCIONES

Antes de comenzar, asegúrate de tener a mano rotuladores y bolígrafos de distintos colores.

1. Ten el contorno del somagrama frente a ti; elige algunos colores.
2. Respira y exhala, dispuesto a prestar atención.
3. Sintoniza con tu cuerpo y pregúntate: «¿Cómo me siento en este momento?».
4. Pregúntate: «¿Dónde siento mi cuerpo?».

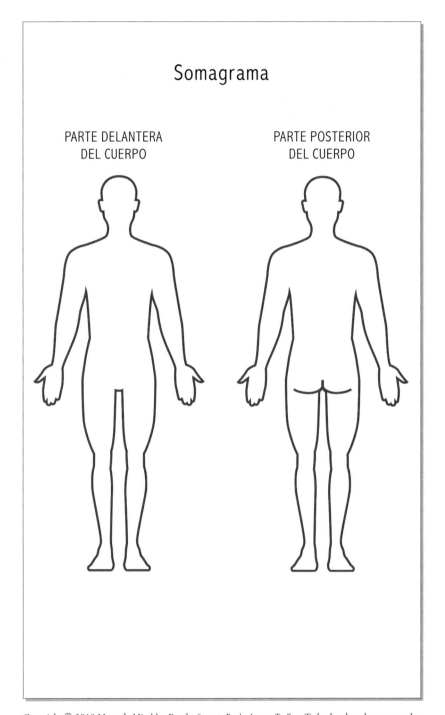

Somagrama

PARTE DELANTERA DEL CUERPO

PARTE POSTERIOR DEL CUERPO

5. Instintivamente (sin pensar), dibuja las zonas de tu cuerpo que estén respondiendo. Por ejemplo, podrías sombrearlas, trazar un círculo en ellas o dibujar cualquier símbolo o aplicar cualquier color que te guste. Permítete expresar con la mayor precisión posible lo que estés experimentando.
6. Cuando hayas terminado, tómate un momento para revisar tu dibujo.
7. Escribe el primer «título» que te venga a la cabeza.
8. Conversa con tu terapeuta.

Nota para el terapeuta: Cuando el cliente haya terminado, mantened una charla. Pregúntale sobre el dibujo. Abstente de hacer comentarios interpretativos; esta herramienta está destinada al autodescubrimiento, no al análisis.

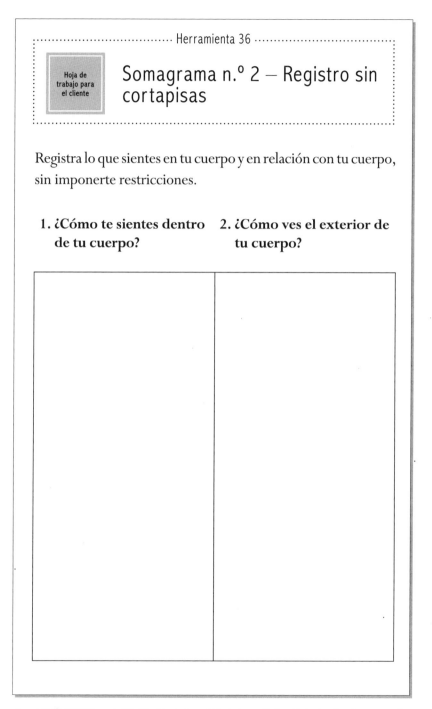

.... Herramienta 36 ....

Hoja de trabajo para el cliente

Somagrama n.º 2 — Registro sin cortapisas

Registra lo que sientes en tu cuerpo y en relación con tu cuerpo, sin imponerte restricciones.

1. ¿Cómo te sientes dentro de tu cuerpo?	2. ¿Cómo ves el exterior de tu cuerpo?

EL TRABAJO CON LAS ESCISIONES CORPORALES

Las escisiones corporales son una experiencia muy común en el trabajo de terapia somática. Por regla general, se están produciendo cuando el cliente hace comentarios como estos: «Puedo sentir un lado, pero no el otro»; «Siento de manera "x" el lado izquierdo, pero de manera "y" el lado derecho». «Experimento sensaciones en la parte superior del cuerpo, pero no siento nada en la parte inferior».

Las escisiones corporales presentan muchas variaciones: la parte superior del cuerpo respecto a la parte inferior, el lado derecho respecto al lado izquierdo, la parte delantera del cuerpo respecto a la posterior, etc. Es habitual tener experiencias opuestas en el contexto de la experiencia interna. La clave es tener curiosidad y explorar estas partes para descubrir qué hay debajo de la escisión y qué se requiere para sanar. Intenta evitar interpretar las escisiones corporales por el cliente; deja que descubra lo que significan. Las escisiones corporales pueden ser una experiencia temporal o constituir un patrón corporal arraigado. La clave es el descubrimiento y una curiosidad abierta, para que el cliente pueda encontrarle un nuevo sentido a esta experiencia.

Trabajar con las escisiones corporales implica:

- Identificar las escisiones.
- No rechazar la experiencia, sino sintonizar más con ella.
- Explorar lo que tienen que decir las dos partes de la escisión.
- Facilitar un entorno experimental seguro en el que los dos lados aparentemente dispares puedan comunicarse.
- Observar qué quiere manifestar el cuerpo y confiar en que aparecerá una tercera opción nueva.

·················· Herramienta 37 ··················

| Hoja de trabajo para el cliente | **Escisión entre las partes izquierda y derecha del cuerpo** |

Registra la forma en que experimentas las dos partes del cuerpo y la escisión.

Lo que experimento en el lado izquierdo del cuerpo:

Lo que experimento en el lado derecho del cuerpo:

Reflexiones sobre la escisión entre las partes izquierda y derecha de mi cuerpo:

······································ Herramienta 38 ·····································

Hoja de
trabajo para
el cliente

Escisión entre las partes superior e inferior del cuerpo

Registra la forma en que experimentas tu cuerpo y la escisión.

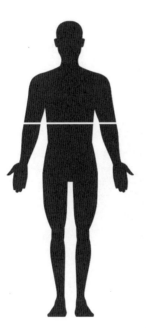

Lo que experimento en la parte superior del cuerpo:

Lo que experimento en la parte inferior del cuerpo:

Reflexiones sobre la escisión entre las partes superior e inferior de mi cuerpo:

Hoja de trabajo para el cliente

Escisión entre las partes delantera y posterior del cuerpo

Registra la forma en que experimentas tu cuerpo. Sintoniza primero con la parte delantera y después con la parte posterior. A continuación, escribe sobre la escisión que experimentas. Sé tan específico como puedas, para descubrir todos los aspectos de la escisión.

Lo que experimento en la parte posterior del cuerpo:

Lo que experimento en la parte delantera del cuerpo:

Reflexiones sobre la escisión entre las partes delantera y posterior de mi cuerpo:

173

··········· Herramienta 40 ···········

Hoja de trabajo para el cliente

Escisiones corporales

OBJETIVO

Las escisiones corporales pueden experimentarse en diferentes partes del cuerpo de diversas maneras. Por ejemplo, podrías percibir una parte del brazo en lugar de percibirlo entero. ¿Dónde indicarías que tiene lugar la escisión? ¿Dónde está ubicada la línea que separa la parte que sientes y percibes de aquella en la que no experimentas sensaciones? Al cartografiar las escisiones, te vuelves más consciente y puedes hacer que tu cuerpo vuelva a gozar de autoconciencia.

INSTRUCCIONES

Aquiétate y percibe tu cuerpo. Advierte qué partes de él sientes conectadas y cuáles no. Percibe dónde se producen las escisiones.

- Enumera las escisiones:
  1. _____
  2. _____
  3. _____
  4. _____

En la parte inferior de la página debe ir un recuadro para escribir en su interior, encabezado por estas palabras:

Dibuja tus escisiones corporales:

- A medida que conectas con el lugar o los lugares en los que experimentas escisiones en tu cuerpo, y con la forma en que las experimentas, puedes obtener información de tu cuerpo haciéndole preguntas al respecto. Aquiétate y sintoniza con los mensajes o las creencias que asocias con la escisión o las escisiones. Pon nombre a estas creencias. Si tus escisiones corporales tuvieran algo que decir, ¿qué sería?

_____

_____

_____

_____

- Ahora piensa en una afirmación positiva y constructiva para tu cuerpo. ¿Qué les gustaría oír a la escisión o las escisiones que hay en él?

  _____

  _____

- ¿Qué cambios adviertes? Al sintonizar con tu cuerpo y las escisiones que has identificado, ¿cómo las ves ahora?

  _____

  _____

CAPÍTULO 12

Presencia, percepción y sensaciones

La presencia, la percepción y las sensaciones son herramientas fundamentales para comprender el ámbito no verbal de las experiencias somáticas. Nuestra forma de percibir suele determinar lo que creemos y las acciones que realizamos. Saber cómo funciona la percepción es importante para comprender verdaderamente las creencias y los patrones emocionales profundos. Cuanto más te puedas abrir y cuanta más curiosidad sientas sobre el funcionamiento de tu percepción, más directamente experimentarás tu cuerpo, con mayor presencia, sin el filtro del monólogo interior o de las historias pasadas. El autojuicio se irá desvaneciendo y solo percibirás lo que realmente esté ahí. Cuando pasamos a estar presentes con nuestro cuerpo, con nuestra experiencia sensorial, surge una verdad que nos abre a una percepción más amplia de nosotros mismos y del mundo que nos rodea.

Para expresarlo de manera simple: cuanto más puedas escuchar tus sensaciones, más se ejercitará tu percepción para apreciar lo que está ahí con imparcialidad. Las sensaciones son los datos crudos.

Empieza por la forma en que percibes con los ojos. Toma conciencia de cómo aprecias el mundo exterior. ¿A qué prestas atención? ¿Qué atrae tu mirada y qué despierta tu interés? Cuanto más presente estés con tus percepciones, más natural será para ti el paso de sentir curiosidad sobre tu forma de percibir desde dentro hacia fuera.

Trabajar con la percepción visual te conducirá en la dirección de percibir tu mundo interior sin emitir juicios. Cuanto más puedas permanecer presente con lo que hay, más te «hablará» el paisaje somático de tu cuerpo. Esta comunicación puede manifestarse como una conciencia corporal real, nuevas imágenes asociadas a sensaciones, imágenes oníricas, conexiones entre significados, nuevos pensamientos o percepciones e intuición. Es como si estuvieras aprendiendo un lenguaje nuevo y a la vez familiar. Preguntarte cómo estás y qué te está diciendo tu cuerpo requiere algo de práctica. Poco a poco te irás familiarizando con la manera en que percibes tu experiencia interna y externa. ¡Permanece presente!

Herramienta 41

Ejercicio para
el cliente

Visión no enfocada

OBJETIVO

La forma en que miramos a través de nuestros ojos y vemos suele ser muy directa, enfocada y dura. Los ojos se tensan y se sobrecargan, lo que puede llevar a cefaleas tensionales y fatiga ocular. El hecho de mirar una pantalla durante horas también hace que la visión quede fijada en unos patrones.

El objetivo de este ejercicio es practicar una visión no enfocada. Enseñamos a nuestra visión a desenfocarse y relajarse, con lo que cambia nuestra percepción. Otro efecto es que los tendones de la cuenca ocular se relajan.

Cuando las percepciones cambian, también lo hace nuestra forma de ver el mundo.

INSTRUCCIONES

- Empieza por ser consciente de tus ojos y tu visión.
- ¿Qué percibes?
- Enfoca los ojos en un objeto de la habitación.
- Ahora suaviza el enfoque mientras miras el objeto. Retira el enfoque y relaja las cuencas oculares y los tendones que rodean los ojos. Permite que tu visión se relaje y se vuelva incluso un poco borrosa.
- Cierra los ojos y deja que descansen. Haz una respiración y relájate.
- Abre los ojos y no te enfoques en nada. Intenta que tus ojos no se dirijan a nada en particular. Relaja la mirada.

- Sintoniza con tu respiración y exhala mientras sigues relajando la mirada.
- Continúa hasta que sientas una relajación, un alivio o una liberación en tu cuerpo.
- Ahora, pasea la mirada por la habitación, con suavidad, sin fijarte en nada.
- ¿Qué ha cambiado?
- ¿Qué estás percibiendo?

Ejercicio para el cliente

Levantamiento suave de la cabeza

OBJETIVO

La cabeza es una parte pesada de nuestro cuerpo. En el individuo promedio, pesa entre cuatro y cinco kilos. En la zona de la cabeza y el cuello, muchas personas experimentan dolores, molestias y un cansancio que les ocasionan tensión. Nos relacionamos con el mundo a través de la cara, la cabeza y el cuello. Al trabajar con la cabeza, ejecuta movimientos muy pequeños (realmente muy pequeños). Hay que evitar forzar los músculos del cuello.

INSTRUCCIONES

Observa tu cabeza en una posición neutra. Advierte cualquier tensión presente en ella o en zonas asociadas, como el cuello, la mandíbula y la cara.

Especifica cómo es la tensión:
Siento la cabeza _____
_____ en este momento.

- Levanta la cabeza muy despacio, a la velocidad a la que se desplaza un caracol, mientras imaginas que flotas en el agua o el aire.
- Cierra los ojos y permanece consciente de la sensación de elevación.
- Regresa a la posición neutra.
- Ahora inclina la cabeza hacia el corazón; dirige tu mirada interna hacia ahí.
- Vuelve a la posición neutra.

- Hazlo tres veces *muy lentamente*. Este es el factor clave. No es un ejercicio de estiramiento ni pretendemos soltar la tensión; se trata de mover la cabeza de una manera nueva, ligera, fluida.
- Asegúrate de no estirar demasiado ni añadir ningún otro componente. Solo levanta la cabeza, regresa a la posición neutra, inclina la cabeza, vuelve a la posición neutra y repite todo el proceso.
- Cuando hayas terminado, permanece quieto y observa.

Especifica qué cambio se ha producido:

Siento la cabeza _____

_____ en este momento.

Ejercicio para
el cliente

······· Herramienta 43 ·······

Las manos sobre las cuencas oculares

OBJETIVO

Esta técnica de relajación es rápida y efectiva; tarda cinco minutos en ejecutarse. Estimula las sensaciones e induce una sensación inmediata de alivio en la zona de los ojos. Puedes acudir a esta práctica cuando sientas fatiga ocular, una sensación de cansancio o la necesidad de conectar con tu mundo interior. Taparte los ojos y dejar que descansen y se relajen es una forma fácil de adentrarte en tu experiencia interna.

INSTRUCCIONES

- Siéntate.
- Apoya los codos en las rodillas.
- Coloca las palmas de las manos sobre las cuencas oculares, con suavidad. Asegúrate de no presionar sobre las cuencas; cúbrelas dejando un hueco.
- Siente la presión de los bordes de las palmas sobre los bordes de las cuencas oculares.
- Advierte la oscuridad y la presión, permaneciendo presente y observando esta experiencia de una manera deliberada y consciente.
- Haz tres inhalaciones profundas y exhala con atención plena.
- ¿Qué cambios se producen?
- ¿Qué sucede cuando retiras suavemente las manos? ¿Te sientes más centrado o más en ti mismo? ¿Qué tipo de sensaciones percibes?

- ¿Qué está ocurriendo con tu visión o tu percepción en este momento?
- Observo que mis ojos están _____
  _____.

······················· Herramienta 44 ·······················

Hoja de
trabajo para
el cliente

Sentir el fluir en tu cerebro

OBJETIVO

El líquido cefalorraquídeo (LCR) se encuentra en el sistema nervioso. Sintonizar con el sistema de fluidos de nuestro cuerpo está asociado con estados meditativos, la carencia de esfuerzo, la quietud y una sensación de fluidez en la columna vertebral. El LCR se produce en los ventrículos del cerebro y se desplaza a lo largo de la médula espinal; después, a través de los nervios espinales y craneales, hasta llegar a la fascia y al tejido conectivo. Desde ahí, llega a todas las células del cuerpo. El LCR nutre todo el organismo al regresar desde las células por las venas coronarias y los vasos linfáticos. El LCR se desplaza muy despacio. Imagínalo como un movimiento muy lento que tiene lugar continuamente en el contexto de un ritmo interno diferente. Cuando conectas con este ritmo, te apaciguas y sintonizas con niveles sutiles de tu experiencia. Es un ritmo diferente del de la respiración y los ritmos pulsantes del cuerpo.

Las suturas del cráneo son móviles y fluidas, no estáticas. Imagina tu cráneo como algo fluido y flexible, en lugar de algo duro.

Este ejercicio te puede resultar útil cuando experimentas dolores de cabeza, estrés o tensión, o si tienes la mente hiperactiva.

INSTRUCCIONES

Antes de hacer el ejercicio, dibuja cómo sientes el cerebro y la cabeza.

Pasos:

- Siéntate cómodamente y en silencio.
- Pon las manos a los lados de la cabeza.
- Con cada exhalación, presiona la cabeza con las manos, con suavidad. Con la inhalación, deja de apretar.
- Sincroniza la presión en la cabeza con la respiración y haz que esta sea más lenta con cada ciclo respiratorio.
- Haz cinco o seis respiraciones lentas e intencionadas. A continuación, baja las manos.
- Ahora, percibe la cabeza y enfoca la atención en el cráneo. ¿Puedes sentir la respiración en él?

- Ejecuta un movimiento muy sutil con la cabeza, hasta el punto de que apenas debe ser perceptible desde el exterior. Inícialo en el conjunto de la cabeza, pero siéntelo en el cráneo.
- Haz dos o tres movimientos de este tipo; después detente y observa de nuevo.
- ¿Puedes notar una fluidez dentro de tu cuerpo? ¿Cómo sientes el cráneo?

Dibuja tu cerebro y tu cabeza después de hacer el ejercicio. ¿Qué cambios adviertes?

Ejercicio para el cliente

Herramienta 45

Los espacios intermedios

OBJETIVO

La finalidad de este ejercicio es mejorar la sensibilidad de la propiocepción y la conexión con el entorno. Se trata de que explores cómo son las percepciones internas y externas y de que veas si puedes llegar a tener tanto unas como otras en la misma medida.

Relaja la mano y percibe el espacio natural
que hay entre los dedos.

INSTRUCCIONES

- Aumenta tu grado de atención con los ojos abiertos.
- Echa un vistazo por la habitación y advierte el espacio que hay entre los objetos: entre las patas de las sillas, entre los cuadros que están colgados en la pared, entre el techo y el suelo. Observa cuántos espacios entre objetos puedes distinguir solo con mirar alrededor.
- Ahora, enfócate en el espacio que hay entre tus dedos. Mira una de tus manos y advierte que hay espacio entre cada dedo. Empieza con la mano cerrada en forma de puño o con los dedos tocándose y a continuación separa los dedos, con suavidad. Comienza

con el pulgar y el dedo índice, y así sucesivamente. Concéntrate en la apertura y el espacio que hay entre cada dedo.

- Cierra los ojos. ¿Aún puedes «sentir» ese espacio intermedio? ¿Cómo está cambiando, esta percepción, la sensación interna que tienes de la mano?
- A continuación, observa el espacio que hay entre los pensamientos, las imágenes internas y las imágenes mentales. Permite que ese espacio esté ahí y relájate en él.

¿Te sientes más calmado? ¿Tienes conciencia no solo de la densidad de tu cuerpo, sino también del cuerpo en relación con el entorno al que estás conectado?

Relata cómo se siente tu cuerpo en relación con el entorno en este momento:

_____

_____

_____

Nota para el terapeuta: Puedes pedirle al cliente que narre su experiencia. Guíalo para que se enfoque en los espacios intermedios. Observa si se relaja y si pasa a gozar de mayor amplitud mental. El mundo es más que ideas y conceptos.

······························· Herramienta 46 ·······················

Ejercicio para el cliente

Conciencia dual

OBJETIVO

Este ejercicio te ayudará a cultivar la atención simultánea. La conciencia dual puede ser útil para ejercitar la percepción y la presencia. Cuando podemos «estar con» nuestras sensaciones corporales, estamos ejercitando la conciencia. Con la conciencia dual, te ejercitarás para estar presente con tu cuerpo, tu mente y tus sentimientos, lo cual te será útil en situaciones laborales o en momentos caóticos de tu vida. También podría serte muy útil si trabajas con el trauma, ya que te conducirá a estar con tu experiencia mientras mantienes una conciencia más amplia de tu entorno al mismo tiempo.

INSTRUCCIONES

- Toma conciencia de tu respiración, de la sensación del aire entrando y saliendo de las fosas nasales.
- Observa las sensaciones sobre la marcha: el pecho subiendo y bajando, la participación del vientre, etc. Permanece así un tiempo, hasta que notes un asentamiento.
- Observa el ritmo de la respiración.
- Expande la conciencia para incluir la percepción de los sonidos, el silencio, el ruido ambiental, etc. *(Terapeuta: puedes tocar una campana o hacer un sonido para que el cliente lo perciba).*
- Mantén tanto la conciencia del sonido como la de la respiración y las sensaciones. Ahora, puedes practicar el sostenimiento de la conciencia dual. Percibes todo al mismo tiempo.

- Permite que surja cualquier sensación, pero no te detengas en ella; obsérvala y suéltala.

- Haz que todas las atenciones converjan en una sola: limítate a percibir.

- Pon fin a la práctica.

················ Herramienta 47 ················

Ejercicio para el cliente

Pegatinas: recordatorios para el cuerpo

OBJETIVO

Estas pegatinas le recuerdan el presente a tu cuerpo. Por ejemplo, cuando dudes de tu experiencia corporal, te podría ser útil ver la pegatina «Confía en la sabiduría de tu cuerpo». También podrías adherir una a tu ordenador: cuando sientas tensión en los ojos de tanto mirar la pantalla, puedes echar un vistazo a la pegatina y descansar de la pantalla; además, podrías hacer la práctica de la herramienta 43, la de poner las manos sobre las cuencas oculares. Estas pegatinas deberían servirte como un recordatorio diario de que practiques regresar a tu cuerpo.

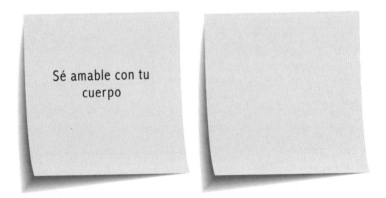

Sé amable con tu cuerpo

INSTRUCCIONES

- Escribe una serie de recordatorios para ti mismo usando papel, fichas, pósits, etc. Aquí tienes algunos ejemplos: «Confía en la sabiduría de tu cuerpo», «Sé amable con tu cuerpo», «Permanece presente con tu cuerpo».

• Pregúntate qué recordatorio necesita tu cuerpo. Sé creativo.

• Recorta estos recordatorios (si es necesario).

• Pégalos en lugares visibles y allí donde vas a sacarles mayor partido.

····················· Herramienta 48 ·····················

Ejercicio para el cliente

Percibir el espacio

OBJETIVO

Este ejercicio es una práctica excelente para trabajar con el dolor emocional o físico. Cuando aparece un dolor en el cuerpo, tendemos a enfocarnos demasiado en él o a tensar partes de él. También podemos tener tendencia a contraernos y sentir menos amplitud. Cuando el espacio se contrae, las opciones de trabajar con nosotros mismos disminuyen. Esta herramienta trabaja con el *espacio*, tanto en sentido metafórico como literal. Si sintonizas con el espacio antes de trabajar con una zona dolorosa o contraída del cuerpo, encontrarás que este está más dispuesto a abrirse a más sensaciones, a más emociones o a descansar.

INSTRUCCIONES

Tómate entre cinco y diez minutos para esta actividad.

- Siéntate cómodamente con los ojos abiertos, consciente de tu entorno pero sin enfocarte en nada en particular.
- Relaja el cuerpo y la mente tanto como puedas en este momento.
- Si hay una parte del cuerpo que te duela, intenta apartar la atención de ella un rato.
- Permítete conectar con tu respiración y tu cuerpo lo máximo posible.
- Lleva la atención al espacio que tienes delante. El truco es que tus ojos estén relajados, sin enfocar la mirada, pero aun así perciban el espacio y la «espaciosidad» que hay frente a ti.

- A continuación, lleva la atención al espacio que hay encima de ti. Profundiza en la conexión con la respiración y el cuerpo.
- Ahora, toma conciencia del espacio que hay a tu alrededor. Advierte que es abierto, vasto y neutro.
- Si estás trabajando con algún dolor corporal, ahora puedes dirigir tu conciencia del espacio «alrededor» del dolor, como si estuvieras caminando alrededor de su perímetro.
- Observa cómo se aligera el cuerpo. Presta atención a cuáles son las primeras zonas que empiezan a experimentar alivio.
- Puedes elegir enfocarte en el espacio o hacerlo en la pequeña área en la que se encuentra el dolor. Observa este punto elegido. Mantén la atención ahí hasta que sientas que el dolor disminuye. ¿Cómo percibes ahora tu dolor?

CAPÍTULO 13

Intervenciones que implican movimiento

EL MOVIMIENTO ADOPTA TODAS LAS FORMAS

Cuando los clientes oyen la sugerencia de realizar una exploración a través del movimiento o de hacer un ejercicio que implique movimiento, algunos se bloquean; suponen que se les va a pedir que bailen por toda la habitación. La sugerencia o instrucción de moverse puede ser difícil, sobre todo, para las personas que han experimentado vergüenza en relación con su cuerpo, que han encontrado limitada su expresión corporal o que han sufrido un trauma físico. Por esta razón, es bueno explicar que el cuerpo se está moviendo constantemente. El cuerpo se mueve de manera funcional en el espacio a cada momento. El cuerpo *es* movimiento, a través de los latidos del corazón, el movimiento peristáltico del intestino, los fluidos sinoviales de las articulaciones...; incluso la respiración le imprime movimiento. El cuerpo se mueve todo el tiempo, incluso cuando estamos quietos.

Además, el baile es un arte sanador profundo que proporciona una experiencia somática relevante. En el contexto de las herramientas siguientes, usaremos el movimiento en lugar del «baile», para que el cliente pueda relacionarse con mayor comodidad con el cuerpo en movimiento, sin que tenga que «bailar». Por supuesto, si está dispuesto a llevar estas prácticas más allá, adáptalas y profundiza. La intención es ofrecer herramientas que le permitan al cliente sentir y experimentar los beneficios del movimiento sin pasar vergüenza ni tener experiencias negativas.

Los patrones emocionales alojados en el cuerpo, como el miedo, la ansiedad y la depresión, restringen su movimiento pleno y funcional. Un momento de terror paraliza el cuerpo y limita cualquier rango de movimiento debido al temor de estar en peligro.

Cuando el patrón de la inmovilidad se apodera del cuerpo, los movimientos que realiza este se limitan a las funciones básicas y son muy poco expresivos. Acaso aprendamos a movernos lo menos posible, y con eso ponemos límites a nuestro bienestar, ya que tenemos una vida menos rica; solo gozamos de un bienestar básico.

Si podemos movernos con fluidez y expresándonos libremente, estamos habitando nuestro cuerpo.

Al sugerirles ejercicios de movimiento a los clientes, haremos bien en recordarles, con delicadeza, que siempre se están moviendo y que podrán alcanzar un mayor rango de movimiento y bienestar si hacen los ejercicios.

A menudo, el primer paso hacia el movimiento es encontrarse con el cliente allí donde está, es decir, en la silla. E implica introducir el movimiento poco a poco, esto es, paso a paso y en los términos del cliente. No se trata de animarlo a realizar una actuación o a que vaya más allá de su zona de confort y sus habilidades, sino de alentarlo a realizar una práctica de movimiento que le apetezca. Por otra parte, un patrón corporal de inmovilidad, temor o gran limitación puede convertirse en un patrón de movilidad a partir de un reaprendizaje o, mejor dicho, de «recordar» el movimiento. La causa no está perdida, si bien el terapeuta deberá tener paciencia con el cliente mientras lo anima a reencontrarse con el movimiento.

Aquí tienes algunos consejos para trabajar con el movimiento:
1. No hagas que el cliente se sienta incómodo. Al mismo tiempo, invítalo amablemente a explorar y descubrir. Puede ser útil

formularle preguntas abiertas, que lo lleven a indagar, del estilo «¿cómo busca manifestarse este movimiento?».

2. Los pequeños movimientos tienen un gran impacto. Lo relevante no es lo amplio o expresivo que sea el movimiento, sino hasta qué punto es consciente, el cliente, de su cuerpo en movimiento y hasta qué punto se implica con la actividad.

3. La atención plena y la conciencia son esenciales en el movimiento; foméntalas en todos los casos.

4. Alienta la exploración de los aspectos positivos y placenteros del movimiento.

5. Muévete con tu cliente reflejando sus movimientos, para que no se sienta como un pez en una pecera. (Encontrarás información sobre el reflejo en la herramienta 54, «Espejito, espejito», en este mismo capítulo).

6. Mentaliza al cliente de que el movimiento es algo natural y no necesariamente implica bailar.

7. Busca un sentido a las expresiones de movimiento. Pregúntale al cliente qué está experimentando y qué significa eso.

8. Empieza con poco y fomenta que la confianza vaya aumentando con el tiempo.

9. Observa el grado de activación emocional a lo largo de la actividad. Si el cliente se siente abrumado o no puede permanecer con su experiencia, interrumpe el ejercicio y evalúa la situación.

10. ¡Alienta la actitud lúdica!

················· Herramienta 49 ·················

| Hoja de trabajo para el cliente | El despliegue |

OBJETIVO

Este ejercicio utiliza la conciencia de la columna vertebral para trabajar con temas que tienen que ver con salir del caparazón, la timidez y aproximarse a algo incierto. La habilidad de encontrar un movimiento lento y suave a través de la columna vertebral ayuda a despertar la conciencia del core* y la columna. El movimiento lento y deliberado puede fomentar la confianza a la hora de afrontar las incertidumbres de la vida.

Imagina un helecho. En sus etapas de desarrollo, esta planta despliega unas hojas muy enrolladas. Se van desenrollando lentamente, hasta llegar a estar completamente expandidas. Imagina que tu cuerpo se despliega como una hoja de helecho.

INSTRUCCIONES

- Comienza de pie o sentado. No apoyes la espalda en nada. Si estás sentado, ponte en el borde del asiento.
- Trae a la mente el tema con el que quieras trabajar, como puede ser una sensación de tensión o rigidez, miedo a abrirte o dudas en cuanto a lo que significa permanecer abierto y vulnerable. Antes de empezar con la sesión de movimiento, anota tus respuestas a las preguntas

---

* N. del T.: El core (vocablo inglés) designa la región central del cuerpo, que incluye los músculos del abdomen, la parte baja de la espalda y la pelvis. Es fundamental para la estabilidad y el sostén del cuerpo.

destinadas a determinar el punto de partida (las encontrarás en la página siguiente).

- Comienza con la cabeza inclinada hacia abajo, hacia el pecho. Hazte una bola, imaginando que eres una hoja de helecho que está muy enrollada.
- Observa tu respiración en esta posición.
- Encuentra, sin forzar, el impulso de abrirte y desplegarte.
- Muévete muy despacio. Ejecuta el movimiento de despliegue que abre la columna vertebral y levanta la cabeza. Disfruta este movimiento lento.
- Imagina que, como hoja de helecho, necesitas mucho tiempo para desenrollarte a partir de la posición inicial apretada.
- Haz este movimiento una vez más. Asegúrate de no encogerte durante la expansión, como cerrando el capullo del helecho nuevamente.
- Puedes repetir este movimiento un par de veces. Asegúrate de proceder despacio y con intención, y percibe cómo se va sintiendo la columna vertebral.
- Después del movimiento, descansa en la postura abierta o en la posición enrollada (la que sientas más apropiada) y observa qué ha cambiado.
- Escribe tus respuestas a las preguntas de indagación que siguen.

Punto de partida - Antes del movimiento

¿En qué medida me siento tenso, en una escala del 1 al 10?

_____.

¿Qué me está frenando? _____
_____.

¿Qué hace que vuelva a enrollarme o cerrarme? _____
_____.

¿De qué tengo miedo si me abro? _____
_____.

Punto de llegada - Después del movimiento

¿Cómo me siento en mi cuerpo después del movimiento?
_____.

En una escala del 1 al 10, ¿en qué medida estoy dispuesto a abrirme al tema en cuestión?
_____.

¿Qué sé ahora sobre lo que me hace cerrarme?
_____.

¿Qué noto en el cuerpo después del movimiento?
_____.

¿Qué percibo ahora sobre el tema? _____
_____.

¿Qué palabra elegiría para expresar lo que he experimentado? _____.

······················· Herramienta 50 ·······················

Ejercicio para el cliente

El saco de arena mojada

OBJETIVO

Este ejercicio está dirigido a sentir los límites del cuerpo y determinar de nuevo dónde comienza y dónde termina. La gravedad proporciona una sensación de enraizamiento y pertenencia. Deberás moverte despacio y consciente de la respiración. Todo el cuerpo está en contacto con el suelo, lo cual hace que se sienta conectado con la tierra. Este ejercicio es muy apropiado tanto para niños como para adultos que deseen explorar la seguridad y los límites de su cuerpo.

INSTRUCCIONES

En este ejercicio, el cuerpo va a rodar por el suelo, lo cual requerirá cierta cantidad de espacio. Pon una manta o colchoneta en el suelo para mayor comodidad.

Nota para el terapeuta:

Indica al cliente que ruede como si fuera un «saco de arena mojada», imitando el desplazamiento de la arena húmeda. Es importante que se mueva con lentitud, para poder percibir cómo se traslada el peso.

Si el cliente se marea o se siente incómodo, interrumpe el ejercicio y pídele que preste atención a su cuerpo. No se trata de desorientarlo, sino de que sintonice con la sensación de gravedad corporal y de estar enraizado. Cuanto más despacio haga el ejercicio, más presente podrá estar con su cuerpo.

Pasos:

- Túmbate de lado. Siente tu cuerpo contra el suelo; percibe el apoyo que te brinda este. Tómate un momento para conectar con el suelo que hay debajo de ti.
- Permite que tu cuerpo gire ligeramente y nota cómo la gravedad impulsa el movimiento.
- Visualiza que eres un saco de arena mojada que está rodando por el suelo. Muy despacio, desplaza la arena contenida en el saco para iniciar el movimiento; es la gravedad lo que atrae cada grano en la siguiente dirección. Tu cuerpo no hace más que seguir la atracción de la gravedad.
- Observa cómo el peso te hace rodar sobre la espalda. Permítete descansar un momento y después visualiza cómo la arena empieza a caer hacia el otro lado.
- No fuerces el movimiento; deja que la arena húmeda haga el trabajo.
- Sigue rodando de un lado a otro mientras te sientas motivado y a gusto.
- Cuando hayas terminado, siéntate, moviéndote despacio, y advierte cómo se siente tu cuerpo.
- ¿Te sientes conectado? ¿Percibes dónde está tu cuerpo en relación con el suelo y el espacio que te rodea?
- ¿Qué conciencia corporal ha despertado este ejercicio?

Ejercicio para
el cliente

Micromovimientos en el cuello

OBJETIVO

Los micromovimientos son un tipo de movimientos fáciles de ejecutar. Son internos, apenas visibles desde el exterior. Son generados y percibidos internamente, y pueden tener un gran impacto en el sistema nervioso. Cuanto más pequeño es el movimiento, más atención se le presta y más se aprecia en el cuerpo.

Enfoque terapéutico:

1. Calmar el sistema nervioso realizando micromovimientos en una zona pequeña y manejable del cuerpo.
2. Utilizar los micromovimientos para actuar sobre la tensión en el cuello y las cefaleas tensionales.
3. Enseñar a los clientes a utilizar los micromovimientos como un recurso.
4. Retirar la atención de la zona tensa del cuello y soltar esta tensión.

INSTRUCCIONES

Visualización guiada:

Imagina que estás de pie en la ducha y tienes un cristal empañado frente a ti. Presiona suavemente la punta de la nariz contra el cristal y comienza a hacer pequeños círculos con ella, con un movimiento sutil y carente de esfuerzo. Haz varias veces este movimiento; a continuación, procede en sentido inverso. También puedes hacer un ocho. Es importante que el movimiento sea fluido y continuo, y que la mente no intervenga en su ejecución. También es crucial mantener el rango

de movimiento reducido, para que no participen los grandes músculos del cuello.

En cuanto al movimiento:

Cuando lleves un rato haciendo el ejercicio, advierte cómo estás moviendo la parte posterior del cuello. En el movimiento intervienen las
primeras vértebras y hay una sensación de fluidez en el cuello, gracias
a que la atención no está puesta en esta parte del cuerpo. Al permitir
que el cuello se mueva sin añadirle tensión, puede soltarla. Esta herramienta es muy efectiva para las cefaleas y las tensiones en el cuello y en
la base de este. Asegúrate de mantenerte concentrado en la punta de
la nariz y en la imagen. Cuando te sientas más relajado, podrás dirigir
la atención al movimiento del cuello.

Ejercicio para el cliente

Abrir el horizonte

OBJETIVO

Este ejercicio sincroniza la respiración y el movimiento. Conectar con el horizonte es una práctica que nos centra y enraíza frente al estrés. Nuestra visión tiende a ser más limitada cuando estamos estresados, y al abrirnos a un horizonte más amplio extendemos la «reducida perspectiva» en la que estábamos confinados. Esta herramienta constituye un recurso excelente cuando no tenemos tiempo de realizar una práctica somática más larga. Se puede hacer en cualquier momento, aunque solo se disponga de cinco minutos.

INSTRUCCIONES

- Ponte de pie y percibe los pies en contacto con el suelo. Mantén una postura firme. Relaja la parte superior del cuerpo.
- Comienza mirando el suelo, con los brazos a los lados.
- Mientras inhalas, levanta la vista y sigue la mirada con el movimiento de los brazos, de tal manera que los ojos, el movimiento de los brazos y la respiración estén sincronizados. Mantén las manos con las palmas hacia arriba mientras inhalas.
- Ahora exhala y baja la vista hacia el suelo; ve bajando también los brazos, de modo que tu mirada, el movimiento de los brazos y la respiración estén sincronizados. Mientras exhalas, mantén las manos con las palmas hacia abajo, como si estuvieras presionando una burbuja de aire imaginaria.
- Ejecuta estos movimientos varias veces. Muévete despacio y conservando la atención, para que la mirada, la respiración, las

manos y los movimientos de los brazos estén sincronizados con la inhalación y la exhalación.

- Al terminar, permanece quieto un momento y observa lo que sucede dentro de tu mente y tu cuerpo.
- Cuando mi horizonte se abre veo _____, siento _____ y percibo que estoy _____.

Herramienta 53

Ejercicio para el cliente

Caminar con un propósito

OBJETIVO

Este ejercicio regula la activación emocional y fisiológica del cliente. El hecho de caminar con un propósito hace que su mundo interior y exterior se armonicen.

Enfoque terapéutico:

El objetivo de este ejercicio es fomentar que el cliente tenga un mayor control y mejorar su capacidad de concentración. En el acto de caminar participan las denominadas *habilidades motoras gruesas* y los músculos más grandes del cuerpo y se produce una coordinación entre los distintos movimientos. Todo el cuerpo participa. Al caminar el cliente y tú, aseguraos de seguir el ritmo que refleje la activación interna o los sentimientos del cliente en el momento. (Por ejemplo, id a un paso rápido para reflejar la ansiedad interna o la sensación de no tener el control). Algunos clientes empiezan caminando deprisa y desaceleran a medida que advierten que se están calmando. Otros van despacio al principio y después van más rápido. Experimentad con lo que sea adecuado para el cliente en el momento.

INSTRUCCIONES

Nota para el terapeuta:

En el contexto de este ejercicio, puedes caminar con el cliente a su ritmo. Esto lo animará y hará que se sienta menos cohibido. Si hay espacio en el interior de tu consulta, caminad ahí; llevar al cliente fuera del lugar de terapia requeriría una declaración de divulgación profesional.* No es necesario mucho espacio; el ejercicio se puede realizar en un lugar de reducidas dimensiones, siempre que se pueda caminar de un lado a otro.

Pasos (indicaciones para el cliente):

- Elige algo en lo que enfocarte que esté dentro de la habitación, cualquier objeto que prefieras. Camina hacia ahí.
- Cuando hayas llegado al primer objeto, elige otro y camina hacia él.
- Haz lo mismo con más objetos.
- Observa cómo el objeto de atención y el acto de caminar hacen que tu cuerpo goce de una atención coherente y enfocada.
- Percibe a qué velocidad necesitas ir. Por ejemplo, es posible que tengas que aumentar la velocidad si notas ansiedad en tu interior; ajusta el ritmo hasta que sientas que tienes un mayor control.
- Al finalizar, dedica un momento a reflexionar sobre los cambios que han tenido lugar.

Cuando camino con un propósito, estoy:

* N. del T.: La *declaración de divulgación profesional* es un documento necesario para llevar a cabo actividades terapéuticas fuera del entorno terapéutico; por ejemplo, caminar en espacios exteriores. Esta declaración proporciona información importante sobre los límites y las expectativas de la relación terapéutica en distintos contextos.

Ejercicio para
el cliente

Espejito, espejito

OBJETIVO

El propósito de este ejercicio es que la persona se sienta reconocida en sus relaciones. Al reflejar el movimiento del cliente, este puede explorar cómo se siente al ser visto y observado. El reflejo es un movimiento básico presente en toda relación entre la madre y su hijo pequeño y hace que la persona se quede con la sensación interna de que es comprendida. El reflejo también evoca una sensación de juego y conexión. Si ves que el cliente se siente inseguro o cohibido, pregúntale qué está sucediendo y ralentiza la experiencia para que pueda sentir lo que está emergiendo.

INSTRUCCIONES

Este ejercicio se puede hacer sentado o de pie. Es más fácil introducir el movimiento de reflejo a través de las manos primero.

- Poneos de pie o sentaos uno frente al otro.
- Ralentizad la respiración y apaciguad la atención.
- Dile al cliente: «Observa la calidad de nuestra conexión. En una escala del 1 al 10, ¿en qué grado estamos conectados en este momento?».
- Deja que el cliente sintonice conscientemente con sus manos.
- Pídele que levante las manos y empiece a ejecutar movimientos que le resulten cómodos, comenzando con uno que exprese cómo se siente en este momento.
- Deja que mueva las manos despacio, para que pueda permanecer atento al movimiento.

- Como terapeuta, imita los movimientos exactamente, como si el cliente estuviera frente a un espejo.

- Deja que el cliente lleve la iniciativa, mientras tú reproduces sus movimientos con la mayor exactitud posible.

- Ahora toma la iniciativa y pídele que reproduzca tus movimientos: «Imagina que estás de pie frente a un espejo y estás reflejando mis movimientos exactamente como los estoy haciendo».

- Como terapeuta, puedes introducir alguna pequeña variación en los movimientos, para añadir un poco de diversión.

- Cuando lleves tú la iniciativa, asume este rol durante poco tiempo, ya que el objetivo del ejercicio es que el cliente se sienta visto y reconocido.

- Volved a intercambiar los papeles, para que el cliente lleve la iniciativa durante otro período breve.

- A continuación, detened el movimiento y dejad las manos quietas.

- Pídele al cliente que reflexione: «Observa tus manos y advierte la calidad de nuestra conexión en este momento. ¿Cuál es tu experiencia ahora mismo? En una escala del 1 al 10, ¿en qué nivel se encuentra nuestra conexión? ¿Qué está sucediendo en tu cuerpo en este momento, mientras te sientes conectado?».

Ejercicio para el cliente

Juegos de movimiento y creencias sobre el juego

OBJETIVO

Este ejercicio ayuda al cliente a explorar de manera lúdica un límite corporal utilizando el movimiento.

INSTRUCCIONES

- Poneos de pie o sentaos el uno frente al otro. Levantad las manos y los brazos como si os estuvierais saludando.
- Uno de vosotros tiene que hacer un pequeño movimiento.
- El otro debe imitar ese movimiento exactamente.
- Id intercambiando los papeles, imitando vuestros movimientos.
- Ahora, uno de vosotros tiene que introducir una pequeña variación y esperar.
- Percibid cómo os afecta el cambio introducido.
- Dejad que se instale el espíritu lúdico; continuad y estad atentos a lo que vais experimentando.
- Observad cómo evoluciona la calidad de vuestra conexión.
- Hablad sobre la experiencia.

Como cliente, responde estas preguntas:
- ¿Qué es el juego para ti?
- ¿Qué te resultó divertido en esta exploración?
- ¿Qué encontraste incómodo?
- ¿Qué piensas del juego?
- ¿Cuándo hubo demasiada cercanía?
- ¿Cuándo hubo demasiada distancia?

- ¿Cuándo fue óptimo el juego para ti?
- ¿Qué abrió el juego en ti?

Reflexión:

¿Qué creencias albergo sobre el juego?

_____

_____

_____

Ejercicio para el cliente

Movimiento modulador en forma de ocho

OBJETIVO

Este es un movimiento bilateral y uniforme que fomenta que el cliente implique su atención. Apacigua la activación y también puede ser un movimiento integrador después de una fase de un proceso dado. Es un movimiento rítmico y repetitivo, un agente modulador que tiene funciones integrativas.

INSTRUCCIONES

- Ponte de pie, en una posición cómoda. Conecta con los pies y el suelo.
- Cierra los ojos.
- Imagina que tus isquiones (los huesos de los glúteos) tienen pinceles y quieren pintar un ocho en el suelo. Esta figura invita a realizar un movimiento suave; deja que las caderas se muevan despacio al principio y encuentra un ritmo que te resulte reconfortante. Puedes experimentar con movimientos más pequeños, más amplios, más lentos y más rápidos, pero termina por establecer un ritmo y mantenlo.
- Percibe cómo se implica la respiración, especialmente en las exhalaciones.
- Ejecuta este movimiento durante cinco minutos. Después, ve reduciendo gradualmente su magnitud, hasta que no haya ningún movimiento externo.
- Aunque te hayas detenido, advierte cómo sigues haciendo el ocho en tu espacio interior. Observa las sensaciones internas. Percibe cualquier sensación de calma y bienestar.

Consejos para el terapeuta:

- Si el cliente se desorienta con este movimiento, pídele que deje de moverse, abra los ojos y tome conciencia del lugar en el que está. Seguidamente, pregúntale cuál es su relación con el suelo.
- Evita que balancee la cabeza; esto solo fomentaría la desorientación. El ocho se mantiene en el mismo plano, por lo que solo las caderas deben moverse; los hombros y la cabeza siguen el movimiento y no tienen una participación activa. Para estabilizar el movimiento, el cliente puede tener las manos apoyadas en el vientre.

Ejercicio para el cliente

Brazos en actitud defensiva

OBJETIVO

Esta herramienta es útil para establecer un límite corporal seguro, así como para expresar un «no» con un gesto contundente. El uso de los brazos con una finalidad defensiva es un movimiento instintivo que se puede ejecutar conscientemente para sentir el «no» que la mente quiere expresar.

INSTRUCCIONES

Nota para el terapeuta:

- Enseña a los clientes estas secuencias de defensa con los brazos; instrúyelos para que «ensayen» estas posibilidades y oriéntalos para que recuerden que estos movimientos son intrínsecos, instintivos y necesarios.

- Cuando observes impulsos en los que participen los brazos, como el de empujar o un movimiento de «¡alto!» realizado con las manos en una fracción de segundo, pídele al cliente que vaya más despacio y conecte con estos impulsos. Observa cuándo se detiene y se queda bloqueado, y háblale con delicadeza para que termine el movimiento.

- Es importante proceder lentamente y repetir las instrucciones. Pídele al cliente que preste atención a los movimientos. Permanece muy atento para detectar si se disocia o se bloquea; si ocurre esto, deberá detenerse y habrá que aplicar recursos enseguida.

Como terapeuta, rastrea lo siguiente:

- La secuencia del movimiento: ¿hay un inicio, un desarrollo y un final?
- Siempre que observes que el cliente se rinde, se bloquea, se queda atascado o va repitiendo siempre el mismo movimiento, baja el ritmo de inmediato o detén la práctica y busca recursos.
- Observa si todo el cuerpo apoya el movimiento.
- ¿Irrumpen imágenes, recuerdos o sensaciones de agobio? Recuerda que es importante que el cliente se mueva despacio.
- Cuando sea preciso un movimiento rápido, haz que el cliente descanse con frecuencia y observa si presenta un ritmo cardíaco elevado. El ritmo cardíaco debe ser rápido, sí, pero sin llegar al punto de resultar abrumador.

Secuencia de defensa:

1. Adopta la postura de «¡alto!» con las manos para indicar un «¡no!» o «¡detente!».
2. Extiende los brazos como si te quisieras apoyar contra algo o como si quisieras apartar a alguien.
3. Observa si sientes fuerza o poder en el cuerpo. Intenta mantener esta sensación corporal. ¿Qué puede ayudarte a sostenerla?
4. Si tuvieras una palabra para referirte a esta postura, ¿cuál sería?

Secuencia de protección:

1. Cruza los brazos delante de la cara mientras tu cuerpo se inclina hacia atrás. Esta es otra forma de decir «no» o establecer un límite.
2. Sintoniza con la protección que te están aportando los brazos.
3. Puedes proteger tu cuerpo.
4. ¿Qué palabras podrían corresponder a esta postura corporal?

Secuencia de acción:

1. Presiona las manos palma contra palma. Esto te ayudará a sentir la fuerza de tus manos.

2. Imagina que estás dirigiendo las manos contra una persona a la que quieres decir «no» o a la que quieres poner algún tipo de límite. Puedes hacer un movimiento repetitivo, estirando los brazos, o mantener la posición con los brazos extendidos.

3. Explora cómo puedes apoyar este movimiento fuerte con el resto del cuerpo. ¿Tienes las piernas firmemente arraigadas bajo el tronco?

4. Permite que este movimiento sea dinámico y activo. Empuja los brazos hacia delante y observa cómo *tú* haces que la acción tenga lugar.

5. Observa tu respiración. No es raro percibir un ritmo respiratorio más rápido.

6. Mantén la atención en este movimiento para permanecer conectado con la acción implícita en él. Haz pequeños descansos y siente qué cambios experimentas en el cuerpo.

7. ¿Qué percibes?

8. Cuando sientas que has tenido suficiente o que has terminado, detente y siente el cuerpo.

9. ¿Qué tiene que decir tu cuerpo ahora?

······················· Herramienta 58 ·······················

Ejercicio para el cliente

Movimiento de orientación

OBJETIVO

El movimiento de orientación ayuda al cliente a sentirse a salvo y a sentir que tiene el control. Puedes acudir a este movimiento cada vez que tu cliente tenga ansiedad o se sienta inseguro, así como durante la parte dedicada a la recuperación respecto del trauma dentro del trabajo terapéutico. Es un movimiento básico como recurso y para fomentar la seguridad.

Este movimiento reconecta impulsos truncados que estaban amenazados y restablece la sensación somática de seguridad. La orientación es natural y hacemos este movimiento en el momento en que nacemos. Pero puede quedar bloqueado si estamos experimentando miedo o ansiedad. La clave es liberar estos impulsos; esto nos puede ayudar a lidiar con las partes del cuerpo en las que sentimos estancamiento o ansiedad. Observa dónde experimenta estancamiento el cliente o dónde una activación. Es muy importante proceder muy despacio y con intención.

Como terapeuta, puedes hablar con el cliente mientras experimenta el movimiento, asegurándote de que no haya signos de ansiedad o miedo. Apóyalo si los hay. No permitas que se salga de su zona de confort ni de lo que puede controlar. Aliéntalo a hacer el movimiento completo cuando se sienta seguro y, a la vez, tenga curiosidad.

INSTRUCCIONES

Guía al cliente a través de la secuencia de girar la parte superior del cuerpo y regresar a la posición inicial muy lentamente y con toda la atención. El movimiento de orientación es un simple giro de cabeza, como si quisiésemos dirigir la mirada a un punto de la habitación situado a uno de los lados del cuerpo. Este movimiento debe hacerse muy despacio y con intención, para poder sentir el giro y ser conscientes de cómo se orientan los ojos en el lugar.

Antes de comenzar el ejercicio, pídele al cliente que complete la siguiente afirmación: «Cuando estoy desorientado, mi cuerpo está __
_____».

Primera secuencia - Girar la parte superior del cuerpo:

El cliente puede efectuar el giro alejándose del terapeuta como punto de partida o desde el punto al que está dirigiendo la mirada.

- Deja que tus ojos adviertan lo que sea que estén viendo.
- Desplaza los ojos como si quisieras dirigir la mirada hacia un lado. Es indistinto que la dirijas a la izquierda o a la derecha.
- Examina la habitación muy a conciencia. Imagina que tus ojos son un reflector que ilumina el espacio.
- Permite que tu cabeza siga el movimiento de los ojos hacia el hombro.
- A medida que sigues dirigiendo la mirada hacia un lado del cuerpo, deja que el cuello y los hombros sigan el movimiento de la cabeza.
- El tronco girará ligeramente a medida que te acerques al final del movimiento.
- Cuando no puedas girar más, deja que tu mirada se deposite en un punto de la habitación. Observa realmente un objeto que se encuentre ahí.
- A continuación, en la segunda secuencia, volverás a llevar la cabeza al centro del cuerpo, poco a poco.

Segunda secuencia - Regreso al centro:

- Invierte la primera secuencia.
- Comienza por el tronco, que estaba ligeramente girado: vuelve a situarlo en el centro del cuerpo. Deja que los hombros lo sigan y luego la cabeza.
- Los ojos deben seguir con naturalidad este movimiento del cuerpo, como si estuvieran examinando la habitación muy despacio.
- En esta secuencia, los ojos siguen el camino de regreso hacia el centro del cuerpo, hacia el punto al que se dirigía la mirada inicialmente.

Cómo trabajar con la secuencia:

Observa si el movimiento y la secuencia en sí dejan de ser secuenciales. Por ejemplo, la cabeza podría girar muy rápido inadvertidamente. Pídele al cliente que vaya más despacio, regrese al punto de partida y vuelva a empezar. Dile: «Observa cómo gira el tronco, a continuación los hombros y después la cabeza. Observa cómo tus ojos quieren volver a fijarse en mi rostro y toma conciencia de que has realizado un movimiento completo».

También podrías advertir que el movimiento no es muy fluido. En este caso, pídele al cliente que se relaje y haga una respiración profunda y consciente. Observa si puede relajarse un poco.

Tal vez percibas una alerta en sus ojos, una mirada rápida y titubeante que no puede mantenerse quieta. Puedes mencionárselo y pedirle que explore la habitación de una forma más calmada y sistemática, manteniendo la vista en un mismo nivel en vez de buscar por todo el lugar.

Cuando tengas dudas, indícale que realice el movimiento más despacio para que pueda percibir lo que está sucediendo. El objetivo es que conozca una herramienta con la que pueda generar un espacio seguro al adquirir habilidades de orientación.

El cliente tendrá que repetir la secuencia a menudo, hasta ejecutarla de manera precisa y fluida; las interrupciones en la secuencia indican emociones o sensaciones que no se están procesando.

Exploración para fomentar la seguridad:

Cuando haya terminado de realizar la secuencia de orientación, pídele al cliente que pasee la mirada por la habitación. Si quiere repetir la secuencia, deja que lo haga. Observa cómo ocurre que las emociones interfieren menos y el cliente tiene un mayor control.

Tras realizar el ejercicio, pídele que registre su experiencia según lo que indica la hoja de trabajo siguiente.

Hoja de trabajo para el cliente

Movimiento de orientación

Registra tu experiencia corporal. Sintoniza con la parte delantera de tu cuerpo y, después, con la parte posterior.

«Cuando estoy orientado, mi cuerpo está _____
_____».

¿Qué sientes cuando sabes que estás orientado en el tiempo y el espacio? Rodea con un círculo los efectos somáticos que experimentas en el cuerpo:

Espaciosidad	Calma	Conexión con el
Amplitud	Conciencia de los	ombligo
Claridad	pies	Conexión con la
Ausencia de miedo	Conciencia de los	tierra
Ausencia de	hombros	Siento la cara
ansiedad	Conciencia del	Sé dónde estoy
Piernas fuertes	corazón	Estoy en el ahora,
Mirada firme	Conciencia del	en el momento
Poder	pecho	presente
Firmeza	Enraizamiento	

Tu propia descripción:

CAPÍTULO 14

Límites

LA IMPORTANCIA DE PONER LÍMITES

Poner límites es una habilidad esencial. Pero antes de poder hacerlo, debemos «sentir y percibir» los nuestros. Las personas que crecen en familias en las que no hay los límites suficientes o que han visto invadidos sus límites suelen experimentar violaciones traumáticas de los mismos. El trabajo con los límites es un aspecto esencial de la recuperación de la sensación de seguridad y de tener un espacio propio.

El propósito de este capítulo es ofrecer la experiencia somática, en el propio cuerpo, del respeto por los propios límites.

Con los ejercicios destinados a poner límites, asegúrate de proceder con cuidado y a un ritmo lo suficientemente lento para que el cliente pueda advertir cualquier cambio o incomodidad. Si nota algún malestar, interrumpe la dinámica y anímalo a investigar. Si tienes dudas, interrumpe el ejercicio también y asegúrate de que el cliente tenga el «control». Es habitual que la persona que tiene que trabajar con los límites los haya visto violados con anterioridad; por lo tanto, asegúrate de ser especialmente cuidadoso.

El objetivo de estos ejercicios es «empoderar» a tu cliente para que sienta los límites y, a continuación, los afirme. Deberás estar atento a su tendencia a retraerse o a restar importancia a sus propios deseos y necesidades.

Siguen a continuación algunas preguntas para que las tengas en cuenta a la hora de trabajar con los límites. Puedes hacértelas a ti mismo para evaluar el sentido de los límites que tiene tu cliente o cuando te parezca apropiado.

Preguntas de indagación generales:

- ¿Dónde comienza la otra persona y dónde comienzo yo?
- ¿Dónde estamos en relación el uno con el otro?
- ¿Cuándo sé que estás demasiado cerca?
- ¿Qué me indica que estás demasiado lejos?
- ¿Qué parte de mí querría que estuvieras más lejos?
- ¿Qué parte de mí querría que estuvieras más cerca?

Ejercicio para el cliente

Límite corporal

OBJETIVO

Los límites corporales comienzan con la sensación del propio espacio personal. Se puede acudir a este ejercicio cuando al cliente le cuesta percibir su propio espacio personal o si no siente sus límites. El hecho de trabajar con los propios músculos puede servir para restablecer la sensación interna de límite. Aquí utilizamos la conciencia de la contracción muscular para percibir un límite corporal.

INSTRUCCIONES

En esta actividad vas a contraer y soltar algunos músculos del cuerpo. De esta manera, percibirás que tu cuerpo determina un límite. Asegúrate de proceder despacio y con intención. Al principio, se trata de que percibas el límite corporal al contraer los músculos y, después, de que notes la ausencia de dicho límite al soltarlos.

- Comienza con un músculo o grupo de músculos a los que te resulte fácil acceder; por ejemplo, los músculos de una mano o de un brazo. Flexiónalos, ténsalos y a continuación relájalos poco a poco. Observa cómo responde tu cuerpo.
- Seguidamente, tensa los músculos del abdomen, para, después, aflojarlos poco a poco. Asegúrate de no relajarlos rápido, sino manteniendo el control y la conciencia, para poder observar lo que sucede mientras lo haces.
- Observa las sensaciones que acompañan al movimiento de contracción. Permítete convivir con las sensaciones.

- Tensiona y flexiona cualquier otro músculo que elijas y experimenta.

- Informa al terapeuta mientras trabajas con los músculos escogidos de esta manera. Céntrate en mantener el control y la conciencia del cuerpo, sin sentirte abrumado.

- Después de contraer y aflojar músculos durante un rato, ¿puedes percibir cómo tu límite corporal se mantiene incluso cuando estás soltando? ¿Cómo es esta sensación?

Nota para el terapeuta:

Guía al cliente en este proceso. Puedes introducir pausas frecuentes e indicarle que cierre los ojos antes de continuar con otra ronda. Y no te excedas; si se hace demasiadas veces lo de tensar y soltar músculos, las sensaciones podrían volverse menos evidentes. Haz que el cliente contraiga y afloje músculos tres veces; seguidamente, introduce una pausa para que reflexione y te informe. Se trata de encontrar una sensación de fuerza, límite y empoderamiento.

Extensión de un límite físico

OBJETIVO

Este es un buen ejercicio de seguimiento después de que hayas experimentado tu límite corporal. Practica primero el ejercicio del límite corporal antes de hacer este.

INSTRUCCIONES

Este ejercicio lleva la conciencia del límite a una relación interpersonal. Como terapeuta, asegúrate de sentirte cómodo siendo el compañero de ejercicio en esta actividad. Como cliente, la idea es que experimentes tu límite en una relación, para que puedas evaluar si te sientes seguro al afirmarlo o no.

- Hazte consciente de tu propio límite corporal, ya sea visualizando o trazando un círculo imaginario alrededor de tu cuerpo. También puedes aplicar brevemente la técnica de contraer y aflojar músculos para sentir tu límite.
- Percibe a la otra persona (la que imparte la terapia, en este caso) sentada frente a ti. ¿Qué sensación tienes? ¿Puedes notar tu límite mientras adviertes su presencia? En caso de que no, intenta volver a trazar tu límite imaginario o físico.
- ¿Puedes afirmar tu límite? Si no es así, ¿qué está pasando? Si puedes afirmarlo, ¿qué te hace falta para fortalecerlo?
- ¿Hay palabras o frases que describan bien esta experiencia?
- Prueba con varias formas de establecer un límite físico teniendo en cuenta que quieres mantener a alguien a una distancia suficiente.

Nota para el terapeuta:

Si a tu cliente le cuesta afirmar su límite en las relaciones, podéis probar estos experimentos adicionales:

1. Estirar el brazo (el cliente o el terapeuta).
2. Estirar el brazo y girar la cabeza.
3. Decir «¡no!» o «¡detente!» con un gesto del brazo.
4. Dirigir los dos brazos hacia la otra persona.
5. Desplazar un poco la silla en la que está sentado uno, poniendo así un poco más de distancia respecto a la otra persona.
6. Idea tu propia combinación favorita.

Ejercicio para
el cliente

Encontrar el límite a través del tono muscular

OBJETIVO

Este ejercicio debe hacerse cuando el cliente se siente desprovisto de límites o desprotegido.

La idea es que experimente una conciencia corporal y una sensación de control del propio cuerpo sin sentirse abrumado. Indícale que rellene el pequeño cuestionario de evaluación previo al ejercicio y el posterior al ejercicio, para poder comparar los resultados. El objetivo es ayudarlo a tener un mayor control sobre su cuerpo y sus respuestas. Procede despacio y de manera sistemática.

INSTRUCCIONES

Evaluación antes del ejercicio:
Siento que mi límite corporal _____
_____.

Puedo percibir mi límite cuando _____
_____ alrededor de mí.

Puedo notar tensión en esta/s parte/s del cuerpo: _____
_____.

Percibo insensibilidad o no noto nada en esta/s parte/s del cuerpo: __
_____.

Pasos:

- Comienza con un músculo o un grupo muscular al que te resulte fácil acceder, como las manos. Flexiona y tensa las manos en un puño y después aflójalas poco a poco. Hazlo una o dos veces. Observa las sensaciones que experimentas en las manos.
- Ahora flexiona y tensiona los bíceps, como si estuvieras levantando un peso imaginario, y a continuación aflójalos poco a poco. Hazlo una o dos veces. Observa cómo responde tu cuerpo.
- Luego sitúate en el abdomen y ténsalo contrayendo el músculo central de este hacia el ombligo. Exhala con suavidad mientras efectúas la contracción. Seguidamente, afloja el músculo poco a poco. Asegúrate de no hacerlo deprisa, sino controlando y a conciencia, para poder observar lo que sucede en el proceso. Trabaja con este músculo una o dos veces.
- A continuación, tensa los músculos glúteos, como si fueras a levantar el asiento. Contráelos y aflójalos suavemente y manteniendo el control. Hazlo una o dos veces. Observa las sensaciones al soltar.
- Ahora contrae y afloja los músculos de las piernas girándolos uno hacia el otro. Observa la sensación e intenta permanecer con ella. Hazlo una o dos veces. Observa si te resulta más fácil contraer o relajar.
- Ahora sitúate en los pies; flexiona los dedos y suelta. Hazlo una o dos veces.
- Tensa y flexiona cualquier otro músculo o grupo muscular de tu elección una o dos veces. Asegúrate de enfocarte en el aflojamiento; no mantengas la tensión.
- Cuando hayas terminado, relaja el cuerpo. Cierra los ojos y permanece con las sensaciones corporales. Explora tu experiencia interna en este momento.
- ¿Puedes percibir en mayor medida tu cuerpo? ¿Notas dónde está situado tu límite corporal? ¿Cómo percibes el límite exterior de tu cuerpo en este momento?

Evaluación después del ejercicio:

Ahora siento que mi límite corporal _____

_____.

Puedo percibir mi límite cuando _____

_____ alrededor de mí.

Al observar la/s zona/s donde sentía tensión antes del ejercicio, lo que siento ahora es: _____.

Al observar la/s zona/s en las que sentía insensibilidad antes del ejercicio, lo que siento ahora es: _____.

Ejercicio para el cliente

Envolverte en tu propio espacio

OBJETIVO

Este ejercicio fomenta la capacidad del cliente de sentir los límites físicos de su cuerpo en el plano sensorial. Cuando éramos bebés, por ejemplo, la confortabilidad de una manta o de la ropa nos ayudaba a sentir somáticamente nuestro límite corporal. Este ejercicio es particularmente útil cuando el cliente siente la necesidad de ser sostenido, envuelto o protegido.

Lo que necesitarás:

Una manta ligera o un chal lo suficientemente largo como para envolver los hombros y el resto del cuerpo del cliente. Te aconsejo que sea de un material resistente, ya que es más largo y se envuelve bien alrededor del cuerpo.

INSTRUCCIONES

Utiliza esta técnica si el cliente quiere sentirse protegido o experimentar una sensación de seguridad o si se siente retraído. Puedes poner el chal alrededor del cliente o dárselo para que se lo ponga. Evalúa su grado de comodidad. Pregúntale si quiere que se lo pongas; no lo des por sentado.

- Sostén los extremos del chal en una mano y retuércelos suavemente; así podrás aplicar una presión suave en el movimiento de envolver.
- Explícale al cliente lo que vas a hacer para que pueda relajarse y gozar de la sensación reconfortante de estar envuelto.

- Aplica la envoltura sobre los hombros o la parte media del vientre. ¡Evita la cabeza!
- Sujeta los extremos con suavidad y gíralos como si fuesen un torniquete para aplicar presión en la envoltura.
- Imagina que el chal es una extensión de tu tacto, así que ten precaución y ve despacio.
- Permanece atento para percibir el deseo del cliente de dejar de estar envuelto; entonces, deja de ejercer presión en la envoltura y permite que el chal se suelte poco a poco.
- Habla con el cliente sobre cómo siente el cuerpo ahora, *después* de haber permanecido parcialmente envuelto.
- ¿Puede percibir su límite corporal ahora?

Guion:

«En este momento estoy envolviendo tus hombros y sostendré los extremos del chal aplicando una presión suave. La finalidad es que puedas sentir la envoltura en tu piel.

»Estoy yendo muy despacio, para que me digas cuándo la presión es la ideal para ti; tienes que sentirte muy cómodo a este respecto. Cuando sientas que la presión se ajusta a lo que necesitas en tu interior, dímelo y nos detendremos ahí.

»Ahora permítete sentir este límite protector. Observa qué sucede cuando lo sientes.

»Cuando estés listo, dejaré de ejercer presión, poco a poco. Observa qué experimentas al respecto».

Después de quitar la envoltura: «Observa cómo se siente tu cuerpo ahora. ¿Puedes percibir un límite corporal?».

.... Herramienta 63 ....

Hoja de trabajo para el cliente

Exploración del espacio personal

INSTRUCCIONES

El recuadro que sigue representa una relación en la que te encuentras. ¿Dónde te ubicas en relación con la otra persona? Dibuja tu distancia ideal.

La otra persona

Preguntas de seguimiento:

¿Qué necesitarías para establecer este límite? _____

_____.

¿Qué obstáculos se interponen en el establecimiento de este límite? _____.

¿Qué puede ayudarte a aprender a establecer este límite? _____

_____.

Hoja de
trabajo para
el cliente

Deberes sobre los límites para definir el espacio personal

OBJETIVO

Los límites ayudan a definir el espacio personal. Estos límites pueden ser físicos, emocionales, verbales, conductuales y espirituales. También pueden ser fuertes, rígidos, flexibles, abiertos, distantes, cercanos, confusos o fluidos. Existen límites internos y externos entre tú y los demás. Este ejercicio te ayudará a reflexionar sobre tus límites.

INSTRUCCIONES

Sírvete de las preguntas que siguen para que te ayuden a evaluar tus límites.

Preguntas para indagar:

- ¿Cómo describirías tus límites personales?

- ¿Cómo sabes dónde empieza y termina tu espacio personal?

- ¿Qué sientes en el cuerpo cuando alguien se acerca demasiado a tu espacio personal?

- ¿Qué sientes en el cuerpo cuando alguien está demasiado lejos de tu espacio personal?

- Dibuja tu espacio personal. Traza un círculo alrededor de la figura para indicar el alcance de tu espacio personal.

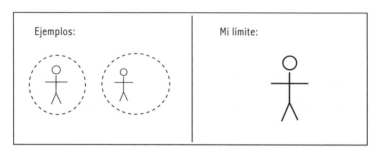

| Ejemplos: | Mi límite: |

- ¿De qué color sería tu límite? _____
_____.

- ¿De qué material estaría hecho tu límite? _____
_____.

- ¿Quién está incluido en tu espacio personal y quién no?

Ejemplos:
- » Amigos
- » Amigos íntimos
- » Conocidos
- » La familia
- » Personas nuevas
- » La pareja

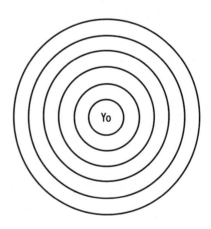

- ¿Qué tipo de límites había en tu familia? ¿Eran fuertes, rígidos, flexibles, abiertos, distantes, cercanos, confusos, fluidos, etc.?

- ¿Qué miembros de tu familia manifestaban unos límites rígidos y cuáles los límites más flexibles?

- Piensa en una ocasión en la que alguien estaba demasiado cerca de ti y no te sentiste cómodo. Imagina que trazas un límite a tu alrededor mientras visualizas esta situación. ¿Qué palabras puedes decir o qué acciones puedes realizar para restablecer este límite?

········· Herramienta 65 ·········

| Hoja de trabajo para el cliente | Cuando se violan los límites – La redefinición del territorio |

OBJETIVO

Este ejercicio está diseñado para que vuelvas a definir tus límites físicos y emocionales cuando han sido violados. El terapeuta puede guiarte a través de esta visualización o puedes hacerla por tu cuenta.

INSTRUCCIONES

Tú

La otra persona

Visualízate y visualiza tu límite corporal. ¿Qué necesitas para gozar de una sensación de seguridad?

Visualiza a la persona a la que quieres poner un límite. ¿Qué puedes decirle para fijar tu límite?

1. _____
2. _____
3. _____
4. _____
5. _____
6. _____
7. _____
8. _____
9. _____
10. _____

1. _____
2. _____
3. _____
4. _____
5. _____
6. _____
7. _____
8. _____
9. _____
10. _____

Redacta una declaración que afirme tu propósito de establecer y comunicar tus límites. Pon por escrito el límite más esencial en el que estás trabajando. Coloca esta declaración en un lugar visible y observa qué cambios se producen dentro de ti al recordar y afirmar su contenido.

Necesito un límite: _____

_____. [Define qué tipo de límite quieres]

Necesito que respetes mi límite de esta manera: _____

_____.

Te pido que tengas en cuenta el límite que quiero poner de esta manera: _____.

Ya no voy a _____

_____.

PSICOTERAPIA SOMÁTICA

·· Herramienta 66 ·······························

Hoja de trabajo para el cliente

El espacio personal en relación a

OBJETIVO

Este ejercicio te llevará a tomar conciencia de tu límite corporal en relación a cómo te posicionas con respecto a otra persona.

INSTRUCCIONES

- Comienza visualizando a una persona con la que estás a gusto e imagina que te sientas delante de ella. ¿A qué distancia te colocas? ¿Cuál es la distancia óptima? ¿Cómo sabes que este es el espacio ideal entre vosotros?
- Ahora imagina a una persona con la que te resulta más difícil relacionarte. ¿Cuál es la distancia óptima entre vosotros? ¿Te resulta fácil establecer este límite? ¿Difícil? ¿Qué hace que te cueste ponerlo? ¿Con qué obstáculos te encuentras?
- Dibuja la distancia que, para ti, es ideal en las relaciones. El cuadro representa la relación interpersonal en la que te encuentras. ¿Dónde te ubicas respecto a la otra persona?

¿Qué necesitarías para establecer este límite?

_____.

¿Qué obstáculos se interponen en el establecimiento de este límite?

_____.

¿Qué puede ayudarte a aprender a poner el límite?

_____.

Echa un vistazo al dibujo y siente este nuevo límite que acabas de establecer. ¿Qué notas en el cuerpo? ¿Qué palabras se corresponden con la experiencia que tienes en este momento?

_____

_____

_____.

Escribe en tu cuaderno sobre los límites que sabes que han sido invadidos y no han sido tratados con respeto. Anota algunos momentos clave que recuerdes. ¿Qué tienen en común estos momentos?

_____

_____

_____

_____

_____

_____

_____.

Anota *un* aspecto que puedas cambiar con respecto a tu establecimiento de límites. ¿Una palabra? ¿Una frase que quieras decirte a ti mismo en tu interior? ¿Una sensación en el cuerpo que quieras recordar y volver a experimentar?

Recuerda que aprender a establecer límites comienza con una declaración clara y concisa sobre lo que ya no estás dispuesto a hacer o ser.

Cambiaré mis límites diciendo o haciendo esto: _____
_____.

Defenderé mi límite con esta afirmación:
_____
_____
_____.

Ejercicio para
el cliente

Ejercicio con cordeles para hacer con otra persona

OBJETIVO

Este ejercicio lleva al cliente a encontrar su propio espacio personal y a tomar conciencia de cómo establecer límites. Conduce a través de una exploración que implica experimentar cómo sentir un límite y saber cuándo es necesario establecerlo. Este ejercicio puede adaptarse a las necesidades y la exploración del cliente. Es importante realizarlo con atención plena para que el cliente tenga tiempo de sentir somáticamente dónde está y dónde no está el límite.

Lo que necesitarás:
Dos cordeles lo suficientemente largos como para hacer un círculo grande alrededor de cada cuerpo.

INSTRUCCIONES

En este ejercicio deben participar dos personas, el cliente y el terapeuta. También es una excelente actividad grupal para hacer por parejas.

Configuración:
- Indícale al cliente que es mejor hacer este ejercicio en el suelo; averigua si se sentirá cómodo trabajando ahí. Si es necesario, puedes adaptar el ejercicio para hacerlo sentados en sendas sillas.
- Ten los cordeles listos, uno para el cliente y otro para ti como terapeuta.

- Dile que en este ejercicio se trata de explorar los límites. Es importante descubrir dónde están ausentes para luego explorar dónde y cómo se deben establecer.

Instrucciones para el terapeuta:

- Asegúrate de informar al cliente y explicarle el ejercicio antes de comenzar.
- Permanece muy atento y calmado.
- Se trata de explorar, así que debes estar abierto a los comentarios y la creatividad del cliente.
- Estimula al cliente con preguntas abiertas (incluidas en el apartado «Guion», a continuación).
- El objetivo es descubrir cómo se sienten los límites internamente y aprender a crear límites estableciéndolos visualmente.
- Sentaos el uno frente al otro.
- Tomaos un tiempo, después del ejercicio, para hablar de la experiencia. Asegúrate de estar atento a la experiencia del cliente cada vez que le pidas que efectúe un ajuste y ayúdalo a tomar conciencia del cuerpo. Se trata de que se sienta empoderado y en un entorno seguro mientras realiza el ejercicio.

Guion:

- Tómate un momento para adoptar una posición sentada en el suelo, con tu cordel cerca de ti.
- Permítete calmarte y entrar en un estado de presencia.
- Siente el cuerpo y observa lo que experimentas al estar yo sentado frente a ti.
- Percibe dónde está tu límite corporal en este momento.
- Observa dónde está tu espacio personal ahora mismo.
- Delimita tu espacio personal con el cordel.
  - » ¿Está cerca de tu cuerpo el cordel?
  - » ¿Está lejos de tu cuerpo?
  - » ¿Rodea completamente tu cuerpo?

- Cuando hayas establecido tu espacio personal, advierte lo que sientes cuando yo delimito el mío.
  - » ¿Qué sensación experimentas?
  - » ¿He puesto mi límite demasiado cerca? ¿Demasiado lejos?
  - » ¿Cómo lo sabes?
- Observa qué tipo de ajustes necesitas realizar después de ver mi límite.
- Modifica la posición de tu cordel si es necesario.
  - » ¿Necesitas hacer que tu espacio sea más amplio o más pequeño?
  - » ¿Necesitas volver a definir el límite?
- Si la distancia que has establecido es la «correcta», percibe cómo se siente tu cuerpo al respecto.
- ¿Qué necesitas hacer para sentirte más seguro o más a gusto?
- Muévete lentamente dentro de tu círculo y observa lo que sientes al relacionarte conmigo desde dentro de la burbuja de cordel.
- A continuación, soy yo quien me muevo despacio dentro de mi burbuja de cordel; observa qué efecto tiene en ti.
- Haz una pausa y observa nuevamente lo que está sucediendo en nuestra relación mientras ajustamos y establecemos nuestros respectivos límites.
- Seguidamente, sitúate en el centro y ajusta una vez más lo que te parece que es el límite adecuado entre nosotros.
- Si quieres, formula una declaración sobre cómo te sientes respecto a los límites establecidos.

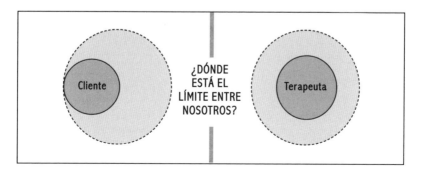

Cliente

¿DÓNDE ESTÁ EL LÍMITE ENTRE NOSOTROS?

Terapeuta

Preguntas para facilitar la exploración:

- ¿Cómo definirías el límite que hay entre nosotros?
- ¿Cómo sabes dónde está este límite?
- ¿Qué te indica que hay un límite?
- ¿Cómo lo sientes o percibes?

CAPÍTULO 15

La postura

LA POSTURA Y LOS MENSAJES INTERNOS

La postura refleja el ambiente interno de la persona. Alojamos creencias inconscientes sobre nuestro cuerpo, así como mensajes que hemos recibido sobre su aspecto.

A menudo se transmiten de manera sutil mensajes como «siéntate derecho», «pon los hombros hacia atrás» o «eres demasiado alto/demasiado bajo/demasiado grande/demasiado pequeño». Sentir inseguridad cuando se está formando el cuerpo pubescente puede afectar a la postura física de por vida. No sentirse bien en el cuerpo puede resultar en patrones de postura corporal crónicos que encierren a la persona en un estado corporal interno. A través de la postura podemos, como terapeutas, conocer directamente el estado interno del cuerpo; la postura también nos ofrece formas directas de trabajar con el estado de ánimo y los sentimientos del cliente.

Comienza identificando, con delicadeza, los mensajes que ha recibido la persona sobre su postura. ¿Cómo se siente consigo misma estando de pie o sentada, o cuando la observan? ¿Qué mensajes tiene interiorizados sobre su postura corporal y sobre los movimientos y la función de su cuerpo?

En realidad no se trata de estar muy erguido, ya que no es correcto, anatómicamente, que la columna vertebral esté recta. La columna vertebral es curvada de por sí, y debemos considerar que está correctamente erguida cuando está alineada con el resto del cuerpo. Lo correcto es que el cuerpo esté alineado interna y externamente con la sensación de bienestar. A menudo, los clientes ni siquiera saben lo que significa esto hasta que lo experimentan desde dentro hacia fuera, en lugar de juzgarse a sí mismos o verse según la manera en que los ven los demás.

El miedo crónico da forma al cuerpo desde dentro. Los reflejos y sentimientos fuertes que no se resuelven provocan cambios mecánicos en la estructura corporal. Las tensiones musculares que se ignoran comienzan a dar forma a la experiencia interna y la reactividad del cliente. La postura puede ser lo primero que nos lleve a percibir cómo los sentimientos, las emociones y las respuestas musculares del cuerpo están participando en un juego dinámico en el que todo está conectado. Las sensaciones cinestésicas están conectadas con el sistema nervioso central a través de los huesos, las articulaciones y los fluidos, y ello influye en las sensibilidades y percepciones propioceptivas.

Acciones simples como caminar, sentarse y estar de pie pueden proporcionar una excelente manera de entrar en contacto con la postura corporal sin que el cliente deba moverse de formas específicas. Aprovechar las funciones de movilidad básicas puede hacer que tipos de clientes muy diversos se beneficien de la conciencia corporal y estén dispuestos a realizar el trabajo de tipo somático.

Llevar al cliente a sintonizar con su sentido básico de la gravedad y el movimiento puede conducirlo a nuevas percepciones en cuanto a cómo se experimenta a sí mismo desde el interior. Si un cliente dado camina con paso cansino y, a la vez, con atención plena, podrá advertir que alberga una pesadez emocional que se expresa en su forma de andar. Si le haces una pregunta abierta simple, como podría ser «¿qué podrías cambiar ahora mismo mientras caminas de esta manera?», tomará conciencia y tendrá la opción de efectuar otra elección.

Ejercicio para el cliente

La columna vertebral alargada

OBJETIVO

La postura es fundamental para el bienestar de la persona, además de que expresa su mundo interno. Por ejemplo, un pecho hundido, que se curva hacia dentro, combinado con unos ojos caídos es una postura que indica tristeza o miedo. Lo primero que hay que averiguar es lo siguiente:

1. ¿Qué fue lo que dio lugar a esta postura?
2. ¿Qué podemos hacer *ahora*, partiendo del interior, para cambiar la postura y, con ello, las emociones conectadas al cuerpo?

Nota para el terapeuta:

Resiste la tentación de decirle al cliente que cambie su postura según la que te gustaría que adoptase o la que crees que debería adoptar por su bien. Ayúdalo a descubrir dentro de sí los recursos y procedimientos que necesita para efectuar el cambio. Enséñale el *proceso* que conduce al cambio de postura, no el resultado final.

Utiliza esta técnica cuando observes que la postura del cliente está encorvada, contraída o desalineada, o cuando el mismo cliente te diga que su postura presenta alguno de estos problemas. Este ejercicio sirve para fomentar una alineación saludable de la columna vertebral, en toda su extensión, que promueva una sensación de bienestar y conexión con el cuerpo. Es una buena técnica para usar cuando el cliente se siente desanimado o un poco disociado, o cuando dice que su postura le induce una sensación de presión.

INSTRUCCIONES

Este ejercicio hay que hacerlo de pie (si bien se puede adaptar a una posición sentada, en caso de ser necesario). Pídele al cliente que se levante. Observa qué postura adopta inicialmente y qué emociones y sensaciones la acompañan; dedica un tiempo a explorar esta cuestión. A menudo, los clientes dan por sentada la postura que adoptan y no se dan cuenta de que su vida emocional está muy conectada con esta.

Este es el guion que debes seguir con el cliente:

- Observa tu postura en este momento, al sintonizar con la columna vertebral.
- Permite que tu atención se enfoque hacia dentro, hacia tu postura, como si tuvieras ojos en el interior de la columna vertebral. ¿Tienes los hombros inclinados hacia delante o hacia atrás? ¿Está abierto o hundido tu pecho? ¿Están alineadas con tus hombros tus caderas? ¿Están tus pies conectados con tus piernas? ¿Están tus piernas debajo de la pelvis? ¿Tienes la pelvis hacia delante o hacia atrás? ¿Qué te parece que está alineado y qué te parece que no lo está? Expresa verbalmente lo que estás sintiendo internamente en relación con tu postura.
- Haz un comentario sobre cómo te sientes en relación con esta postura. ¿Te resulta familiar? ¿Cuándo la adoptas?
- Toma conciencia del origen de la postura. ¿Qué te lleva a querer adoptarla? ¿Reconoces significados o voces internos con origen en el pasado, como «siéntate derecho»?
- Realiza esta exploración mientras permaneces quieto y observa si deseas cambiar algo de la postura. Intenta resistirte a efectuar un cambio grande; deja que sean movimientos muy pequeños y graduales los que conduzcan al cambio. ¿Cómo deberías moverte ahora para alargar la columna vertebral? ¿Cómo quiere proceder tu cuerpo para producir el cambio? Intenta observar los pequeños ajustes que tienen lugar en el proceso.

- Permite que tu columna se alargue, ¡no que se enderece tensionada! Imagina que la parte superior de tu cabeza está siendo elevada de manera sutil, como si alguien estirara suavemente el extremo de un collar de perlas hacia arriba. E imagina que la parte inferior de tu columna desciende hacia el suelo, como si fuera el ancla de un barco que baja con suavidad al fondo del mar. Flexiona un poco las rodillas. Deja que la respiración sea suave y estable.

- Siente cómo la columna se alarga por sí sola y observa las sensaciones asociadas a ello. *(Nota: Si el cliente tiene dificultades al respecto, puedes alentarlo a visualizar, diciéndole, por ejemplo, que imagine que la parte superior de su cabeza está siendo elevada hacia arriba, como si alguien estuviera tirando de ella. O puedes colocar, con delicadeza, tu mano en la parte superior de su cabeza y pedirle que empuje suavemente hacia arriba, para que perciba una sensación de alargamiento a través de la suave resistencia).*

- Ahora que estás de pie con la columna erguida, observa cómo el resto del cuerpo quiere estar en consonancia con esta alineación. Encuentra la expresión natural de tu postura corporal en este momento. Tómate un momento para sentirla. ¿Qué emociones y sensaciones experimentas en relación con ello?

- ¿Ha cambiado tu estado de ánimo? ¿De qué experiencias internas eres consciente? Habla sobre lo que ha cambiado y sobre la posibilidad de volver a seguir este proceso con origen en la toma de conciencia cuando te des cuenta de que estás encorvado.

- Esto es lo que siento y percibo en el cuerpo cuando mi columna vertebral está alargada: _____

_____.

·············· Herramienta 69 ··················

Ejercicio para
el cliente

Enraizamiento a través de la columna vertebral

OBJETIVO

Trabajar con la conciencia de la columna vertebral es una forma sencilla de enraizar al cliente. Los clientes que lidian con el estrés o la activación de un trauma pueden experimentar desconexión, falta de presencia o cansancio físico, o presentar una postura corporal abatida. Este ejercicio guía al cliente a través de la alineación y el enderezamiento conscientes de la columna vertebral, que hacen que vuelva a sentirse presente y alineado interiormente. Se puede hacer sentado o de pie. Al enderezar la columna vertebral de manera consciente, el cliente puede cambiar su estado interno y abrirse a una experiencia de mayor equilibrio. Cuando se encuentre en una postura más alineada, le resultará más fácil hablar sobre lo contraído que estaba anteriormente. Este ejercicio también muestra un camino somático directo para abandonar un estado de ánimo bajo.

Nota para el terapeuta:

Puedes realizar esta intervención cuando adviertas que el cliente presenta una postura corporal abatida, como si estuviera hundido en sí mismo (por ejemplo, podría tener el pecho hacia dentro, la columna vertebral encorvada y la cabeza hacia delante con una expresión plana).

INSTRUCCIONES

- Invita al cliente a advertir su postura actual: «Observa cómo estás sentado en este momento. ¿De qué eres consciente?».

- Invítalo a que experimente con cambiar esta postura; deberá ajustar la posición de la columna poco a poco: «Permítete enderezar la columna vertebral muy despacio y aplicando mucha atención, disponiendo una vértebra sobre la siguiente. Tómate tu tiempo y observa cómo puedes hacer que la columna pase a adoptar una posición erguida, desde la parte inferior hasta el cuello».

- Asegúrate de guiarlo para que aborde este proceso con lentitud, ya que se trata de que sea consciente del cambio que se está produciendo: «Adelante; dispón las vértebras lentamente y observa el cambio que tiene lugar mientras lo haces».

- Es posible que debas invitarlo a repetir el movimiento, ya que la mayoría de las personas van demasiado deprisa y piensan en el resultado final en lugar de prestar atención al proceso de «colocar» cada vértebra sobre la inferior.

- Fomenta la curvatura natural de la columna vertebral y no una postura rígida. Se trata de enderezar y alinear la espina dorsal. Para guiar al cliente, usa palabras y frases como *alarga*, *eleva*, *estira hacia arriba* o *mueve la columna hacia el espacio que hay sobre tu cabeza*.

- Puedes usar imágenes como estas: «Imagina que están tirando suavemente de la parte superior de tu cabeza con un cordel; tu columna vertebral es como un collar de perlas que es elevado con suavidad». O: «Imagina que tu columna se alarga hacia arriba».

- Si el tacto está permitido, puedes colocar, con delicadeza, una mano plana en la parte superior de la cabeza del cliente y aplicar una ligera presión, frente a lo cual el cliente deberá empujar hacia arriba, contra la mano y la presión. Esta estrategia proporciona una respuesta más directa y precisa y facilita la alineación de la columna vertebral. Una vez que la columna vertebral esté erguida, retira la mano.

- Cuando el cliente haya enderezado la columna, pídele que se detenga y observe el cambio: «¿Qué notas ahora? ¿Cómo percibes tu mundo desde esta posición? ¿Cómo te sientes por dentro en este momento?».

- Observa si el cliente ofrece contacto visual, si respira de forma más relajada y si su estado de ánimo ha mejorado.
- Pídele que permanezca en esta postura para que pueda tomar nota del cambio internamente. Ahora puede advertir lo «hundido» o «derrumbado» que estaba antes.

··· Herramienta 70 ···

Ejercicio para el cliente

Alineación interna

La cinestesia, la sensación del movimiento y del peso, es la fuente de información importante de la que disponemos.

—**Mabel Todd, The Thinking Body [El cuerpo pensante]**

OBJETIVO

El propósito de este ejercicio es establecer la sensación cinestésica y de percepción de la alineación interna. Notar la alineación interna da lugar a la sensación de enraizamiento en el cuerpo.

INSTRUCCIONES

- Siéntate erguido en una silla o cojín, ya sea con las piernas cruzadas o con los pies en el suelo. Si estás sentado cruzado de piernas, asegúrate de que la pelvis no esté metida hacia dentro.

- Tómate un momento para sentir la columna vertebral meciéndote suavemente hacia delante y hacia atrás para detectar el «centro» de tu postura.

- Observa si tienes alguna tentación de enderezar la espina dorsal, o de empujarla hacia delante o hacia atrás, al observar tu cuerpo «desde fuera».

- Relájate para poder sentir el cuerpo. Cierra los ojos.

- Imagina una columna o haz de luz que se desplaza desde la parte superior de tu cabeza hasta tu asiento. Esta columna está justo en el centro de tu cuerpo.

- Tómate un momento para sentir y visualizar esta columna central y luego observa cómo el cuerpo quiere organizarse alrededor de ella. Percibe cómo el cuerpo realiza pequeños ajustes. Deja que los haga.

- Permite que la respiración fluya con naturalidad. Estás dejando que el cuerpo esté relajado y, al mismo tiempo, al visualizar la columna, eres consciente de que estás efectuando pequeños ajustes internos en tu postura.

- Deja que esto suceda hasta que sientas una alineación interna, que se puede expresar como una sensación de calma, centramiento o apaciguamiento, o como la conciencia de que todo tu cuerpo está relajado y alerta a la vez.

- Permanece así durante unos momentos más y a continuación pregúntate cómo se siente tu cuerpo en este momento.

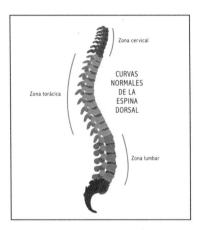

Asegúrate de que tu postura sentada esté alineada. Se trata de que la columna presente sus curvas naturales y esté enderezada. Evita encorvarte y abandonar la postura.

Ejercicio para
el cliente

Postura de fuerza somática

OBJETIVO

Las investigaciones realizadas sobre los efectos de asumir una postura de poder durante un corto período muestran un incremento de los niveles hormonales. Adoptar una postura basada en la fuerza durante dos minutos, con los hombros hacia arriba, la espina dorsal erguida y la cabeza alta, hará que los niveles de testosterona suban en el cuerpo. Este impulso extra procedente de la propia biología hará que la confianza emocional aumente. En el trabajo somático, adoptar una postura que denote mayor seguridad y «habitarla» supone una gran diferencia en el terreno emocional. Te sentirás más motivado y animado, y las emociones positivas tendrán la oportunidad de equilibrar la inseguridad y la autocrítica. Como punto culminante de la aplicación de esta herramienta, percibirás una fuerza asociada a esta postura.

Un cambio de postura eleva el ánimo y transforma el «escenario». Esta es una técnica rápida y efectiva cuando el cliente está lidiando con problemas de confianza, el miedo a fallar o cambios de humor. Trabajar en un cambio de postura también es una forma de percibir los propios límites. Cuando nos sentimos más fuertes y seguros de nosotros mismos, es más probable que establezcamos unos límites apropiados y saludables. Puedes practicar esta postura de manera lúdica con el cliente para que aprenda a hacerla en casa. Indícale que puede adoptarla durante dos minutos cuando se dé cuenta de que se siente abatido o de que necesita confiar más en sí mismo.

Esta actividad es diferente de la de percibir el tipo de postura que el cliente adopta la mayor parte del tiempo. La clave aquí no es adoptar una postura de fuerza solamente, sino también tomar conciencia de la propia inseguridad y de cómo la postura física refleja la experiencia interna.

INSTRUCCIONES

- Ponte de pie y observa tu postura actual, sea cual sea. No efectúes ningún cambio todavía.
- Ahora, pon la atención en mantenerte erguido (respetando las curvas naturales de la columna), con los pies firmemente asentados en el suelo. Levanta los brazos por encima de la cabeza y estíralos. Imagina que quieres alcanzar algo que se encuentra en un lugar elevado.
- Levanta un poco la cabeza.
- Siente la postura que estás adoptando en este momento y la fuerza asociada a ella. Si no percibes dicha fuerza, realiza pequeños ajustes hasta conseguirlo.
- Mantén la postura un rato, hasta que sientas que los brazos se cansan o necesites cambiarla. No permanezcas en ella más de dos o tres minutos.
- Baja los brazos, relájate y adopta una postura corporal normal.
- Observa cualquier cambio. ¿Tal vez tu estado de ánimo es un poco diferente ahora? ¿Qué cambios sutiles puedes percibir en este momento?
- Puedes adoptar la postura de fuerza un par de veces más. Observa los pequeños cambios que se produzcan en el terreno emocional. Un estado de ánimo más ligero, cierto espíritu juguetón o una sonrisa indican que el ejercicio ha funcionado.
- Experimenta hasta encontrar la postura que te aporte una mayor sensación de autoconfianza.

Reflexión:

La postura en la que me siento más seguro de mí mismo es:

_____.

Las zonas en las que debo trabajar en mi postura son:

_____

_____

_____.

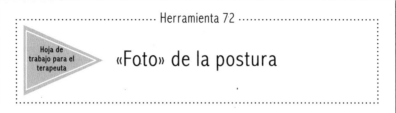

············· Herramienta 72 ·············

Hoja de trabajo para el terapeuta

«Foto» de la postura

OBJETIVO

Esta herramienta de lectura corporal te ayudará a observar y percibir el cuerpo de tu cliente desde una perspectiva somática. Puedes utilizarla cuando el cliente entre por primera vez en tu consulta o cuando sientas que necesitas una nueva perspectiva sobre él.

Nota importante:

Las lecturas corporales son suposiciones fundamentadas, pero no verdades. La experiencia del cliente debe confirmarlas. Tienes que estar dispuesto a estar equivocado.

INSTRUCCIONES

- Cierra los ojos por un instante muy breve, como si fueras una cámara fotográfica.
- Toma tres instantáneas rápidas, posando la mirada en distintas partes del cuerpo.
- Anota la primera impresión que te ha producido lo que has visto, sin emitir ningún juicio.

Primera «foto»:
1. Veo

_____

2. Imagino

_____

3. Tengo curiosidad acerca
   de

_____

Segunda «foto»:
1. Veo

_____

2. Imagino

_____

3. Tengo curiosidad acerca
   de

_____

Tercera «foto»:
1. Veo

_____

2. Imagino

_____

3. Tengo curiosidad acerca
   de

_____

Lo que interpreto a través
de la lectura corporal es

_____

_____

_____

_____

_____

········· Herramienta 73 ·········

Hoja de trabajo para el cliente

Dibuja tu esqueleto

OBJETIVO

Nuestro esqueleto es un componente de nuestra postura, pero no lo vemos ni lo sentimos. Para corregir tu postura y sentirte alineado desde el interior, vas a imaginar tu esqueleto. Lo que imagines no tiene por qué coincidir con la configuración anatómica real.

INSTRUCCIONES

Dibuja una imagen de las partes frontal, lateral y posterior de tu esqueleto en los espacios destinados al efecto.

Mi esqueleto:

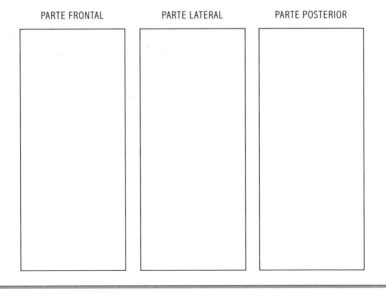

| PARTE FRONTAL | PARTE LATERAL | PARTE POSTERIOR |

Reflexión:

Reflexiona sobre cómo te sostiene el esqueleto que has dibujado.

¿En qué tipo de alineación interna imaginas que se basa este esqueleto?

Encuentra una palabra o frase para describirlo: _____

_____

_____.

CAPÍTULO 16

Gestos y comunicación no verbal

LA COMUNICACIÓN NO VERBAL

Solo entre el treinta y el cuarenta por ciento de nuestras interacciones humanas tienen una base verbal. En su mayor parte, la comunicación que mantenemos no es de tipo verbal. El cuerpo comenta sobre la marcha qué sentimos y cómo lo sentimos en nuestros intercambios. Prestar atención a aspectos como la postura, el uso del lenguaje y el movimiento es esencial para que el terapeuta pueda entender la experiencia del cliente de manera contextualizada. Ningún indicio corporal puede comprenderse por sí solo. Ahora bien, se trata de leer la expresión corporal con precisión e imparcialidad, para poder utilizar esta información en el trabajo terapéutico destinado a fomentar la conciencia y el crecimiento.

········· Herramienta 74 ·········

Hoja de trabajo para el terapeuta

Gráfico de formas de comunicación no verbal

INSTRUCCIONES

Registra tus observaciones en cuanto a lo que comunica el cliente de forma no verbal. Esta hoja de trabajo pone de relieve el resultado de tus observaciones y te ayudará a hacer el seguimiento de lo que haya que mejorar.

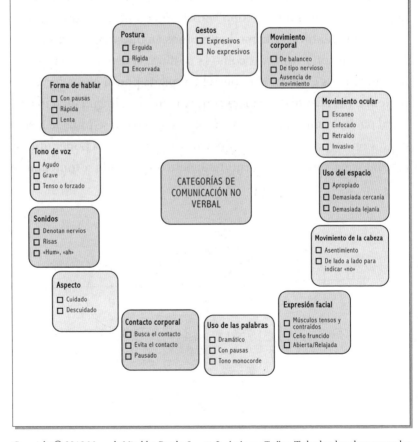

Postura
- ☐ Erguida
- ☐ Rígida
- ☐ Encorvada

Gestos
- ☐ Expresivos
- ☐ No expresivos

Movimiento corporal
- ☐ De balanceo
- ☐ De tipo nervioso
- ☐ Ausencia de movimiento

Forma de hablar
- ☐ Con pausas
- ☐ Rápida
- ☐ Lenta

Movimiento ocular
- ☐ Escaneo
- ☐ Enfocado
- ☐ Retraído
- ☐ Invasivo

Tono de voz
- ☐ Agudo
- ☐ Grave
- ☐ Tenso o forzado

CATEGORÍAS DE COMUNICACIÓN NO VERBAL

Uso del espacio
- ☐ Apropiado
- ☐ Demasiada cercanía
- ☐ Demasiada lejanía

Sonidos
- ☐ Denotan nervios
- ☐ Risas
- ☐ «Hum», «ah»

Movimiento de la cabeza
- ☐ Asentimiento
- ☐ De lado a lado para indicar «no»

Aspecto
- ☐ Cuidado
- ☐ Descuidado

Expresión facial
- ☐ Músculos tensos y contraídos
- ☐ Ceño fruncido
- ☐ Abierta/Relajada

Contacto corporal
- ☐ Busca el contacto
- ☐ Evita el contacto
- ☐ Pausado

Uso de las palabras
- ☐ Dramático
- ☐ Con pausas
- ☐ Tono monocorde

Hoja de
trabajo para el
terapeuta

Explorar el significado de los gestos

OBJETIVO

Los gestos forman parte del sistema de comunicación no verbal. Un gesto se comunica conjuntamente con las expresiones faciales y corporales para revelar los sentimientos o el estado de ánimo. Los gestos transmiten información sin que la persona sea consciente de ello, a través del cuerpo. Si se interpretan correctamente, pueden revelar al terapeuta lo que es genuino en la experiencia del cliente. Al leer estos gestos, puedes hacer comentarios al respecto para ayudar al cliente a ser más consciente de sí mismo. Es importante que seas imparcial y delicado al hacer estas observaciones.

MUESTRAS DE LENGUAJE CORPORAL

Aburrido · Deprimido · Desafiante · Exaltado · A la defensiva · Reflexivo

INSTRUCCIONES

El gráfico siguiente te ofrece una forma sistemática de observar un gesto y relacionarlo con lo que oyes y sientes para invitar al cliente a explorar otras opciones en su experiencia somática.

Pasos:

- Anota:
  1. Lo que has observado.
  2. Lo que ha comentado el cliente.
  3. Cuál era el estado de ánimo o emocional del cliente en ese momento.
- Reflexiona sobre estos tres aspectos y haz una conjetura.

Cuando hayas hecho tu conjetura, confírmala con un comentario de este tipo: «He observado que has levantado los hombros mientras hablabas de tu amigo. También parecías tener un poco de miedo. ¿Qué está sucediendo en tu cuerpo en este momento?».

GESTO	LO QUE DICE EL CLIENTE
_____	_____
_____	_____

EMOCIÓN	CONJETURA
_____	_____
_____	_____
	_____
	_____

- Termina haciendo estas preguntas al cliente:
  1. ¿Qué tiene que suceder ahora mismo?
  2. Ahora que eres consciente de esto, ¿qué cambio puedes efectuar en tu cuerpo en este momento?

Ejercicio para el cliente

Manos centradas

OBJETIVO

Centrar las manos es una forma rápida de llevar la atención al cuerpo, de una manera no intimidante. Es un ejercicio sencillo que el cliente puede practicar en casa.

INSTRUCCIONES

Puedes estar sentado o de pie. Las instrucciones que siguen son para hacer el ejercicio de pie, pero puedes modificarlas según sea necesario.

- Mantente erguido y alineado. Coloca los pies más allá del ancho de las caderas, para gozar de mayor estabilidad.
- Cierra los ojos (si te sientes cómodo haciéndolo) para poder enfocarte más en sentir el cuerpo desde dentro.
- Estira los brazos hacia los lados, como si estuvieras extendiendo unas alas de águila. Mantén los brazos a la altura de los hombros mientras los estiras.

- Mantén la cabeza alineada y resiste la tentación de inclinarla hacia atrás.
- Cuando ya no puedas extender más los brazos, acerca los antebrazos hacia el centro del pecho, *muy despacio*.
- Dobla los dedos y deja que las yemas guíen el movimiento de los brazos hacia el centro del pecho. Deja que las manos sigan a las yemas a la altura del pecho y acércalas entre sí.
- Ahora tienes algunas opciones: puedes hacer que tus manos se toquen, unirlas en posición de oración o apoyarlas en el pecho. Date cuenta de que cada posición tiene un efecto diferente. Puedes experimentar para encontrar la postura que te parezca mejor.
- Concéntrate en este punto de encuentro entre las manos y el pecho.
- Haz cinco respiraciones lentas y profundas. Observa cómo se mueven las manos y el pecho mientras respiras.
- Observa cómo el contacto de las manos empieza a centrar tu cuerpo.
- Presta atención a la parte baja del vientre, los pies y el cuerpo en general.
- Seguidamente, baja los brazos a los costados y observa.
- Haz más veces este movimiento; no más de tres. Puedes cambiar la posición de las manos, alternando entre hacer que se toquen y apoyarlas en el pecho, y observar los efectos.

Reflexión:
- ¿Cuál es tu experiencia interna en este momento?
- ¿Qué necesita ser abordado o equilibrado en tu vida?

Notas: _____
_____
_____.

Ejercicio para
el cliente

Gestos en la línea media

OBJETIVO

Este ejercicio lleva al cliente a relacionarse con la línea media del cuerpo con el fin de equilibrarse y enraizarse. Los bebés, por ejemplo, aprenden a cruzar las manos sobre la línea media para organizar mejor sus patrones de movimiento.

Para hacerte una idea de lo que es la línea media, piensa en una línea de energía que atraviesa verticalmente el centro del cuerpo. De hecho, tanto en el campo de las artes marciales como en el de la medicina china se considera que la línea media es el centro energético del cuerpo. Esta línea toca el plexo solar, el ombligo y el *dantian* inferior, que es la zona desde la que irradia nuestra sensación de enraizamiento y bienestar. El *dantian* inferior se encuentra dos dedos por debajo del ombligo, a lo largo de la línea media, y constituye el centro energético del cuerpo.

Si los movimientos del cliente son desorganizados (es decir, si sus movimientos de brazos y manos no están coordinados con el resto del cuerpo), este ejercicio también puede ser beneficioso para aumentar la conciencia corporal de la línea media. Esta conciencia organiza, desde lo profundo, la forma que tenemos de sentir el propio cuerpo.

INSTRUCCIONES

- Ponte de pie y alinea la postura: las caderas debajo de los hombros, la cabeza alineada con la cintura escapular.
- Enraíza los pies en la tierra.
- Tócate la coronilla brevemente.
- Tócate el plexo solar brevemente.
- Tócate el ombligo.
- Tócate el *dantian*.
- Pon las manos sobre el *dantian*. Respira despacio con la intención de llevar el aire a este punto.
- Imagina una línea desde la coronilla hasta el *dantian*.
- Realiza movimientos suaves alrededor de esta línea central, muy sutiles, para percibirla internamente.
- Quédate quieto y siente la línea media.

Reflexión:

- Pídele al cliente que reflexione sobre los efectos de este ejercicio.
    1. ¿Cuál es tu postura física en este momento?
    2. ¿Qué notas en el cuerpo?
    3. ¿Cómo experimentas la línea media?
    4. ¿Cuál es el efecto de este ejercicio en este momento?

CAPÍTULO 17

Emociones y autorregulación

EL SOMA, LAS EMOCIONES Y EL ARTE DE LA AUTORREGULACIÓN

Una de las cosas que tenemos que hacer para gozar de una conexión mente-cuerpo saludable es entender las señales y necesidades del cuerpo. Cuando nos desarrollamos en la tierna infancia, nuestras necesidades son atendidas y reguladas por los adultos. Aprendemos a interiorizar cómo cuidarnos a nosotros mismos a través de la forma en que nos cuidan.

El tacto amoroso, el abrazo empático o la voz reconfortante de una madre o un padre cariñosos nos ayudan a aprender a autorregularnos cuando experimentamos emociones intensas o estamos estresados. Cuando el cuerpo aprende que los momentos de estrés o los estados corporales de necesidad, como la sed y el hambre, no son atendidos, o lo son con agresividad, infundiendo miedo o en medio de amenazas, estas funciones reguladoras no se interiorizan adecuadamente. El resultado es la irritabilidad y unos síntomas corporales que malinterpretamos o nos hacen sentir confundidos, lo cual puede derivar en ansiedad o depresión.

Aprender a reconocer la necesidad de autorregulación y reaprender las respuestas saludables ante la angustia y el estrés es fundamental para gozar de salud y bienestar. Una autorregulación saludable implica conocer el propio cuerpo, aprender a interpretar las señales que nos manda y saber qué hacer cuando los factores estresantes aumentan. Cuanto más aprendemos a mejorar nuestra capacidad de autorregularnos, con mayor ingenio y creatividad podemos afrontar los desafíos de la vida.

Cuando nos autorregulamos mejor, también aprendemos a lidiar y convivir mejor con distintas emociones. Una autorregulación funcional depende de una capacidad de pensamiento fuerte; tenemos que ser conscientes de nuestros actos, pensamientos y comportamientos, y ser capaces de reflexionar sobre ellos. Por otra parte, cultivar una fuerte conciencia somática de uno mismo puede fortalecer la capacidad de autorregulación impulsada por la corteza prefrontal. Cuanto más presente pueda estar el cliente con su experiencia y cuanto más pueda regular su cuerpo físico, más fuerte será su capacidad mental. Como se expone en las herramientas siguientes, aprender a estar en sintonía con el cuerpo puede potenciar las capacidades de autorregulación. Cuanto más feliz esté el cuerpo, más abierta estará la mente y más conscientes serán nuestros comportamientos y decisiones emocionales.

Hoja de
trabajo para
el cliente

Atribución de sentido: el camino alto frente al camino bajo

¿Cómo atribuyes sentidos a partir de tus experiencias? ¿Te basas principalmente en la mente racional (el camino alto) o confías principalmente en la información que te brindan las experiencias emocionales que sientes en el cuerpo? El *camino bajo* hace referencia a la respuesta instintiva que damos a una situación dada. Esta respuesta suele producirse en situaciones traumáticas o estresantes en que activamos la reacción de lucha o huida. Pero el camino bajo también incluye las respuestas instintivas que se corresponden bien con las situaciones o experiencias.

¿Utilizas una combinación de ambos caminos, el alto y el bajo, para otorgar sentido a tus experiencias y a tu vida y procesarlas?

A menudo no reconocemos la existencia de estas dos formas de otorgar sentido, sino que las usamos instintivamente o basándonos en lo que llamamos un «sentimiento», una «sensación» o una «corazonada». Pero tomar conciencia de cómo otorgamos sentidos es crucial para que podamos comprender nuestra experiencia somática directa.

Tenemos que advertir cuándo ocurre que el miedo anula el cerebro racional y aprender técnicas somáticas y de toma de conciencia para integrar, regular y calmar. Debemos comprender que la corteza prefrontal puede ayudarnos cuando nos embargan las emociones y usar estrategias mentales para superar la confusión o tomar decisiones. Entender dónde nuestra fisiología básica se entrelaza con nuestro cuerpo es fundamental para que podamos comprender nuestra experiencia humana en su totalidad. Las decisiones se basan en el significado que les asignamos. Reflexiona sobre las diversas formas en que puedes tomar decisiones y otorgarles significado. ¿Qué valoras más? ¿Cómo responden tu cuerpo o tu mente? ¿Lo hacen conjuntamente? ¿Cómo es este proceso para ti?

Reflexión:
Piensa en una ocasión en la que tomaste una decisión razonable desde un estado de calma. ¿Cómo lo hiciste? ¿Cómo te sentiste? _____

_____ .

Piensa en una ocasión en la que tomaste una decisión a partir de tus emociones. ¿Cómo te sentiste? Contemplado en retrospectiva, ¿fue una buena decisión o una mala decisión? _____

_____

_____ .

Piensa en una ocasión en la que tomaste una decisión basándote en lo que te decían el cuerpo y el instinto. ¿Cómo te sentiste? ¿Cómo evalúas esa decisión echando la vista atrás? _____

_____

_____ .

¿Qué consideras que es una buena decisión y qué significado le asignas? _____

_____

_____

_____.

Hoja de trabajo para el cliente

Cuadro de emociones — Autoevaluación y temas emocionales

INSTRUCCIONES

Sírvete de la tabla que sigue para evaluar tu vida emocional y tus pensamientos y creencias centrales. Reflexiona sobre los temas principales que rigen tu vida. En una escala del 1 al 10, evalúa en qué punto te encuentras en cuanto a cada tema central. Tómate un momento para sentirlos en tu cuerpo antes de anotar el número. A continuación, traza un círculo alrededor de la creencia correspondiente que mejor se ajuste a tu experiencia.

1 - MENOS ◀ ▬ ▬ ▬ ▬ ▬ ▬ ▬ ▶ 10 - MÁS

Creencias positivas	Tema	Creencias negativas	Mi puntuación
Estoy conectado. Me siento a salvo. Pertenezco. Estoy en mi cuerpo.	Tema de seguridad y pertenencia.	Me siento aislado. No pertenezco. No estoy a salvo.	
Recibo apoyo. Importo a otras personas. Puedo confiar en otras personas. Mis necesidades importan.	Tema de dependencia.	No le importo a nadie. No puedo confiar en otras personas. Mis necesidades no importan. No tengo necesidades.	

Creencias positivas	Tema	Creencias negativas	Mi puntuación
Tengo libertad para ser y actuar. Soy una buena persona. Soy creativo y espontáneo.	Tema de independencia.	Estoy atrapado. Mis impulsos hieren a otras personas. No puedo hacer las cosas a mi manera. Soy una mala persona.	
Soy honesto y auténtico. No tengo nada que temer si me muestro tal como soy. No pasa nada por mostrarse vulnerable con los demás.	Tema de autenticidad.	No puedo ser débil. Si soy auténtico, me harán pasar vergüenza. No me quieren: me utilizan.	
Soy querido tal como soy. Estoy centrado y en paz. Merezco amor y atención. Contribuyo positivamente.	Tema de valía.	No soy lo bastante bueno. El amor hay que ganárselo. Hay algo mal en mí. Tengo que demostrar mi valía.	

Reflexión:

Identifica los temas centrales en esta tabla. Reflexiona sobre el impacto que tienen estos temas en tu vida y en tu vida somática. ¿Cómo han moldeado tu experiencia corporal?

Notas: _____

_____.

Ejercicio para
el cliente

.... Herramienta 80 ....

Inclinarse hacia atrás para avanzar

OBJETIVO

Este ejercicio es una práctica breve para trabajar con la irritación, la impaciencia o la agitación emocional en el momento. Está concebido para ayudar a los clientes a trabajar con el control de sus impulsos. Si un cliente dado salta demasiado rápido en el contexto de una conversación o si actúa impulsivamente, haz que practique esta herramienta. El resultado será una manera más tranquila y racional de interactuar, sin reaccionar.

Al principio, haz el ejercicio con el cliente en la consulta, para ayudar a establecer un buen hábito. Después de algunas prácticas, podrá hacerlo solo. Transmítele que la repetición es importante. Esta es una herramienta de autorregulación potente pero simple que puede incorporar a su vida diaria.

INSTRUCCIONES

Este es un ejercicio breve; se tarda dos minutos en hacerlo.

- Identifica la sensación de irritación, impaciencia o tensión en el cuerpo.
- Observa cuál es tu postura corporal: ¿estás inclinado hacia delante? ¿Están tensos los músculos del vientre? ¿Y los de la cara? ¿Y los de alrededor de los ojos? ¿Hablas de forma apresurada o con un tono alto? ¿Tienes la cabeza agachada como si estuvieras luchando contra un viento fuerte?
- ¡Es hora de cambiar de postura!

- Interrumpe lo que estés haciendo e inclínate hacia atrás. Si estás sentado, puedes recostarte; si estás de pie, puedes trasladar tu peso hacia atrás. Si estás de pie, siente los talones en lugar de las puntas de los pies. Si estás sentado, siente el respaldo de la silla y los isquiones en contacto con el asiento.
- Deja que tu mirada esté relajada. Imagina que estás mirando desde detrás de los ojos, como si hubieras retrocedido hacia su interior. Esto te permitirá abarcar con la mirada todo lo que hay delante de ti sin inclinarte hacia delante. Puedes mirar relajadamente alrededor y mover despacio los ojos y la cabeza, como si estuvieras observando el horizonte.
- Haz esto durante uno o dos minutos.
- Advierte qué cambios se producen. ¿Se ha modificado un poco tu estado de ánimo? ¿Has advertido un detalle que no habías visto antes? ¿Cómo estás ahora anímicamente? ¿Todavía quieres reaccionar? ¿O puedes resistir este impulso?

Ahora que has tomado un poco de distancia, puedes elegir por qué optar.

Reflexión:

¿Cuál ha sido mi grado de reactividad ante el deseo de actuar rápidamente?

¿Qué desencadenó la impulsividad?

¿Qué es lo que realmente quiero priorizar?

¿Qué es importante?

·········· Herramienta 81 ··········

Ejercicio para
el cliente

Gestión de las experiencias abrumadoras

OBJETIVO

Este ejercicio ayudará al cliente a manejar cualquier situación, estado de agitación física, sensación de desequilibrio u otro tipo de experiencia que le resulte abrumadora. Al dividir la experiencia en partes manejables, le enseñas a gestionar una situación que le había parecido inmanejable. Esta nueva capacidad de gestionar una experiencia lo lleva a albergar la convicción de que será capaz de lidiar con las emociones también. Este ejercicio es una buena herramienta para centrar la atención; trae al cliente al momento presente y le ayuda a ser más consciente de lo que es importante.

INSTRUCCIONES

Sentado cómodamente:

- Cierra los ojos.
- Conecta con el cuerpo y la respiración.
- A continuación, abre y cierra los ojos con rapidez, como si estuvieras tomando una instantánea con ellos.
- Fíjate en el momento inmediatamente posterior. Observa cuál es tu experiencia.
- ¿Qué detalle está en primer plano? ¿Qué destaca?
- Toma otra instantánea.
- ¿En qué se han posado tus ojos esta vez? ¿En el mismo lugar? ¿Adviertes otros detalles? ¿Qué te resulta curioso ahora?
- Toma una tercera instantánea.
- ¿Qué está sintiendo tu cuerpo? ¿Eres más consciente de él en este momento? ¿Qué emociones estás experimentando ahora?

- Abre los ojos. Observa qué cambios se han producido. ¿Permaneces abrumado? ¿Sientes que puedes manejar tu situación?

Caminando por la habitación, lentamente:

- Ponte de pie. Sintoniza con tu cuerpo y efectúa una evaluación inicial de tu estado actual.
- Da unos pasos, despacio. Asegúrate de que el camino está despejado frente a ti.
- «Toma una instantánea» mientras caminas. Observa qué te resulta curioso cuando cierras los ojos. ¿Qué contenido visual permanece contigo?
- Toma otra instantánea. Esta vez, observa qué detalles estás viendo en la mente.
- Gira la cabeza y toma otra instantánea. Observa qué te sorprende. Permanece con la impresión mientras sigues caminando despacio.
- Haz esto mismo esto una o dos veces más. Camina lentamente y gira la cabeza para que cada vez te sorprenda lo que captan tus ojos.
- Tómate un tiempo para permanecer con los ojos cerrados tras acabar de capturar las instantáneas.
- Permanece quieto y procesa y digiere la experiencia.
- Date cuenta de que es mucho más fácil lidiar con una sola cosa cada vez. Observa la respuesta de tu cuerpo.

Reflexión:

Imagina que tomas instantáneas de tu vida emocional. Puedes aprender a regular el agobio o el estrés utilizando la técnica de la instantánea cuando estés sintiendo algo con demasiada intensidad. ¿Puedes dividir tu experiencia lo suficiente como para que te resulte manejable? ¿Cómo puedes hacerlo?

······· Herramienta 82 ·······

Hoja de
trabajo para
el cliente

Navegar por la línea media

OBJETIVO

Visualiza un velero que cruza de un lado a otro de una línea media. Cada vez que se desvía del rumbo, lo corrige y regresa a la línea media. Esta línea central es una representación simbólica de nuestra solidez interior. Este ejercicio te enseña a volver, cuando sientes que te has desviado, sirviéndote de la línea media del cuerpo. Esta línea representa el centro o núcleo del cuerpo.

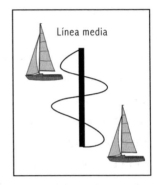

Línea media

INSTRUCCIONES

- Permanece erguido. Mantén los ojos abiertos y mirando hacia abajo.
- Imagina una línea media en el centro de tu cuerpo, que va desde la parte superior de la cabeza hasta los pies.
- Observa de qué manera sientes que te has desviado del rumbo. Exprésalo en voz alta.

«Siento que me he desviado del rumbo porque _____ _____».

- Ahora levanta el brazo derecho. Gira la palma hacia la izquierda y estírala sobre la línea media imaginaria del cuerpo, de tal manera que la mano y el brazo cruzarán delante del pecho.
- Baja el brazo y vuelve a llevarlo a su posición natural.
- Ahora levanta el brazo izquierdo. Gira la palma hacia la derecha y haz que la mano y el brazo crucen la línea media; desplázalos hasta que no puedas llevarlos más lejos. A continuación, baja el brazo para que regrese a su posición natural.
- Cada vez que el brazo cruce la línea, exhala.
- Cada vez que el brazo vuelva a su posición natural, inhala.
- Ejecuta este movimiento entre seis y ocho veces, poco a poco y de manera consciente.
- Permanece de pie y observa lo que está sucediendo en tu cuerpo. ¿Estás tranquilo? ¿Enraizado? ¿Más consciente? ¿Con la atención más enfocada?

«Ahora siento que mi cuerpo está _____
_____».

······························· Herramienta 83 ·······························

Ejercicio para el cliente

Caminar sentado

OBJETIVO

Puedes hacer este sencillo ejercicio consistente en caminar sentado para reducir la energía ansiosa y nerviosa alojada en el cuerpo. En él participan los dos hemisferios cerebrales, que son estimulados de forma bilateral. Esto da lugar a una experiencia armonizadora en el cuerpo frente a la sensación de malestar. Durante este ejercicio permanecerás sentado, lo que hará que te resulte más cómodo y manejable. Solo «caminarás en la silla» y observarás cómo tu respiración se ralentiza.

Puedes acudir a este movimiento en cualquier momento de tu vida en el que sientas que aparece la ansiedad. Es una buena práctica para el cuerpo que nos hace apartar la atención de los factores desencadenantes, con los que estamos tan familiarizados, y hace que soltemos tensión.

INSTRUCCIONES

- Siéntate en una silla.
- Empieza a mover las piernas alternativamente, como si estuvieses caminando, ejerciendo una presión suave en el interior del calzado y en el suelo. Este movimiento repercutirá en las caderas, que experimentarán un ligero movimiento de vaivén. Deja que este movimiento sea tan natural como sea posible.
- Toma un pie y empújalo contra el suelo; después haz lo mismo con el otro. Ve repitiendo este movimiento, procurando que la respiración esté en sincronía con él. Lo ideal es que exhales

mientras empujas contra el suelo. Asegúrate de que las piernas no se agarroten; mantén un ritmo cómodo.

• Presta atención a lo que sucede. ¿Respiras más despacio? ¿Experimentas un alivio de la ansiedad o de la energía nerviosa?

CAPÍTULO 18

El cuerpo y la autoimagen

A menudo nos topamos con el cuerpo y la autoimagen al trabajar somáticamente. Culturalmente, nos han enseñado a vernos a nosotros mismos desde fuera hacia dentro en lugar de valorar lo que sentimos en nuestro interior. Aprendemos a vernos a través de los ojos de los demás; esto hace que interioricemos mensajes y creencias negativos acerca de nosotros mismos. Examinar la imagen corporal y cómo nos definimos a nosotros mismos es una lección importante en el proceso de aprender a trabajar con el cuerpo.

Hoja de trabajo para el cliente

·············· Herramienta 84 ··············

La imagen corporal: de dentro hacia fuera vs. de fuera hacia dentro

OBJETIVO

Mediante este ejercicio, cambiamos la perspectiva sobre nuestra excesiva dependencia respecto de la imagen que ofrecemos y cómo nos perciben los demás. Si no estamos a gusto con la imagen que tenemos de nosotros mismos, nos sentimos inseguros y nos comparamos. Este ejercicio de reflexión te pide que observes sin ninguna acritud cómo percibes tu cuerpo externamente y que pases a remitirte a la sensación interna que tienes de tu propio cuerpo, que no está determinada por los demás.

Las preguntas de reflexión que aquí se proporcionan tienen por objeto hacer que evalúes honestamente qué dice tu crítico interior sobre tu propio cuerpo. ¿Cómo puedes pasar de la percepción externa de tu cuerpo a una percepción interna estable? Tendrás que ser paciente. Es algo que te llevará tiempo, ya que deberás cambiar no solo tu forma de pensar, sino también la manera como piensas conjuntamente con la manera en que te sientes y te percibes a ti mismo. El cambio se produce cuando *sentimos* de un modo diferente en el cuerpo y esta verdad interna se vuelve más fuerte que el modo en que *percibimos* externamente nuestro cuerpo.

INSTRUCCIONES

Preguntas de reflexión sobre la percepción externa:

- ¿Con qué término o términos te refieres a tu cuerpo?

  _____.

- ¿Les pones algún nombre especial a algunas partes de tu cuerpo?

  _____.

- ¿Con qué frecuencia te miras en el espejo o en fotos y te criticas?

  _____.

- ¿Cómo te sientes después de mirarte de esa manera?

  _____.

- ¿Revisas tus redes sociales en busca de comentarios positivos sobre tu aspecto?

  _____.

- Cuando recibes un comentario sobre tu aspecto, ¿qué sucede? ¿Te sientes satisfecho o feliz? ¿Te inspira el comentario a realizar algún cambio? ¿De qué tipo?

  _____.

- Si pudieses pedir un deseo mágico, ¿qué cambiarías en tu cuerpo?

  _____.

- ¿Qué te aportaría este cambio?

  _____ .

Herramienta 85

Ejercicio para el cliente

Cambiar la percepción

OBJETIVO

Este ejercicio es la segunda parte de la herramienta 84, «La imagen corporal: de dentro hacia fuera vs. de fuera hacia dentro». Como cliente, puedes realizar esta actividad en casa solo o en la consulta del terapeuta con su ayuda; elige la opción que te haga sentir mejor. También se pueden introducir modificaciones para que te sientas más a gusto.

INSTRUCCIONES

Si, como terapeuta, vas a dirigir la práctica para tu cliente, pídele que respire más despacio. Indícale que sienta y perciba su cuerpo. Adopta un tono de voz amable.

- Identifica la postura en la que te sientes más preocupado por tu imagen: sentado, de pie, acostado.
- En esta posición, colócate frente a un espejo.
- Comienza con los ojos cerrados. No te mires en el espejo al principio.
- En esta misma postura, empieza por *sentir* el cuerpo.
- A medida que sientes el cuerpo, sintoniza con el ritmo de la respiración y las sensaciones asociadas a la postura; siéntete a gusto en esta postura. Acomódate y permanece así unos momentos. Haz de esta postura un espacio seguro, con la ayuda de una imagen que te evoque seguridad si quieres: una imagen de la naturaleza, de una persona querida, de un animal, etc.

- Echa un vistazo muy rápido al espejo, como si abrieras el objetivo de una cámara, y vuelve a cerrar los ojos.
- Permanece con la huella de esta imagen; estúdiala. No dejes de sentir el cuerpo mientras la observas.
- Advierte las voces negativas que surgen, los mensajes de inseguridad; a continuación, céntrate de nuevo en las *sensaciones reales* presentes en el cuerpo.
- ¿Es la percepción externa verdadera en este momento?
- Haz lo mismo con tres o cuatro «instantáneas» más. En cada ocasión, deja de lado la impronta de la inseguridad en favor de lo que sientes realmente en el cuerpo.
- Advierte cualquier pequeño cambio que tenga lugar en tu percepción. Sé paciente y celebra cualquier cambio sutil que veas y sientas. Con el tiempo, este ejercicio te aportará el beneficio de un cambio en la forma de percibir.
- Haz este ejercicio varias veces a la semana. Utiliza la tabla de la página siguiente para anotar cualquier cambio.

Registro de percepciones

Hoja de trabajo para el cliente

Hora	Lunes	Martes	Miércoles	Jueves	Viernes	Sábado	Domingo
Mañana							
Tarde							
He trabajado con estas partes del cuerpo							
Cambio de percepción							

······· Herramienta 86 ·······

Hoja de trabajo para el cliente

Dibujo del cuerpo

OBJETIVO

Podemos dibujar nuestro cuerpo para expresar y evaluar en qué estado interno nos encontramos. La clave es no pensar demasiado al hacer el dibujo, sino permitir que la sabiduría corporal se exprese directamente.

INSTRUCCIONES

- Puedes utilizar rotuladores o bolígrafos de colores para este ejercicio.
- ¿Cuál es tu estado actual? Haz un dibujo rápido para expresarlo. No pienses; limítate a dibujar lo primero que te venga a la mente.

- Observa el dibujo y ponle un título; que sea la primera frase que te venga a la cabeza. Escríbela a continuación.

  _____.

- Ahora, observa una parte de tu dibujo y elige un color, una forma o algo interesante y dibuja esa parte de nuevo, con un tamaño mayor, como cuando ampliamos una imagen.

- Observa el nuevo dibujo. Ponle un título (la primera frase o las primeras palabras que se te ocurran).

  _____.

- Ahora que tienes los dos dibujos con sus títulos respectivos, tómate unos instantes para reflexionar en silencio sobre lo que significan para ti en este momento. ¿De qué estás tomando conciencia?

_____

_____

_____.

Puedes escribir tu respuesta o expresarla con un último dibujo:

Respirar en los siete centros energéticos

OBJETIVO

Un antiguo sistema que describe siete centros energéticos en el cuerpo, desarrollado originalmente en la India, proporciona una base para restablecer el bienestar. Podemos acceder a estos siete centros energéticos, o chakras, mediante la imaginación, la respiración y las sensaciones. Una imagen corporal saludable depende de que interactuemos con los siete centros sin forzar nada, para poder sentir la alineación del cuerpo interno. Para trabajar con tu propia energía, basta con que dirijas la atención y uses el tacto contigo mismo. Sírvete de la figura de la página siguiente para que te ayude a visualizar cada uno de los centros energéticos mientras sigues las instrucciones. En el contexto de este libro, los centros energéticos constituyen un recurso para poder anclar la mente al cuerpo. Esta herramienta permite ahondar en la percepción corporal interna.

Nota para el terapeuta:

Esta es una visualización guiada por el terapeuta; el guion se encuentra un poco más adelante. Puedes grabarlo para que el cliente lo escuche más tarde, pues se beneficiará de repetir este ejercicio, conducido con tu voz, en otros momentos. También debes asegurarte de que la idea de los chakras no entre en contradicción con la formación y las creencias religiosas del cliente. A aquellos que sientan ajeno el tema de los chakras puedes indicarles que respiren con la intención de llevar el aire a determinadas zonas ubicadas a lo largo de la línea central de su eje corporal.

Cuando el cliente se sienta cómodo imaginando los colores, puedes animarlo a que imagine otros, según sienta. El objetivo es potenciar la percepción interna del cuerpo.

Diagrama de los centros energéticos:*

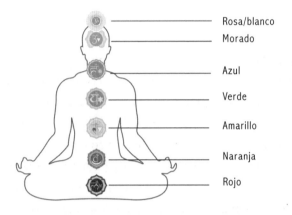

Rosa/blanco
Morado

Azul

Verde

Amarillo

Naranja

Rojo

1. Rojo – La energía base: conectar con la sensación de enraizamiento.
2. Naranja – La energía del bajo vientre: abrirse a nuevas experiencias y a la abundancia interna.
3. Amarillo – La energía del centro superior: capacidad de estar seguro de uno mismo y de tener el control de la propia vida, libre de los juicios de los demás.
4. Verde – El centro del corazón: conexión con el amor y la alegría interior, compasión.
5. Azul – El centro de la garganta: comunicar la verdad y atención plena.

---

* N. del T.: Si bien la autora indica los colores morado (*purple*) para el chakra del entrecejo y rosa y blanco (*pink/white*) para el chakra de la coronilla, según la tradición más comúnmente aceptada del sistema de chakras el color correspondiente al chakra del entrecejo es el índigo y los correspondientes al chakra de la coronilla son el violeta y el blanco.

6. Morado – El centro de la frente: concentración y visión del panorama general.

7. Rosa/blanco – La energía de la corona: apertura al propósito interior, la calma y la sabiduría.

INSTRUCCIONES

Preparación:

Identifica una parte del cuerpo del cliente que este encuentre interesante o problemática. Por ejemplo, podría experimentar tensión en la parte inferior del abdomen. Al principio del ejercicio, céntrate en esta zona en concreto e incluye los otros centros energéticos después. Esta actividad se expone de forma secuencial, pero no hay que seguir el orden indicado si se está trabajando en un centro energético específico. Adáptala a las necesidades del cliente.

También puedes dar este ejercicio como tarea, para que el cliente lo haga en casa. Anímalo a trabajar con la zona problemática.

- Sigue la secuencia de los centros energéticos desde el inferior hasta el superior, por orden.
- Para empezar, pídele al cliente que visualice el color y la zona del cuerpo.
- Indícale que ponga una mano sobre esa parte del cuerpo.
- Dile que respire llevando el aire a esa zona y mantenga la imagen del color.
- Guía al cliente para que pase por la secuencia de colores a medida que los mencionas, deslizando cada vez la mano hacia la zona en la que va a trabajar.
- Haz que permanezca en cada zona durante dos o tres respiraciones antes de pasar a la siguiente. Debería pasar de un centro al próximo con fluidez.

- Comentad la experiencia. Enfócate en lo que le resultó fácil y en aquello con lo que tuvo dificultades. ¿Qué se puede cambiar? ¿Qué se puede añadir?
- Si has identificado una zona problemática, puedes repetir las instrucciones, centrándote en esa área específicamente. Observa los cambios.

Guion:
Guía al cliente a través de la secuencia, hablando de manera tranquila y sin imprimir cambios bruscos en el tono de voz:

1. Dirige la atención al centro rojo de tu cuerpo. Respira llevando el aire ahí. Visualiza el color en la base de las posaderas. Deja que tu atención se sumerja en la experiencia. Intenta identificar si sientes una conexión con esta parte del cuerpo. No fuerces nada; limítate a enfocarte en el color y en la respiración dirigida a la zona de las nalgas. Reflexiona sobre tu grado de enraizamiento. ¿Cómo puedes fomentarlo al máximo en este momento? ¿Qué debes experimentar en esta parte del cuerpo para que te sientas conectado con la tierra?

2. Ahora lleva la atención al centro naranja, situado en la parte inferior del vientre. Lleva el aire ahí al respirar. Haz inhalaciones y exhalaciones lentas y mantén la imagen del color en esa zona. Deja que surja lo que sea; esta es una manera sencilla de conseguir respirar a un ritmo constante. Puedes reflexionar sobre la abundancia que hay en ti, lo que posees y las bendiciones que has recibido. ¿Cómo puedes acceder a las riquezas de tu ser en este momento?

3. Ahora, pasa a enfocarte en el centro amarillo, la región del plexo solar. Imagina el color amarillo y sitúa la atención en la parte superior del vientre. Respira despacio en esta zona y percibe cómo el aire inspirado se expande hasta la parte lateral de las costillas y la parte alta del abdomen. Deja que tu atención

repose aquí. Puedes reflexionar sobre la forma de liberarte de las opiniones que tienen de ti los demás y de los juicios que emiten sobre ti. ¿Qué necesitas para regresar a tu propio juicio, independiente de lo que digan otras personas?

4. Ahora dirige la atención al centro verde, el del corazón, situado en el centro del pecho. Respira profundamente ahí, con respiraciones lentas y expansivas. Mantén el color verde en esta zona. Pon la mano sobre este centro y escucha en silencio. Puedes reflexionar sobre el amor y la compasión que alberga el corazón. ¿Cómo puedes abrirte en mayor medida, en este momento, a la alegría y al amor que están alojados en tu centro del corazón?

5. Lleva la atención, ahora, al centro energético azul, situado en la garganta. Piensa en el color azul mientras percibes esta zona. Enfoca la respiración en esta área. Reflexiona sobre tu forma de expresarte. ¿Utilizas tus palabras conscientemente? ¿Te expresas con sinceridad y consideración?

6. Dirige la atención al centro de energía morado, situado en la frente. Enfócate en el entrecejo y lleva ahí, también, la conciencia de la respiración. Deja que tu atención se asiente en esta zona. Tómate un momento y trae a tu mente la totalidad de tu vida. Repasa, en general, todos sus aspectos: el trabajo, las relaciones, tu dimensión espiritual y tus alegrías y dificultades. Toma distancia y no te centres en ningún detalle. Mantente enfocado en el centro de la frente y observa qué surge en este momento.

7. Ahora lleva la atención a la coronilla, donde está ubicado el séptimo centro; puedes visualizarlo de color rosa y blanco. Respira como si llevases el aire al cráneo. Observa si puedes percibir movimientos pequeños y sutiles en esta zona, y apórtale calma y estabilidad. Haz inhalaciones y exhalaciones tranquilas manteniendo un ritmo constante. Permanece con la experiencia del momento y no reflexiones activamente sobre nada; solo mantente abierto durante un corto período y observa qué surge.

CAPÍTULO 19

Conciencia de la respiración y técnicas para trabajar con ella

PAUTAS PARA TRABAJAR CON LA RESPIRACIÓN

El trabajo con la respiración constituye una potente herramienta somática e incluye dos aspectos: 1) determinar en qué estado se encuentra el cliente observando su forma de respirar y 2) enseñarle técnicas de respiración que puedan serle útiles.

Como terapeuta somático, siempre debes observar cómo respira el cliente. Tienes que aprender a escuchar y ver la respiración en el cuerpo. Amplía la atención para que incluya la forma de respirar de los clientes y reflexiona sobre cómo respiran cuando están hablando, explorando un tema o experimentando emociones. Así obtendrás información y se te ocurrirán ideas para ayudarlos. Estas son algunas pautas básicas que debes tener en cuenta al trabajar con la respiración:

1. Efectúa el seguimiento de la calidad, el ritmo y la ubicación de la respiración.

2. Evalúa si se está produciendo hiperventilación o hipoventilación.

3. Evalúa si es necesario interrumpir, calmar, redirigir o incrementar la respiración.

- Explícale al cliente de antemano lo que vas a hacer. Tal vez tendrás que guiarlo a través del ejercicio.
- Exponle cualquier instrucción en términos sencillos.
- Aborda la respiración como si fuera un experimento. (El solo hecho de decirle al cliente que vais a experimentar con la respiración o de enfocar la atención en la respiración puede tener un efecto).
- Sugiere intervenciones de respiración «amables» en todos los casos. Nunca fuerces o impongas experimentos de respiración.
- Haz que el cliente «ensaye» primero el ejercicio de respiración. Pídele que lo haga una vez y que te diga sus impresiones, y efectúa ajustes a partir de ahí.
- Realiza modificaciones según las necesidades del cliente y su grado de alteración.
- Observa cualquier aumento o disminución que se produzca en el grado de activación emocional o traumática. Si estás rastreando la activación traumática, efectúa ajustes.
- Practica la respiración junto con el cliente.
- Pídele que mantenga una atención abierta y advierta el efecto de la respiración. Basta con que le preguntes: «¿Qué notas ahora?».
- Si sale del estado de atención plena, condúcelo ahí de nuevo, con delicadeza: «Intenta regresar adentro».
- Asegúrate de que las indicaciones que le das al cliente estén siempre destinadas a ponerle las cosas más fáciles y de ser amable. ¡No lo presiones!
- Busca los momentos de éxito y menciónalos: «Realmente has hecho una respiración profunda, que ha llegado hasta la parte inferior de la barriga».
- Se trata de reeducar el sistema nervioso del cliente, no de ponerlo en aprietos.
- Comentad los efectos del experimento.
- La respiración se puede integrar caminando, en posición sentada o moviéndose la persona a partir de los impulsos que surjan.

- Dale al cliente protocolos de respiración para que los practique en casa. Determínalos con él o ella y escríbelos o grábalos.

LA VERDAD SOBRE LA RESPIRACIÓN PROFUNDA

A menudo, lo primero que sugiere un terapeuta no somático al percibir que la ansiedad o el pánico intentan afectar al cuerpo del cliente es que «respire profundamente». La respiración profunda es una actividad maravillosa y reguladora; si se realiza correctamente, puede ser muy útil para el cliente. Pero a menudo faltan algunos ingredientes y preparaciones clave:

1. Terapeuta: ¡debes mantenerte tranquilo y respirar tú mismo! Nada es peor que una voz agitada dando la instrucción estricta de respirar profundamente.

2. Encuéntrate con el cliente en el punto en el que se halla y muéstrale que estás atento a su experiencia. Puedes decirle, por ejemplo: «Observo que estás respirando superficialmente»; «Te resulta difícil respirar en este momento, ¿verdad?», o «¿Te cuesta recuperar el aliento?». No empeorarás la situación, como se suele creer, sino que comenzarás a arreglarla en ese mismo instante. El cliente quiere que te des cuenta cuando está respirando de manera extraña, para poder recibir tu ayuda en ese momento.

3. ¡Avanza paso a paso! Para empezar, sugiere pequeños experimentos con la respiración. Por ejemplo: «Intenta respirar llevando el aire a los lados del cuerpo —hacia las costillas— y también hacia el vientre», «¿Por qué no percibes que la inhalación es más larga que la exhalación?», «¿Qué tal si respiras un poco más despacio?», o «¿Hacia dónde quiere ir la respiración en este momento?».

4. Rastrea, una y otra vez. Siempre que la respiración sea superficial, rápida, nerviosa o ansiosa, o esté ejecutada con muy poca

energía, rastrea las emociones asociadas y el estado mental que la acompaña. La respiración nunca está aislada del resto de la experiencia, y debes indagar al respecto. Puedes decirle al cliente, por ejemplo: «Parece que te sientes un poco abatido», «Parece que están surgiendo muchos miedos» o «Pareces incómodo en este momento».

5. Sugiere técnicas de respiración que el cliente pueda ejecutar. Prepáralo para tener éxito. Cuando un cliente domina una respiración, se siente inspirado y siente que tiene el control. En cambio, la respiración ansiosa está asociada a la sensación de no tener el control. Sugiere a los clientes técnicas de respiración que les hagan recuperar el control y el dominio de sí mismos.

6. Comunica las instrucciones con una voz serena y tranquilizadora. La atención del cliente se encuentra agudizada en estos momentos y tu voz destaca especialmente en su conciencia. ¡Mantén la calma!

7. Utiliza frases como estas: «Haz una respiración más profunda», «Observa adónde quiere llegar la respiración en este momento», «¿Cómo puedes extender esta inhalación/exhalación?» o «¿Qué debes hacer para cambiar esta respiración en este momento?».

8. Evita decir: «Haz respiraciones abdominales profundas»; en lugar de ello, di: «Pon una mano sobre la barriga e intenta llevar más aire al vientre. Observa lo que puedes hacer con la respiración en este momento».

CÓMO UTILIZAR LAS HERRAMIENTAS DE RESPIRACIÓN

Tal vez te preguntes qué herramienta de respiración es la adecuada para tu cliente o con cuál deberías empezar. Como es el caso con cualquier herramienta de intervención somática, debes usar el sentido común junto con los datos que estás obteniendo a partir de las señales que da el cuerpo del cliente. Si observas que el cliente está respirando de forma acelerada, te será útil una herramienta que fomente la calma y la regulación, como la 89, «Respirar hacia la calma». Si percibes que está experimentando ansiedad, cosechará beneficios con la herramienta 93, «Desinflar el neumático de la ansiedad». Si no ha practicado antes la atención a la respiración, ofrecen buenas técnicas introductorias las herramientas 91, «Secuencia de respiración en tres partes», y la 88, «Respiración en forma de ola». Estas herramientas no tienen por qué emplearse de forma progresiva. Familiarízate con las distintas herramientas para poder disponer de ellas cuando las necesites.

Puedes saltar de una a otra y usarlas según lo que consideres adecuado en función de las necesidades del cliente. Como con cualquier otro tipo de herramienta somática, básate en los comentarios del cliente para determinar qué está funcionando y qué no. Aprender del cliente es esencial en este proceso.

Ejercicio para el cliente

Respiración en forma de ola

OBJETIVO

La respiración en forma de ola es un modo de respirar que inicia la respuesta parasimpática hacia la relajación y el descanso. Esta práctica le enseña al cliente a llevar la respiración a un espacio de mayor tranquilidad.

Dado que este ejercicio lleva la respiración parasimpática hacia la calma, esta es una herramienta que les puedes enseñar a tus clientes si necesitan aprender a tranquilizarse.

INSTRUCCIONES

- Observa cómo es tu respiración en este momento.
- Inhala de forma natural.
- Al final de la inhalación, imagina que la respiración tiene una cualidad redondeada, casi como si la inhalación fluyera hacia la exhalación.
- En el punto culminante de la inhalación, cuando esta adopta la cualidad redondeada, puedes imaginar agua pasando sobre una piedra o una ola apacible alcanzando su cima. Enfócate en la cualidad redondeada del agua.
- Concéntrate en el carácter suave de esta respiración y en cómo la inhalación se convierte en exhalación. Deja que la exhalación llegue a su final natural.
- Haz cuatro o cinco respiraciones; a continuación detente y observa cualquier cambio que se haya producido. Busca señales

parasimpáticas, como una inhalación más profunda en el pecho o una exhalación más lenta.

* Si es necesario, haz otra ronda.

Nota para el terapeuta:

Guía al cliente a través de este ejercicio observando cómo respira: «Percibe cómo la inhalación llega al punto culminante y luego haz que dé la vuelta, como una ola cuando rompe. Muy bien, así. Ahora deja que la exhalación recorra todo su trayecto descendente, mientras te relaja...».

······· Herramienta 89 ·······

Ejercicio para
el cliente

Respirar hacia la calma — Equilibrar la respiración

OBJETIVO

Esta es una intervención rápida basada en la respiración. Si ves que el cliente se está disociando o alterando, puedes indicarle que haga este ejercicio. La finalidad es que cambie el estado en el que se encuentra y estimularlo o apaciguarlo, según convenga.

INSTRUCCIONES

Nota para el terapeuta:
Guía al cliente a través de este ejercicio, manteniendo una comunicación continua. Asegúrate de rastrear su grado de disociación. Si no puede permanecer con la respiración, detén la práctica y hablad al respecto. Fomenta su retorno al equilibrio haciéndole pensar y hablar de la experiencia. Busca indicios de que está saliendo del estado disociado y recuperando la normalidad.

Señales que manifiesta el cliente que indican que se está produciendo este cambio son:

- Una voz clara.
- Puede saber cuál es su experiencia interna en un momento dado.
- No se siente aterrado ni abrumado.
- Es capaz de seguir tus instrucciones.
- Se está relajando.
- Siente curiosidad y está implicado con la práctica.

Cuando adviertas este cambio, pídele que se detenga, perciba su cuerpo y tome conciencia de cómo ha pasado del estado disociado a un estado equilibrado.

Pasos:

- Con los ojos abiertos, haz una inhalación completa; imagina que llevas el aire hasta el hueso púbico.
- Observa cómo la respiración te llena.
- Al exhalar, emite el sonido «aaaaah» o «faaaaa».
- Observa cómo el pecho se vacía y aparece una ligera presión en el vientre.
- Exhala completamente, pero sin forzar.
- Haz otra inhalación profunda y completa; al exhalar, vuelve a emitir el sonido.
- Hazlo más veces, hasta que sientas un cambio en tu estado alterado.
- A continuación, di en voz alta:
  » «Estoy inhalando y calmo el cuerpo».
  » «Estoy exhalando y sonrío».
  » «Estoy inhalando y calmo la mente».
  » «Estoy exhalando y vuelvo a tener el control».
- Si te sientes mareado, haz menos profunda la inhalación y no llenes tanto los pulmones.
- Observa cómo tu experiencia está cambiando en este momento. Presta atención mientras te calmas y recuperas el control.
- Cuando se haya producido el cambio, tómate un momento para observarlo.

Ejercicio para
el cliente

Secuencia de respiración lateral

OBJETIVO

La respiración lateral diversifica el repertorio de la respiración. La mayoría de las personas piensan que la respiración es una actividad ascendente y descendente que llevan a cabo los pulmones. Cuando existe tensión corporal, puede ser que la persona contenga la respiración y no use la sección media del cuerpo. Al guiar al cliente en la respiración lateral, puedes ayudarlo a percibir la respiración como un fenómeno tridimensional. La respiración lateral consiste en expandir completamente la respiración hacia las costillas laterales y en todas las dimensiones de la caja torácica.

Este ejercicio explora los efectos calmantes de la respiración lateral. Es especialmente beneficioso para los clientes a los que les cuesta respirar profundamente, ya que este tipo de respiración les resulta más fácil. Puede ser útil ofrecer la imagen del suave movimiento de las branquias de un pez que está respirando; esto hará que la persona se enfoque en los lados del cuerpo y los pulmones al respirar, en lugar de hacerlo en la parte frontal del tórax.

INSTRUCCIONES

- Este ejercicio se puede hacer sentado o acostado.
- Pídele al cliente que toque los lados de su cuerpo en la zona de las costillas.
- Indícale que haga una respiración completa hacia los lados del cuerpo, para que comience a expandir la caja torácica. Puede imaginar las branquias de un pez respirando bajo el agua o las alas de un pájaro extendiéndose lateralmente. Se trata de expandir

la respiración hacia los lados, en lugar de hacerlo hacia delante o hacia atrás.

- Si el cliente no puede visualizar las imágenes, pídele que ponga las manos junto a las costillas y presione suavemente al ritmo de la respiración: debe apretar suavemente durante la exhalación y relajar la presión durante la inhalación.

- Mientras respira, pídele que permanezca atento al movimiento de expansión y contracción de las costillas.

- Sigue trabajando con la expansión de la respiración y observa si el cliente se está calmando. Si es así, continúa; si no, detente y evalúa la situación.

- Sigue con este proceso durante unos minutos y observa cómo se desarrolla.

Ejercicio para
el cliente

Secuencia de respiración en tres partes

OBJETIVO

La secuencia de respiración en tres partes ayuda a facilitar una respiración tranquila que regule la alteración emocional o fisiológica, y también trae la conciencia de la respiración a varias partes del cuerpo. Este ejercicio fomenta una sensación de límite interno y control corporal, y además permite soltar la tensión emocional que está almacenada en el cuerpo. Cuando se ejecuta despacio y con atención plena, el cliente puede permanecer con las sensaciones y emociones que surgen sin alterarse. En este ejercicio se mantiene un ritmo respiratorio que establece la base para explorar el cuerpo desde una perspectiva somática; también permite familiarizarse con la atención a la respiración y calmar cualquier sensación de ansiedad.

INSTRUCCIONES

Este ejercicio se puede realizar sentado o acostado. Asegúrate de evaluar cuándo tiene un efecto demasiado activador en el cliente. Es importante que este respire despacio y de manera fluida para entrar en un estado de calma interna y para poder percibir su límite interno.

- Pídele al cliente que imagine un recurso, algo que le resulte sanador y saludable, como puede ser un lugar seguro, el suelo o la tierra.
- Indícale que ponga las manos sobre la parte inferior del vientre. A continuación debe respirar llevando el aire a la parte inferior de la barriga, a la parte central del pecho y a la parte superior del tórax.

- Presta atención al ritmo de la respiración. Lo ideal es que sea fluido y no requiera esfuerzo. Si el cliente se atasca porque contiene la respiración o se tensa, facilita el fluir nombrando la parte del cuerpo en la que está el problema. Anímalo a poner la mano sobre la zona en la que está trabajando y a respirar con más conciencia.

- Pídele que haga una respiración y perciba las sensaciones. Puedes recordarle, con delicadeza, que puede confiar en su cuerpo. Este puede ser un momento difícil, pues la tensión puede parecer poco natural. En estas circunstancias, es esencial que le indiques al cliente, con suavidad, que tenga paciencia, sienta el cuerpo y siga respirando.

- Dile que haga una pausa y advierta las sensaciones presentes. Pídele que sienta la seguridad que asocia con el lugar que estaba imaginando. Si es apropiado, continuad.

- Guíalo para que respire fluidamente dirigiendo el aire a las tres zonas mencionadas. Cuanto más practique, más fácil le resultará utilizar esta herramienta.

- Asegúrate de que el cliente pase por las tres regiones y de que, al terminar, descanse en un estado de atención abierta, para apreciar el cambio.

Herramienta 92

Respiración celular

OBJETIVO

La respiración penetra en cada célula y molécula de nuestro cuerpo. Es la herramienta más directa de la que disponemos para sentir nuestra salud y nuestro bienestar básicos. Cada célula de nuestro cuerpo se mueve con la respiración. Permítete imaginar que eres una sola célula que respira y se mueve con cada movimiento respiratorio. En esta práctica, se combina la visualización de uno mismo como una célula que respira con la percepción de la tridimensionalidad de la respiración.

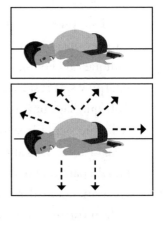

INSTRUCCIONES

- Siente el dolor o el problema con el que vas a trabajar. Visita este lugar físico brevemente: no te detengas ahí; limítate a tomar nota.
- Enróllate en una bola, ya sea inclinándote hacia delante en una silla de tal manera que la cabeza esté orientada hacia abajo o adoptando una postura similar a la del niño (del ámbito del yoga) en el suelo. Puedes tener los brazos a los lados o dejar que la cabeza descanse sobre los antebrazos. Llega hasta donde tu cuerpo te permita solamente. Observa cualquier molestia o dolor y efectúa modificaciones según necesites.

- Deja que el vientre se relaje por completo. Encuentra tu respiración natural y conecta con ella en esta posición. Siente cómo tu cuerpo se entrega a la gravedad.
- Observa qué efectos tiene esta postura en tu respiración en este momento.
- Imagina que eres una sola célula. Visualiza que tu piel es suave y permeable y que la respiración fluye a través de ella. Tu respiración se está volviendo tridimensional.
- Expande la respiración en todas las direcciones desde el centro del cuerpo.
- Imagina que la célula que eres está llena de fluidos y que puedes desplazarlos con cada movimiento respiratorio.
- Percibe una sensación de peso y blandura en el cuerpo.
- Levántate con movimientos suaves, siéntate y permanece quieto, cosechando los efectos de este ejercicio.

Reflexión:

¿Puedes volver a enfocarte en tu dolor o dificultad y ver cómo los percibes ahora desde este espacio más tridimensional y fluido? ¿Hay cambios o nuevas percepciones?

La imagen que tengo ahora de mi cuerpo es: _____
_____.

La sensación que experimento ahora en mi cuerpo es: _____
_____.

Así es como experimento ahora mi dolor o dificultad: _____
_____.

··········· Herramienta 93 ···········

Ejercicio para el cliente

Desinflar el neumático de la ansiedad

OBJETIVO

Imagina tu estrés como un neumático que tiene demasiado aire. El estrés, la tensión y la ansiedad se acumulan; es difícil contenerlos o convivir con ellos. Tienes que dejar salir un poco de «aire» para aliviar la presión. Y esto es lo que harás exactamente al seguir la dinámica de este ejercicio: por medio de la exhalación, soltarás el estrés y la ansiedad alojados en tu cuerpo.

INSTRUCCIONES

- Toma conciencia de las tensiones contenidas en tu cuerpo, aunque solo sea brevemente (es difícil mantener esta atención cuando se siente esta presión).
- Escribe o di en voz alta cuál es la «zona caliente» en la que experimentas tensión. ¿En qué parte del cuerpo la sientes?
  Mi «zona caliente» es _____
  _____ .

- Ahora cuenta «uno, dos, tres, cuatro, cinco»..., suelta el aire *lentamente* e imagina que ese neumático o «zona caliente» se está desinflando.
- A continuación, toma aire mientras cuentas «cinco, cuatro, tres, dos, uno». Dirige la inhalación hacia las regiones inferiores del torso, es decir, el bajo vientre y la zona de la pelvis. Llena estos espacios, que constituyen la «base» de tu cuerpo, con el aire fresco y saludable procedente de la inhalación. Esta es tu «zona neutra».
  Mi «zona neutra» es _____
  _____ .

- Evita dirigir la inhalación y la exhalación a los mismos lugares.
- Exhala desde la zona en la que experimentas la dificultad (tu «zona caliente») e inhala dirigiendo el aire a la «zona neutra» de tu cuerpo. Si resulta que tu «zona caliente» se encuentra en la parte inferior del torso, ubica la «zona neutra» en otra parte del cuerpo, como podrían ser los pulmones o la espalda.

EXHALA despacio (1-2-3-4-5)
desde la «zona caliente»

INHALA despacio (5-4-3-2-1)
hacia la «zona neutra»

Ejercicio para
el cliente

Respiración lunar – Disipar la tensión

OBJETIVO

La respiración lunar es una respiración suave y apropiada para disipar la tensión, así como para regular la ansiedad. Le recuerda al cuerpo que debe activar la respuesta parasimpática. Como la respiración lunar es muy suave y se puede hacer internamente, es buena para los clientes que se sienten incómodos con las técnicas de respiración en general. Anima a tu cliente a cerrar los ojos y escuchar su propia respiración, siempre que se sienta a gusto haciéndolo.

INSTRUCCIONES

1.ª Parte - Preparación para la respiración lunar:

- Cierra los ojos.
- Haz el sonido «zzzzz». La boca debe estar muy poco abierta y la punta de la lengua tiene que tocar suavemente la parte posterior de los dientes frontales. Imagina el sonido de una ola suave rompiendo en la orilla.
- El sonido «zzzzz» tendría que ser prolongado y sostenido; mantenlo en el transcurso de la exhalación. La inhalación se producirá de forma natural.
- La respiración debe ser suave y larga, enfocada en el sonido.
- Si es necesario, respira así un rato.
- Cuando te sientas a gusto con esta parte, sigue con la segunda.

2.ª Parte - Respiración lunar:

- Ahora, lleva esta forma de respirar a la parte posterior de la garganta.

- Cierra la boca con suavidad, sin tensar el rostro.
- Ahora deberías desplazar el sonido «zzzzz» a la parte posterior de la garganta más bien y hacer que salga por la nariz. Si te resulta útil, puedes pensar en el sonido que hace el viento al pasar entre los árboles o en el que produce el vapor caliente cuando está ascendiendo.
- Continúa emitiendo exhalaciones largas y sostenidas; las inhalaciones se producirán por sí mismas.
- Es posible que experimentes una ligera presión en la garganta mientras haces este ejercicio. Si esto te resulta incómodo, puedes detenerte, hacer algunas respiraciones normales y continuar; o, alternativamente, puedes regresar a la primera parte.
- El objetivo es promover la sensación de soltar suavemente y manteniendo el control.
- Haz esta respiración durante tres o cuatro minutos por lo menos para que se produzca un cambio en el estado cerebral.

3.ª Parte - Retorno a la nueva respiración normal:

- Descansa y vuelve a respirar con normalidad.
- ¿De qué eres consciente ahora mismo?
- ¿Qué características debe tener la respiración en este momento?
- Busca una respiración en forma de ola emergiendo del pecho y el vientre. Cuando la percibas, establece contacto con ella. Si no está ahí, advierte hasta qué punto estás más relajado. Es posible que empieces a bostezar y a sentirte cansado; esto es indicativo de que se está produciendo la liberación parasimpática.

CAPÍTULO 20

El trabajo con el sonido y la voz

Se puede considerar que el tono de la voz humana, la entonación y la producción de sonidos configuran el narrador del cuerpo. En el tono de la voz humana podemos detectar alegría, tristeza, enojo y otras emociones. No necesitamos ver. Podemos escuchar y percibir las sutilezas emocionales en la forma de hablar y en los sonidos producidos por la voz. La voz tiene una capacidad de sanación tremenda. Los tonos bajos parecen relajar el sistema nervioso, mientras que los tonos altos lo excitan.

Experimentar con el sonido dentro del cuerpo es una forma de mantenerse presente y explorar el organismo. Ha habido estudios que han mostrado que, incluso después de un período corto cantando o emitiendo sonidos, el nivel de inmunoglobulina A (un tipo de anticuerpo) aumenta y se genera una sensación de bienestar en el estado de ánimo. Puedes usar el sonido para trabajar con tus estados internos, pero también para conocerte más a través de una historia contada mediante el sonido.

······················· Herramienta 95 ·······················

Ejercicio para
el cliente

Escuchar una campana

OBJETIVO

Este ejercicio, que se hace en tres minutos, tiene por finalidad ejercitar la mente para que ponga la atención en un sonido. La meta es que la atención permanezca totalmente enfocada en el sonido, concentrada en su progresiva atenuación, hasta que acaba por desaparecer.

Este es un buen ejercicio para instruir en la apacibilidad mental de una manera lúdica cuando a la persona le cuesta permanecer atenta. La ejercitación de la atención reduce las distracciones y agudiza el sentido de la escucha. Con este ejercicio, el cliente practica la atención en un solo objeto. Es una actividad beneficiosa para los clientes que se distraen con facilidad o a los que les cuesta concentrarse.

¿Qué se necesita?

Un cuenco cantor, una campana o un carillón. También se pueden usar aplicaciones de campanillas.

INSTRUCCIONES

- Ten preparado un cuenco cantor o una campana.
- Explícale al cliente el propósito del ejercicio.
- Pídele que advierta el silencio antes de que se produzca el sonido y deja de hablar antes de hacer sonar el cuenco o la campana.
- Pídele que cierre los ojos, respire y se enfoque en el sonido hasta que se haya extinguido totalmente.
- Mientras el sonido se va desvaneciendo, pídele que advierta qué ocurre en su cuerpo, cómo llega la quietud. Pregúntale: «¿Qué

experimentas en este momento? ¿Qué te viene a la mente cuando sientes la quietud?».

• Puedes animarlo a usar este tipo de sonidos como herramienta para interrumpir la agitación mental durante el día.

Reflexión:

Mi cuerpo responde así al sonido: _____

_____.

Los sonidos que me calman son: _____

_____.

Los sonidos que me estimulan son: _____

_____.

Ejercicio para el cliente

Sonidos vocales para el cuerpo

OBJETIVO

El cuerpo está compuesto por líquidos en un setenta u ochenta por ciento. Dado que los sonidos se propagan en los medios líquidos, podemos servirnos de los fluidos corporales para que difundan sonidos resonantes, generados con la propia voz, con el fin de fomentar el propio bienestar. Cualquier sonido puede servir, pero los más fáciles de producir son los que no presentan complicaciones y son agradables; por ejemplo, los correspondientes a las vocales. La práctica de sanación a través del sonido que aquí se presenta cuenta con una larga tradición en muchas culturas. Emitir sonidos para el propio cuerpo de esta manera tiene la virtud de aliviar la ansiedad y disipar la tensión. Centrarse en el sonido puede ayudar a mejorar el estado de ánimo y a mitigar los patrones de pensamiento negativos.

Hacer resonar sonidos en el cuerpo es muy útil si el cliente no puede realizar movimientos o se siente limitado de alguna manera. La respiración suave y la vibración de los sonidos hacen que el cuerpo experimente movimientos sutiles sin que el cliente se «mueva» de manera activa.

INSTRUCCIONES

- Pon las manos, con suavidad, sobre la parte del cuerpo a la que quieres «enviar» el sonido. Para que empieces a familiarizarte con la práctica, lo más fácil será que pongas una mano sobre el pecho y emitas el sonido «o». Podrás sentir la vibración en el pecho.

- Procura que el sonido sea suave y repítelo. Absorbe su suavidad y su vibración. ¿Qué notas?
- A continuación, emite el sonido «a» para el pecho. ¿En qué se diferencia del otro? ¿Da lugar a una experiencia diferente de la que suscitaba el sonido «o»?
- Haz tres o cuatro veces cada sonido; después regresa a tu respiración natural y percibe el cuerpo con atención plena.
- No fuerces ni emitas los sonidos hasta quedarte sin aire. Como en cualquier práctica somática, es importante ser cuidadoso y permanecer muy atento a los efectos del ejercicio sobre el cuerpo. Fluye con lo que te genere bienestar y te resulte fácil. El cuerpo responderá a los sonidos a su manera. Lo fundamental es que estés presente con tu experiencia.
- Cuando te sientas cómodo con estos sonidos, puedes aventurarte y explorar otros que se te ocurran, si bien es importante no forzarlos. Disfruta de la experiencia de emitir sonidos para el cuerpo.
- Repite la producción de sonidos según sea necesario.

······························ Herramienta 97 ······························

Ejercicio para el cliente

El sonido «mmmm»

OBJETIVO

El sonido «mmmm» es muy reconfortante y útil en caso de ansiedad o depresión. Podemos asociarlo al ronroneo de los gatos. Automáticamente decimos «mmmm» cuando disfrutamos una experiencia. También resuena en el pecho y produce un efecto calmante. Puedes sugerirle al cliente que produzca este sonido si está agitado, experimenta ansiedad o tiene poca energía. Su zumbido grave es lo suficientemente suave como para que cualquier persona pueda emitirlo sin tener que esforzarse mucho. Haz que el cliente lo practique en la consulta, para que disponga de una herramienta que podrá utilizar en casa. El objetivo es contar con un repertorio de sonidos reconfortantes que se puedan usar con facilidad. De esta manera, se le está enseñando al cliente a practicar la amabilidad y la gentileza hacia su propio cuerpo.

INSTRUCCIONES

- «Mmmm» es un sonido vibrante que se puede hacer acostado o sentado.
- Adopta una postura cómoda: reclina el cuerpo de tal forma que repose totalmente relajado.
- Dirige el sonido «mmmm» hacia el pecho o la barriga. Puedes poner una mano sobre el pecho y percibir la vibración del sonido ahí.
- Haz dos o tres veces el sonido; a continuación, espera unos momentos antes de volver a respirar con normalidad.

- Vuelve a hacer el sonido «mmmm» dos o tres veces y advierte el efecto que produce. Imagina que actúa como si hubiese un gato ronroneando dentro de tu cuerpo. ¿Dónde lo percibes? ¿Cómo se expande el sonido dentro de tu cuerpo? ¿Qué tipo de placer induce y dónde?

Este sonido es muy suave y agradable. Puedes producirlo antes de irte a dormir o cuando te sientas estresado. Ahora bien, es importante no forzar los sonidos. Imagina un gato que es acariciado y disfruta el contacto, por lo que ronronea. Repite la tanda según sea necesario.

En la sesión de terapia:
En la sesión, puedes pedirle al cliente que produzca el sonido y a continuación advierta sus efectos. Invítalo a observar lo que sucede en su cuerpo con esta pregunta: «¿Qué notas en el cuerpo ahora?». Y después: «Si este sonido tuviera un mensaje para ti, ¿cuál sería?».

Mensaje: _____

_____.

.... Herramienta 98 ....

| Hoja de trabajo para el cliente |

Rango sonoro

OBJETIVO

La voz puede retener tensión, por lo que liberarla es otro camino hacia la experiencia somática del cuerpo. Este ejercicio es una manera de experimentar con el uso de la voz como forma de acceder al cuerpo.

Observa qué retienes en la voz o en la expresión de la voz. Advierte qué temas y emociones surgen mientras experimentas con ella. Este ejercicio aporta un componente lúdico. Anímate a experimentar y a «cometer errores».

INSTRUCCIONES

- Reflexiona sobre cómo percibes el uso de tu voz.

  Mi voz es _____

  _____.

  Creo que mi voz o mis sonidos son _____

  _____.

- Cierra los ojos e imagina que tu voz está en un ascensor que se desplaza lentamente. Explora cómo expresarías el movimiento ascendente y descendente de este ascensor a través de la voz.
- Para empezar, tu voz desciende en el ascensor; es decir, bajas el tono. Después, la voz sube, y la expresas en un tono más alto. Llévala arriba y abajo dos o tres veces.

- Presta atención y percibe el cuerpo y la respiración. ¿Qué sientes acerca de tu sonido?

  Mi sonido es _____

  _____.

  Siento que mi voz es _____

  _____.

  Quiero expresar esto: _____

  _____.

- Vuelve a llevar la voz arriba y abajo en la escala de tu propio rango. Intenta no atender a la «manera correcta» de hacerlo y experimenta. ¿Puedes aportar un componente divertido y lúdico?

Reflexión:

- Si tu voz tuviera un color, ¿cuál sería?
- Si tu voz tuviera una forma, ¿cómo sería?
- ¿Qué quiere expresar tu voz?
- ¿Qué has estado reteniendo?
- Antes de hacer el sonido, siento que mi voz _____

  _____.

- Después de hacer el sonido, siento que mi voz _____

  _____.

- Anota algunos comentarios sobre cuestiones acerca de las que has tomado conciencia en relación con tu voz.

  _____

  _____

  _____.

CAPÍTULO 21

El trabajo con el toque seguro

El tacto puede tener un gran efecto en el cuerpo, porque cuando la piel es tocada, esta estimulación se transmite rápidamente al cerebro, que a su vez regula el organismo. Según el tipo de tacto que recibamos, se nos puede calmar o excitar.

—**Tiffany Fields**

¿POR QUÉ ES IMPORTANTE EL CONTACTO FÍSICO?

El contacto físico es una necesidad humana esencial. Nacemos programados para conectarnos con los demás a través del tacto. Nuestros recuerdos más primarios guardan relación con el tipo de tacto que recibimos cuando éramos bebés y niños pequeños. El hecho de tocar la piel puede hacer emerger estos recuerdos. El tacto puede tener un efecto calmante y reconfortante, pero también puede generar incomodidad si la experiencia del tacto estuvo vinculada con un toque tóxico, el abuso y el trauma.

Cuando trabajamos con el tacto en un contexto terapéutico, tenemos que exponer con mucha claridad cuáles son los requisitos éticos y legales que exige nuestra profesión, así como nuestros objetivos terapéuticos. A menudo se aconseja no acudir al toque por motivos legales y éticos. Sin embargo, el tacto seguro, desprovisto de connotaciones sexuales y no tóxico puede ser inmensamente sanador y restablecer la capacidad que tiene la persona de reconfortarse a sí misma.

Ofrecerle al cliente propuestas de exploración táctil individual, que pueda abordar de manera segura en la consulta o en casa, puede ser muy positivo para que sea capaz de sanar traumas pasados con origen en el tacto. El tacto puede ser una experiencia terapéutica dentro de unos límites respetuosos y comprensibles. Con este fin, hay que ofrecer unas pautas muy claras y precisas, al conocer el impacto que tiene el contacto físico.

PAUTAS TERAPÉUTICAS GENERALES

1. Infórmate sobre las normas legales y éticas que rigen en tu estado o país y en tu profesión.
2. Nunca toques al cliente sin su consentimiento.
3. El toque sexual **no** forma parte del toque psicoterapéutico.
4. Examina lo que te motiva a querer ofrecer contacto físico. Si es tu propio interés, la motivación no es buena.
5. El toque seguro es un tacto limpio, no tóxico y no sexual. Si tienes alguna duda o cuestionamiento, abstente de proporcionarlo.
6. No ejerzas el toque si el cliente se muestra dudoso, aunque dé su consentimiento. Observa atentamente su respuesta cuando le propongas usar el tacto.
7. Toma precauciones adicionales con los clientes que han sido objeto de abusos físicos. Recopila los antecedentes al respecto y evalúa la situación para comprender lo que han vivido. Muéstrate siempre respetuoso y escucha atentamente al cliente: ¿autoriza el tacto? ¿Sería útil emplearlo?
8. Nunca te precipites al decidir experimentar con el tacto. En realidad, el solo hecho de sugerirlo es suficiente para que el cliente «estudie» sus respuestas al contacto físico. Es posible

que no tengas que tocar al cliente, sino que puedas trabajar con los sentimientos y recuerdos que surgen en él o ella al sugerirle la posibilidad, la cual podéis examinar en sí misma.

SITUACIONES EN LAS QUE PODRÍA SER PERTINENTE USAR EL TOQUE SEGURO

En general, hay cuatro conjuntos de situaciones en las que podría ser interesante usar el tacto:

1. Para tranquilizar y apoyar al cliente cuando esté lidiando con sentimientos fuertes.
2. Para sostenerlo y enraizarlo cuando esté trabajando con el miedo, la ansiedad y la disociación.
3. Para ayudarlo a determinar los límites seguros de su cuerpo, sobre todo cuando esté explorando la seguridad a este respecto.
4. Para ayudarlo a estudiar recuerdos o sentimientos vinculados al tacto.

RECOMENDACIONES EN CUANTO AL USO DEL TACTO

1. Pide permiso: «¿Está bien que use el tacto contigo en este momento?».
2. Sé específico: «¿Está bien que te toque en el hombro derecho en este momento?».
3. Mantente presente y actúa con un propósito claro: «Puedo ver lo alterado que estás. ¿Está bien que te toque el hombro?».
4. Asegúrate de ejercer el toque en el punto acordado y no desplaces la mano más allá; esto haría que el cliente se sintiese inseguro y no supiese qué debe esperar. Sé muy específico.
5. Emplea el tacto con delicadeza y según la necesidad: una vez que se haya cumplido el objetivo (por ejemplo, una vez que el

cliente haya dejado de llorar y esté sentado), retira la mano y vuelve a establecer la distancia adecuada.

6. Pregúntale cómo percibió el contacto físico, alentándolo a ser sincero. Escúchalo atentamente y decide qué cambiarás en una próxima ocasión. Si el cliente dice que el contacto estuvo «bien», sin más, tal vez no era necesario después de todo.

7. Controla la transferencia y la contratransferencia.* El tacto es una experiencia que fomenta una vinculación fuerte. No lo uses en exceso ni lo conviertas en tu respuesta predeterminada cada vez que el cliente experimente una emoción intensa.

---

* N. del T.: La transferencia hace referencia a los sentimientos y actitudes inconscientes que un cliente proyecta en su terapeuta, basados en sus experiencias pasadas. La contratransferencia, por otro lado, hace referencia a los sentimientos y respuestas emocionales del terapeuta hacia el cliente, que pueden estar influidos por su propia historia y sus emociones.

Ejercicio para
el cliente

Uso del tacto con uno mismo: golpecitos

OBJETIVO

Cuando te tocas a ti mismo, estás activando la piel y haciendo más evidentes las sensaciones corporales. El uso del tacto contigo mismo puede ayudarte a experimentarte directamente y a sentir el límite de tu cuerpo.

Los golpecitos te ayudan a sentir que estás presente en tu cuerpo en el momento actual en lugar de estar desconectado o distraído. También constituyen movimientos tranquilizadores y reconfortantes que te ayudan a armonizarte a ti mismo.

INSTRUCCIONES

Este ejercicio se puede hacer de pie o sentado.

- Ahueca ligeramente una mano para que la palma y los dedos puedan dar golpecitos suaves a distintas partes del cuerpo.
- Da golpecitos suaves y rítmicos en el brazo opuesto, desde la muñeca hasta el hombro. Haz lo mismo en el otro brazo con la otra mano.
- A continuación, pasa a las piernas y actúa desde el tobillo hasta el muslo de cada pierna. Puedes usar las dos manos en cada pierna, como si estuvieras abrazándolas con los golpecitos. O puedes optar por dar los golpecitos en las dos piernas al mismo tiempo. Mantén un ritmo constante.
- A continuación, pasa a la espalda. Inclínate ligeramente hacia delante para poder llegar a la zona de los riñones y la parte baja

de la espalda. Asegúrate de no aplicar los golpecitos sobre la columna vertebral.

- Seguidamente, pasa a la parte frontal del cuerpo. Comienza en el pecho, aplicando los golpecitos desde la articulación del hombro hasta el centro del pecho con una mano. Hazlo tres veces. Después cambia de mano y actúa desde el otro hombro hasta el centro del pecho.
- Ahora aplica los golpecitos a la barriga en el sentido de las agujas del reloj. Asegúrate de proceder con delicadeza en las zonas correspondientes a órganos.
- A continuación, actúa en las plantas de los pies; puedes trabajar primero en uno y después en el otro o en los dos al mismo tiempo.
- Por último, actúa desde la coronilla hacia la parte posterior del cuello. Para actuar en la cara, abre las manos y da los golpecitos con los dedos.
- Permanece sentado tranquilamente un momento y percibe el cuerpo después de la serie de golpecitos.

Reflexión:
- ¿Qué notas en el cuerpo en este momento?
- ¿Qué parte o partes están más revitalizadas?
- ¿Hay alguna parte del cuerpo que esté adormecida o que no puedas sentir en este momento?
- Indica cómo sientes el cuerpo en general: _____
_____.

**Ejercicio para
el cliente**

Indicar con las manos

OBJETIVO

Al poner las manos sobre una parte del cuerpo, estás indicando adónde dirigir la atención. Al tocar tu propio cuerpo con intención y conciencia, estás dirigiendo la atención al área que te has propuesto investigar. Es una buena estrategia si hay una zona que albergue tensiones o molestias, o si hay una parte del cuerpo sobre la que se quiera obtener información.

Cuando apliques las manos, asegúrate de que el toque sea suave, delicado y abierto. La mejor manera de tocar una parte del cuerpo es poner la mano despacio y «rodear» la zona con delicadeza. Por ejemplo, puedes rodear tus mandíbulas tensas poniendo las manos alrededor de la cara y la mandíbula. O puedes disponer las manos alrededor de un brazo o una pierna tensos. La calidad del tacto importa: al proceder despacio y con suavidad, experimentarás las sensaciones con mayor intensidad y recibirás más información.

Permanece receptivo y curioso. Es importante que esperes y mantengas el contacto para poder sumergirte en la experiencia. Percibe la respiración y «envía el aire» a la zona que estás tocando. Deberías notar un cambio en el tejido, la tensión o el grado de molestia en pocos minutos. ¡Sé paciente y espera a tu cuerpo!

INSTRUCCIONES

- Identifica una zona del cuerpo que necesite tu atención.
- Para empezar, aquiétate y observa esta parte del cuerpo.

- Pon una mano en esa zona, lentamente. Asegúrate de que tu toque sea suave, lento y receptivo, como si estuvieras «escuchando» con la mano.
- Mantén el contacto y permanece atento a lo que experimentas.
- Ahora lleva el aire a esa zona al inspirar, despacio e intencionadamente. Te puede resultar útil imaginar que el aire viaja hasta ese lugar, donde es bien recibido.
- Mantén la atención y la curiosidad.
- ¿Estás notando algún cambio? ¿Se está mitigando la tensión?

·············· Herramienta 101 ··············

Ejercicio para el cliente

Toque compasivo hacia uno mismo

OBJETIVO

Esta herramienta alienta al cliente a sintonizar con el tipo de toque compasivo que necesita. Lo sensibiliza en cuanto a qué tipo de toque es útil y seguro. Esto es beneficioso para fomentar la amabilidad hacia uno mismo o en el procesamiento de experiencias negativas derivadas de toques pasados.

Esta práctica se puede hacer sentado, de pie o acostado. Haz que el cliente procure estar relajado y presente. Ten en cuenta que el toque hacia uno mismo puede ser un detonante y traer a la superficie sentimientos y recuerdos profundos. Debes permanecer atento a estas sensibilidades y reforzar la amabilidad del cliente hacia sí mismo. El hecho de detenerse y observar ayuda a mantener a raya cualquier experiencia intensa.

El propósito de esta herramienta es facilitar que el cliente suelte experiencias negativas relacionadas con el toque y que lo viva de manera segura, como una experiencia positiva. Pon el acento en la autocompasión.

INSTRUCCIONES

- En primer lugar, pregúntale lo siguiente al cliente: «¿Qué significa para ti el toque compasivo hacia uno mismo? ¿Cómo tiene que ser este toque?».
  Respuesta: _____.

- Indícale al cliente que sintonice con su cuerpo y observe. Pregúntale: «¿Qué parte de tu cuerpo desearía recibir tu propio toque?» (invítalo a fijarse en zonas de fácil acceso, como los brazos, las manos, el pecho y la cara).
  Respuesta: _____.

- Ahora indícale que conecte con el espacio interior que sabe ser compasivo: «¿Cuál es este espacio? Si tuviera una personalidad o una imagen asociada, ¿cuál sería?».
  Respuesta: _____.

- Invítalo a que toque, muy lentamente, la zona con la que quiere trabajar. Podrías decirle: «Adelante, acércate despacio al/a la _____ y deja que la mano te toque _____ ahora mismo». Y esto es fundamental: «Observa *cómo* está recibiendo tu _____ el toque en este momento. Mantén la mano ahí y observa».
  Respuesta: _____.

- «Permanece así el tiempo que necesites. Permítete absorber la _____ [calidez, amabilidad, suavidad..., cualquier cualidad que el cliente haya identificado en la primera pregunta]».

- Cuando haya terminado, indícale que retire la mano despacio y que observe qué efecto ha tenido el toque.
  «En este momento estoy percibiendo que _____ _____».

CUARTA PARTE

Herramientas somáticas para el estrés y el trauma

CAPÍTULO 22

El trauma en el cuerpo

Muchas personas que no saben mucho sobre el trauma piensan que tiene que ver con algo que sucedió hace mucho tiempo. De hecho, el pasado es el pasado y lo único que importa es lo que ocurre en este momento. El trauma es el residuo que un evento pasado dejó en el cuerpo, en las propias experiencias sensoriales; no es ese suceso exterior lo que se vuelve intolerable, sino las sensaciones físicas con las que vive la persona, que hará cualquier cosa para hacerlas desaparecer.

—**Bessel van der Kolk**

LA TEORÍA POLIVAGAL: UNA EXPOSICIÓN MUY SUCINTA

La teoría polivagal del doctor Stephen Porges expone tres modalidades de respuesta principales asociadas al desarrollo del sistema nervioso autónomo del ser humano y de otros mamíferos. Cuando nos sentimos seguros, queremos conectar y relacionarnos con los demás. Cuando nos sentimos amenazados, nos disponemos a afrontar el peligro con una respuesta de lucha o huida. Cuando la amenaza es abrumadora, sobrevivimos inmovilizando o apagando el sistema nervioso autónomo.

El sistema nervioso autónomo (SNA) regula la función interna de los órganos y responde a las amenazas. Consta de dos ramas, la simpática y la parasimpática. Ambas son necesarias para regular el sistema nervioso. La rama simpática activa el cuerpo para que luche o huya cuando se siente amenazado. La rama parasimpática calma el cuerpo y controla la digestión. La interacción entre las dos hace que el SNA sea resiliente y contribuye a la capacidad de autorregulación cuando se está bajo estrés.

El doctor Porges descubrió que el nervio vago tiene un papel central en la regulación del sistema gastrointestinal, la respiración y la frecuencia cardíaca. El ochenta por ciento de las fibras del nervio vago envían señales al cerebro sobre las respuestas del sistema digestivo. Este nervio también controla los músculos de la cara, el corazón y los pulmones, y tiene un papel cuando interactuamos con otros seres humanos. Cuando mantenemos una interacción social segura, el nervio vago tiene una función apaciguadora y calma la rama nerviosa simpática. En estos contextos, la compañía de los demás nos resulta reconfortante y somos capaces de manejar pequeños factores estresantes.

- Cuando nos sentimos a salvo, queremos conectar y jugar; somos capaces de mantener interacciones sociales.
- Cuando nos sentimos amenazados y en peligro, tenemos el impulso de alejarnos o manifestar un comportamiento agresivo; tenemos unas respuestas de supervivencia primitivas, como son las de lucha o huida.
- Cuando sentimos amenazada nuestra vida o somos presa del terror y no podemos escapar o defendernos, tendemos a esperar hasta que la amenaza ha pasado; el cuerpo se queda inmóvil para mantenerse a salvo.

Los ejercicios que siguen ayudarán a los clientes a sintonizar con su propio sistema nervioso y a saber cuándo y cómo activar las ramas simpática y parasimpática para obtener energía, calma, seguridad y conexión.

Herramienta 102

Hoja de trabajo para el cliente

Seguimiento del propio sistema nervioso

OBJETIVO

Con esta herramienta podemos averiguar qué podemos hacer para sentirnos más seguros, conectar con nosotros mismos y aprender a calmarnos o a estar más activos.

INSTRUCCIONES

Sírvete de la tabla que sigue para conocer más el sistema nervioso de tu cliente. Podemos hacer que el sistema nervioso nos ayude a estar más conectados, calmados o activos.

- El *sistema de implicación social* se activa al hablar con un amigo de confianza, pasar tiempo con una mascota querida o realizar actividades que nos hagan sentir seguros.
- El *sistema simpático* entra en escena cuando tenemos una actitud lúdica o estamos activos de otras maneras; por ejemplo, cuando movemos el cuerpo al ritmo de la música, practicamos algún deporte, escribimos nuestros pensamientos en un diario o estiramos el cuerpo.
- El *sistema parasimpático* se activa cuando escuchamos música relajante, practicamos la respiración consciente, recibimos un toque reconfortante, oímos una voz agradable, etc.

Sistema de implicación social	Sistema simpático	Sistema parasimpático
¿Qué te hace sentir conectado?	¿Qué te hace sentir activo?	¿Qué te hace sentir calmado?
¿Qué haces para acercarte a los demás? ¿Qué te funciona?	¿Qué haces para mantenerte conectado a los demás?	¿Qué hábitos saludables puedes adoptar para fomentar un estado de calma?

············· Herramienta 103 ·············

Hoja de trabajo para el cliente

Gráfico de la ventana de tolerancia

OBJETIVO

El *gráfico de la ventana de tolerancia* es una herramienta visual cuya finalidad es ayudar al cliente a identificar cuándo se encuentra en zonas de activación y cuándo en zonas de resiliencia.

Hay tres zonas principales: la de hiperactivación, la de hipoactivación y la de activación óptima.

La zona de activación óptima (ZAO) es aquella en la que el cliente puede experimentar estrés y manejarlo con estrategias de afrontamiento normales.

Cuando el estrés se vuelve inmanejable, es posible que el cliente suba a la zona de hiperactivación o caiga en la zona de hipoactivación. En estas zonas, el cliente usa mecanismos de afrontamiento basados en la supervivencia sobre todo, como huir, luchar o quedarse petrificado. La hiperactivación puede ser sutil al principio; por ejemplo, el cliente podría mostrarse irritado. Una respuesta hiperexcitada indica que la persona está en la parte alta del gráfico, fuera de los límites de lo óptimo. Lo mismo ocurre si el cliente se vuelve retraído y rígido; esto es indicativo de que empieza a producirse una respuesta de hipoactivación, que podría desembocar en el bloqueo.

Una vez que el cliente ha salido de la ZAO, las respuestas se convierten en reacciones, el sistema polivagal se activa y la resiliencia se ve debilitada. Los resultados pueden ser reacciones de estrés negativas, la activación de recuerdos y síntomas de trauma.

INSTRUCCIONES

Sírvete del gráfico sombreado para instruir psicológicamente a tu cliente sobre las distintas zonas. Déjale claro que la zona de activación óptima es la idónea para sanar los síntomas de estrés y trauma. Se trata de permanecer en la ZAO cuando se está trabajando para sanar este tipo de síntomas y de intentar acceder a esta zona cuando se está lidiando con ellos. Resalta el hecho de que la ZAO es una zona fluida y de que las fluctuaciones sirven para construir un sistema nervioso resiliente.

Utiliza términos generales para explicar lo que se siente en las distintas zonas. Di, por ejemplo: «Si estás en la zona de hiperactivación, puede ser que sientas ansiedad, miedo, preocupación, irritabilidad y enojo. —Pídele que hable de su experiencia—: ¿Qué has experimentado?». O, al hablar sobre la zona de hipoactivación, puedes decir: «Es posible que hayas notado sensaciones de depresión, insensibilidad, entumecimiento y retraimiento. ¿Cómo experimentas esta zona?».

Enséñale a ser consciente de cómo entra en las distintas zonas. Esto le ayudará a empezar a identificar los factores desencadenantes y, a partir de ahí, le resultará más fácil trabajar en lo que debe ser sanado.

La zona expandida es la región de los impulsos que se desencadenan bajo estrés. Estos se pueden cambiar o modificar con la atención plena, el trabajo con la respiración y la conciencia corporal.

A continuación, se presentan algunas preguntas que puedes utilizar para ayudar a tu cliente a obtener una comprensión más profunda y para que aprenda a identificar cuándo es el momento de aplicar herramientas que le permitan cambiar su grado de activación.

Reflexión:

Como cliente, explica la experiencia que tienes en las distintas zonas con tus propias palabras:

En la zona de hipoactivación:

Soy consciente de que _____.

Percibo esto en mi cuerpo: _____
_____.

Mis pensamientos son estos: _____
_____.

Mis impulsos son estos: _____
_____.

El instinto me dice que haga esto o esté así: _____
_____.

Cuando estoy estresado, _____.

Cuando me encuentro en la zona expandida, puedo usar esta técnica o herramienta para modificar los factores desencadenantes: _____.

En la zona de hiperactivación:

Soy consciente de que _____.

Percibo esto en mi cuerpo: _____
_____.

Mis pensamientos son estos: _____.

Mis impulsos son estos: _____.

El instinto me dice que haga esto o esté así: _____
_____.

Cuando estoy estresado, _____
_____.

Cuando me encuentro en la zona expandida, puedo usar esta técnica o herramienta para modificar los factores desencadenantes: _____.

En la zona de activación óptima:
Soy consciente de que _____.

Cuando experimento estrés, me doy cuenta de que _____
_____.

Mi cuerpo se siente _____.

Mis impulsos son estos: _____.
Mi punto fuerte es este: _____.

Soy capaz de _____.

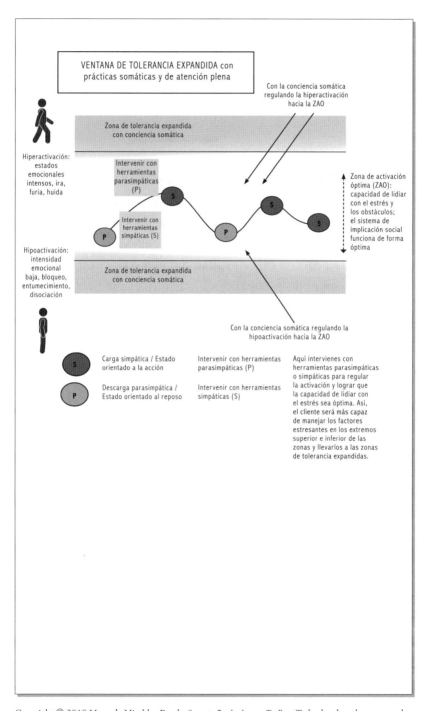

VENTANA DE TOLERANCIA EXPANDIDA con
prácticas somáticas y de atención plena

Con la conciencia somática
regulando la hiperactivación
hacia la ZAO

Zona de tolerancia expandida
con conciencia somática

Hiperactivación:
estados
emocionales
intensos, ira,
furia, huida

Intervenir con
herramientas
parasimpáticas
(P)

S

Zona de activación
óptima (ZAO):
capacidad de lidiar
con el estrés y
los obstáculos;
el sistema de
implicación social
funciona de forma
óptima

S

S

Intervenir con
herramientas
simpáticas (S)

P

P

Hipoactivación:
intensidad
emocional
baja, bloqueo,
entumecimiento,
disociación

Zona de tolerancia expandida
con conciencia somática

Con la conciencia somática regulando la
hipoactivación hacia la ZAO

S — Carga simpática / Estado orientado a la acción — Intervenir con herramientas parasimpáticas (P)

P — Descarga parasimpática / Estado orientado al reposo — Intervenir con herramientas simpáticas (S)

Aquí intervienes con
herramientas parasimpáticas
o simpáticas para regular
la activación y lograr que
la capacidad de lidiar con
el estrés sea óptima. Así,
el cliente será más capaz
de manejar los factores
estresantes en los extremos
superior e inferior de las
zonas y llevarlos a las zonas
de tolerancia expandidas.

Ejercicio para
el cliente

¿Cómo puedo potenciar mis recursos?

OBJETIVO

Aprender a identificar los propios recursos es fundamental para lidiar de la mejor manera con los síntomas del estrés y el trauma. Primero deberás identificar qué es aquello que desencadena en ti respuestas de estrés y trauma. A continuación, deberás reflexionar sobre aquello que podría ayudarte y experimentar con ello. Los cuadros que encontrarás después de las instrucciones te invitan a indicar cuáles son los factores que tienen un impacto en ti y a encontrar recursos para lidiar con ellos.

INSTRUCCIONES

- En la herramienta siguiente, reflexiona sobre los factores que te afectan y considera dónde los ubicarías en el gráfico del continuo de activación. Por ejemplo, los desencadenantes de la hiperactivación pueden ser la preocupación excesiva, la ansiedad o el enojo. Los desencadenantes de la hipoactivación pueden ser el retraimiento emocional o la inmovilidad debida al miedo. Cuanto más fuerte es el desencadenante, mayor es la activación. Anota el factor desencadenante en el recuadro.

- Ahora piensa en aquello que podría ayudarte en esos momentos de activación. ¿Qué aliviaría tu respuesta a los desencadenantes? ¿Qué te sería útil cuando un desencadenante te lleva a una zona de excitación? ¿Cuáles son los recursos que puedes identificar en respuesta al desencadenante? Por ejemplo, para algunas personas un recurso podría ser recordar una palabra amable, respirar calmadamente o mover el cuerpo frente a la sensación de bloqueo. Los mismos recursos no le sirven a todo el mundo.

- ¿Qué desencadenantes y experiencias pertenecen a la zona de activación óptima (ZAO)? ¿Cómo los manejas? ¿Qué recursos utilizas aquí? Podrías darte cuenta de que la respiración te ayuda a manejar pequeños factores estresantes, pero no factores ubicados en las zonas de activación alta y baja. Por ejemplo, cuando estás en la ZAO, podrías experimentar una sensación de fuerza y optimismo aunque las circunstancias vitales sean difíciles. O podrías experimentar que tu activación es manejable, es decir, ni te paraliza ni te llena de ansiedad. Algunas personas afirman que en esta zona sienten que gozan de salud, fluidez o bienestar.
- Anota, en el cuadro de reflexión inferior, *cómo* te ayudan los recursos que has identificado. Dedica un tiempo a pensar en cómo pasar de la activación al recurso, para aprender a tomar el control de tus desencadenantes. Comprométete a practicar los recursos que te ayudan a autogestionarte y a sentirte centrado y dentro de la zona de activación óptima. Cuanto más uses tus recursos a modo de herramientas, más podrás expandir tu ZAO. Esto significa que cuando se presenten factores estresantes no responderás automáticamente con síntomas de hiperactivación o hipoactivación, sino que sentirás que tienes el control y permanecerás tranquilo.

¿Cómo puedo potenciar mis recursos?

Hoja de trabajo para el cliente

Básate en la herramienta anterior para rellenar los cuadros que siguen. Pon una «O» al lado de cada recurso y una «X» junto a cada desencadenante. Una vez que los hayas marcado todos, tómate un momento para reflexionar sobre las oes y las equis que aparecen en tu gráfico. A continuación, traza una línea que las conecte y reflexiona sobre cómo puedes pasar de un desencadenante a un recurso. ¿Qué es lo que te ayuda a transformar los desencadenantes?

EJEMPLO: Soy consciente de: que me bloqueo cuando me gritan.

Zona de hiper-activación

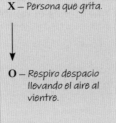

X – Persona que grita.

O – Respiro despacio llevando el aire al vientre.

Mis desencadenantes son:
Persona enojada que me grita por teléfono.

Mis recursos son:
Desconectar de la persona y practicar la respiración abdominal.

Así es como consigo aplicar los recursos:
Me acuerdo de respirar y no me tomo personalmente el comportamiento de la persona enojada.

Zona de activación óptima (ZAO)	Me siento anclado en mi poder, conectado conmigo mismo y capaz de manejar los asuntos.	**Mis desencadenantes son:** Estrés laboral no excesivo. **Mis recursos son:** Planificar de antemano y prever que el ambiente laboral va a estar tenso. Comunicarme mejor con las personas irritables del lugar de trabajo, para evitar confrontaciones inesperadas. **Así es como consigo aplicar los recursos:** Escribo correos electrónicos claros, no postergo las tareas y sé que debo esperar que se irriten conmigo.
Zona de hipo-activación	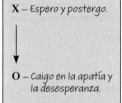	**Mis desencadenantes son:** Las personas enojadas que no expresan su ira, si bien puedo sentirla, lo cual me paraliza. Voy con pies de plomo cuando estoy cerca de ellas. **Mis recursos son:** Mi familia y los amigos que me quieren. Me acuerdo de ellos en estos momentos. **Así es como consigo aplicar los recursos:** Dirijo la mirada hacia las imágenes que son mis recursos. Contrarresto el momento de miedo llamando a familiares o amigos que me quieren. Así logro respirar mejor.

Zona de hiperactivación

Mis desencadenantes son:

Mis recursos son:

Así es como consigo aplicar los recursos:

Zona de activación óptima (ZAO)

Los desencadenantes que puedo manejar son:

Los recursos que me van bien son:

Así es como consigo aplicar los recursos:

Zona de hipoactivación

Mis desencadenantes son:

Mis recursos son:

Así es como consigo aplicar los recursos:

REFLEXIÓN

_____

_____

_____

_____

_____

_____

¿Cómo has pasado del estado de activación al recurso?

_____

_____

_____

_____

El siguiente paso consiste en hacer un esfuerzo consciente para aplicar los recursos que funcionan. Enumera los tres principales recursos a los que acudes:

_____

_____

_____

PERCIBIR LOS DETONANTES DE LA ACTIVACIÓN

Toma nota de cuáles son tus desencadenantes externos frente a los internos. Esto te ayudará a identificar qué proviene de estímulos externos y qué puedes hacer para trabajar con eso. Por ejemplo, ¿puedes evitar la situación o anticiparte a ella? Por otra parte, ¿cuáles son tus desencadenantes internos? ¿Reproduce tu mente pensamientos o imágenes una y otra vez? ¿Puedes acudir a otros recursos internos para mitigar los desencadenantes internos?

Sucesos externos que me han afectado hoy:

_____

_____

¿Ha habido experiencias internas me que hayan afectado hoy?

_____

_____

Recursos externos que me han ayudado con los desencadenantes:

_____

_____

Recursos internos que me han ayudado con los desencadenantes:

_____

_____

·········· Herramienta 105 ··········

Exploración en busca de seguridad

OBJETIVO

Esta herramienta te ayudará a aprender a interiorizar la sensación de seguridad.

Instintivamente, usamos los ojos para buscar seguridad. Cuando entramos en una situación nueva, buscamos elementos visuales para confirmar que estamos a salvo o que de alguna manera necesitamos velar por nuestra seguridad. Estar a salvo es básico para el bienestar integral. Al explorar conscientemente el entorno con la mirada, podemos comenzar a generar una sensación corporal de seguridad; nos estamos ocupando activamente de hacer que la situación sea segura.

Las experiencias de estrés y trauma pueden afectar a la sensación natural de seguridad y ponernos en alerta máxima. Al mirar con intención y explorar, se empiezan a reducir las activaciones corporales. Busca señales como una respiración más calmada, la curiosidad por lo que hay en el entorno o una sensación general de fluidez mientras exploras. Se trata de trabajar para mitigar cualquier sensación de alerta e incrementar la sensación de seguridad en el cuerpo.

INSTRUCCIONES

Utiliza el gráfico que sigue para rastrear los movimientos de tus ojos y registrar las sensaciones corporales. Es importante que ralentices los movimientos oculares y escribas en el gráfico cada vez que adviertas una sensación en el cuerpo. Ve alternando entre explorar la habitación con la mirada, percibir las sensaciones corporales y efectuar las anotaciones.

Explora la habitación
moviendo los ojos

Deja que los ojos descansen fijos en un punto y percibe
el cuerpo. Anota las sensaciones que experimentes

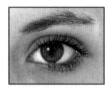
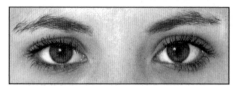

1.ª exploración _ _ ➤ Percibo: _____

2.ª exploración _ _ ➤ Siento en el cuerpo: _____

3.ª exploración _ _ ➤ Advierto un cambio en: _____

¿Qué cambia en tu cuerpo y en tu sensación de seguridad?
_____.

················· Herramienta 106 ·················

Ejercicio para el cliente

¡Muévete!

OBJETIVO

Cuando empieces a bloquearte debido a la hipoactivación o a sentirte abrumado debido a la hiperactivación, el antídoto es simple: ¡muévete! Esto significa que sea lo que sea lo que estés haciendo o dondequiera que estés, cuando percibas los signos del bloqueo o cuando tu cuerpo se sienta abrumado por la ansiedad, ¡tienes que *moverte*! Es fácil de hacer, pero difícil de recordar. Esta es una instrucción muy explícita. Puedes practicar el movimiento en la consulta con el terapeuta e interiorizar la voz que dice «¡muévete!» para hacerle caso cuando las circunstancias lo requieran.

Moverte puede significar desde levantarte y caminar por la habitación hasta poner música y bailar. Puedes mover los brazos enérgicamente, saltar..., hacer lo que te haga sentir seguro y cómodo allí donde estés. Si te encuentras en una situación en la que te sientes inseguro o cohibido, excúsate, sal del lugar y aprovecha para *moverte*. Nadie se dará cuenta. Lo fundamental es que no cedas ante la sensación de bloqueo o ansiedad que quiere apoderarse de tu cuerpo. Tan pronto como la adviertas, *muévete*. Así te irás acostumbrando a interrumpir el patrón de activación.

Nota para el terapeuta:

Puedes incitar a tu cliente a moverse en la consulta para que vaya interiorizando esta respuesta. Acuerda con él o ella cuándo le dirás la palabra clave («¡muévete!»), momento en el que deberá levantarse y caminar por el lugar. Aliéntalo a ir a un ritmo rápido. Esta es una instrucción muy clara y directa, por lo que conviene que hables con el cliente sobre el tipo de voz que quiere escuchar. Debe ser una indicación enérgica, pero no dura ni estridente, de ninguna manera. Practica con él el tono de voz apropiado. El objetivo es que recuerde esta palabra cuando se encuentre bloqueado o se vea superado. La instrucción «muévete» sirve para interrumpir la dinámica de activación y movilizar el antiguo sistema de defensa del cuerpo; al poder moverse, el cliente deja de sentirse atrapado o abrumado y toma de nuevo el control. Asegúrate de dirigir con atención plena y delicadeza estas prácticas; no debes parecer un jefe.

INSTRUCCIONES

* Recorta los cuadraditos que contienen las palabras «MUÉVETE AHORA», en la página siguiente.
* Ponlos estratégicamente en lugares donde a menudo adviertes que te bloqueas o te agobias. ¿Tal vez junto al teléfono después de hablar con ciertas personas? ¿Al lado del ordenador? Piensa dónde pueden serte útiles. Contienen una instrucción que debes mirar cuando te des cuenta de que te estás bloqueando o agobiando.
* No hace falta que esperes a sentirte afectado para realizar esta actividad. Cuando veas los cuadraditos con el mensaje, muévete por el lugar, camina, pasea, baila. Así estarás ejercitando tu respuesta para esos momentos en los que te sientes invadido por la hipoactivación o la hiperactivación.

Evalúa cómo te sientes antes y después de seguir las instrucciones.

Antes de moverme, en una escala del 1 al 10 me siento [rodea con un círculo]:

1   2   3   4   5   6   7   8   9   10

Pensamientos: _____.

Después de moverme, en una escala del 1 al 10
me siento [rodea con un círculo]:

1   2   3   4   5   6   7   8   9   10

Pensamientos: _____.

Ejercicio para
el cliente

Imagina que corres más rápido que un tigre

OBJETIVO

En este ejercicio vas a usar la imaginación. El hecho de visualizar que superas a un tigre a la carrera te conectará con tus movimientos corporales reales. Al imaginarte corriendo como un tigre (o cualquier otro animal rápido), estás activando un conjunto de neuronas en el cerebro que te ayudan a sintonizar con los antiguos impulsos de huida del cuerpo. Es posible que sientas algunas contracciones en las piernas o los brazos o incluso un impulso real de correr mientras te imaginas superando a un animal veloz.

Cuando accedes conscientemente a esta respuesta de huida del cuerpo, este recuerda que mantiene esta antigua conexión con el cerebro. Esto es útil para ayudar a modificar respuestas traumáticas como la de sentirse paralizado y bloqueado. Conviene que apliques una atención consciente mientras imaginas este escenario. Puedes detenerte en cualquier momento y advertir cualquier cambio que te sea de utilidad y fomente tu empoderamiento. Evita cualquier sensación de agobio o de mayor bloqueo.

Dado que el trauma puede perturbar nuestra percepción de la autoeficacia, esta herramienta puede ser útil para recuperar algo de poder. En este sentido, puede ser útil imaginar animales que sean símbolos de fuerza y velocidad. Siéntete libre de sustituir la imagen del tigre por cualquier otra que asocies con la velocidad y la fuerza.

El acto de correr conecta a cualquier persona con el impulso defensivo de la huida. Pero si correr fue imposible porque la situación no lo permitía, es importante reconectar con este impulso bloqueado. Esto se puede hacer a través de imágenes y, después, a través de impulsos musculares reales. Observa los impulsos motores, como contracciones en la pierna. Conecta la conciencia corporal con los impulsos y permite pequeños movimientos deliberados mientras te imaginas una fuga o carrera exitosa. La clave es conectar la imaginación y el impulso, y que el movimiento tenga éxito.

INSTRUCCIONES

- Cierra los ojos e imagina que estás corriendo. Si te resulta útil, puedes imaginar que corres más rápido que un tigre (o que algún otro animal veloz). **Evita traer a la memoria el recuerdo traumático real**; trabaja con el impulso de correr como un evento somático, no como un proceso de recuperación respecto del trauma.
- Imagina el impulso de correr. Visualízate escapando y corriendo. Observa a qué ritmo avanzas. ¿Qué más sucede mientras corres? ¿Cómo respiras?

Nota para el terapeuta:

Observa los espasmos musculares y otros impulsos. No permitas que el cliente deje de centrarse en el acto de correr en sí, hasta que la carrera culmine con éxito. Recuérdale, con delicadeza, que mantenga la imagen de la carrera junto con los impulsos. Asegúrate de que se relaje lo suficiente, para que pueda estar completamente presente en el curso de esta experiencia. Pero evita que se produzca cualquier agobio emocional. La finalidad de este ejercicio no es procesar ningún recuerdo traumático, sino ayudar al cliente a sentir que su cuerpo puede valerse por sí mismo. Alienta en él las sensaciones de fuerza, poder y confianza. Haz una pausa o pon fin al ejercicio si se pone rígido, se bloquea o se siente abrumado; no se trata de que reviva ninguna experiencia traumática.

Reflexión:

- Mientras corro, imagino _____
_____.

- Corro más rápido que el «tigre» que es _____
_____ [anota el motivo que te ha inducido
a correr].

- Gano al tigre y me siento _____
_____.

.... Herramienta 108 ....

Ejercicio para
el cliente

El principio del contenedor

OBJETIVO

La forma en que percibimos el trauma y las creencias que generamos debido a él son factores que hay que tener en cuenta para resolver los síntomas. Una idea común es que «el tiempo lo curará», pero a menudo no se tienen en cuenta, en este proceso, las creencias que ha conformado la persona. Las imágenes que se incluyen en esta herramienta ayudarán al cliente a trabajar con su percepción del trauma y le proporcionarán un punto de partida para investigar qué creencias alberga.

Existe la creencia extendida de que los traumas se van mitigando con el paso del tiempo. Pero hay una perspectiva más acertada, y es la siguiente: cuantos más recursos desarrolle la persona con el tiempo, más capaz se volverá de lidiar con su trauma. Su «contenedor» se irá haciendo más grande y, así, irá absorbiendo mejor la experiencia traumática. Las experiencias proporcionadas por los recursos son cada vez más amplias y van reajustando las experiencias originales de estrés y trauma. De ahí la importancia que tiene adquirir cada vez más recursos en el proceso de sanación.

Sírvete de las hojas de trabajo de las páginas 380 y 381 para que tus clientes reflexionen sobre los recursos y las capacidades que pueden desarrollar con el tiempo. También deberán reflexionar sobre las creencias que albergan acerca de lo que es sanador.

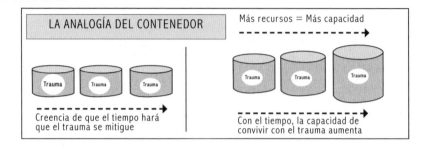

INSTRUCCIONES

Utiliza las imágenes de arriba para mostrarle a tu cliente las formas en que podemos ver la experiencia del trauma.

Háblale sobre el principio del contenedor y el tipo de recursos a los que se puede acudir para que ayuden a reajustar las respuestas al estrés y el trauma. A continuación, indícale que reflexione sobre sus creencias relativas a la sanación del trauma.

Paso 1 - Investigación de las creencias

- ¿Qué crees sobre tu experiencia traumática?
- ¿Cómo llegaste a tener esta creencia sobre lo que te sucedió?
- ¿Cómo ves tu trauma en la actualidad?
- ¿Qué mensajes recibiste sobre tu trauma? Identifícalos y anótalos.
- ¿Qué crees que puede «soportar» tu cuerpo en relación con tu trauma? (Por ejemplo, «creo que hay un límite», «mi cuerpo no puede procesarlo», «mi cuerpo procesará el trauma de alguna manera» o «el tiempo lo curará»).

Paso 2 - Investigación sobre el cambio de creencias

- ¿En qué sentido te gustaría cambiar tus creencias?
- Si fueras un contenedor que cambia con el tiempo, ¿cómo debería cambiar este contenedor?
- ¿Cuál sería el primer paso en esta dirección?

- ¿Cómo puedes desarrollar los recursos necesarios?
- Identifica los recursos de que dispones actualmente que te ayudan a lidiar con los síntomas del trauma.

Paso 3 - Hojas de trabajo

Indícale al cliente que escriba sus creencias en su cuaderno, que reflexione sobre ellas y que las debata contigo. Entrégale las siguientes hojas de trabajo para determinar cuáles son sus creencias en la actualidad. Como las creencias cambian con el tiempo, usa estas hojas de trabajo regularmente para poner al día cualquier cambio en cuanto a las creencias y ayudar al cliente a reflexionar sobre sus avances y reflejarlos por escrito.

······························ Hoja de trabajo n.º 1 ·····························

| Hoja de trabajo para el cliente | **La analogía del contenedor: las creencias** |

¿QUÉ CREES SOBRE TU EXPERIENCIA TRAUMÁTICA?

Creo que...

_____

_____

_____

_____

_____

_____

_____

_____

_____

_____

_____

_____

_____

_____

····················· Hoja de trabajo n.º 2 ·····················

| Hoja de trabajo para el cliente |

La analogía del contenedor: los recursos

Mis recursos actuales son...

_____
_____
_____
_____
_____

Desarrollaré estos recursos:

_____
_____
_____
_____
_____

Herramienta 109

Registro de desencadenantes

OBJETIVO E INSTRUCCIONES

Los desencadenantes pueden estar relacionados con un conjunto de experiencias desagradables, y constituyen el sistema de alarma temprana del cuerpo. El hecho de registrarlos puede ayudarte a comprender qué trata de decirte. Lleva un registro semanal de los desencadenantes que observes. Documéntalos con la mayor imparcialidad posible. Mantén una actitud curiosa y permanece abierto a lo que tratan de enseñarte. Regístralos en la tabla que sigue para hablar de ellos en tus sesiones de terapia.

Tipo de desenca-denante	Cuándo se ha manifes-tado (día/hora)	¿Qué ha ocurrido (suceso)?	¿Cómo de intenso ha sido el efecto? (En una escala del 1 al 10; 10 = intensidad máxima)	¿En qué parte del cuerpo se ha manifes-tado? ¿Te ha resultado familiar?	¿Qué has hecho en el momento?	¿Qué has aprendido? ¿Tal vez has hecho algo para activar el desenca-denante?	Notas

············· Herramienta 110 ·············

Hoja de trabajo para el terapeuta

Cronología de traumas y factores estresantes

Nombre del cliente: _____

Fecha de nacimiento: _____

Fecha de inicio del tratamiento: _____

Cronología completada: _____

Anota, en segmentos anuales, los traumas y factores estresantes que ha experimentado tu cliente.

Edad	Suceso traumático	Principales temas no resueltos
Prenatal		
0-5		
6-10		
11-15		
16-20		
21-25		
26-30		
31-35		
36-40		
41-45		
46-50		
51-60		
61-70		
70+		

Liberación a través del temblor

Ejercicio para el cliente

OBJETIVO

Los temblores corporales son un síntoma común asociado con la ansiedad y el miedo. El sistema de lucha, huida o parálisis está diseñado para ayudar a este a reaccionar con rapidez y eficacia en situaciones de peligro inminente. Una vez que el peligro ha pasado, el cuerpo utiliza el movimiento de temblor para procesar la amenaza y recuperar el equilibrio. Los temblores corporales tienen lugar de manera natural durante una respuesta de hiperestimulación frente al estrés. Hay tal cantidad de estrés que no puede ser completamente procesado y el cuerpo busca alivio. Esta actividad del sistema nervioso se suele experimentar como una respuesta involuntaria, pero podemos utilizar este sistema natural de manera consciente. Se trata de hacer estos movimientos, con cuidado, para llevar al cuerpo hacia la relajación y el restablecimiento.

Los temblores se presentan en oleadas y su intensidad puede variar. Este ejercicio te conduce a temblar y dirigir el temblor conscientemente para que puedas experimentar una liberación y recuperarte. Esto es especialmente útil después de haber trabajado con un cliente difícil o si te sientes vulnerable después de una sesión que te ha afectado emocionalmente, de tal manera que experimentas ansiedad o te sientes agitado. Dedica al menos quince minutos a esta actividad, para que el temblor pueda desembocar en un estado tranquilo y relajado.

También puedes utilizar estas instrucciones con tu cliente y guiarlo, con delicadeza, a través del mismo proceso. Existen técnicas de liberación del trauma, de eficacia comprobada, que utilizan este proceso para trabajar con el miedo y los síntomas del TEPT; enseñan cómo superar el dominio abrumador del pánico.

Para obtener más información, consulta el trabajo del doctor David Berceli y las técnicas TRE y Somatic Experiencing.

Advertencia:

Un temblor excesivo que no conduzca al restablecimiento del equilibrio puede activar las emociones y tener un efecto contrario al pretendido. Se trata de favorecer una liberación segura en el cuerpo, no una activación y una mayor ansiedad. Es importante hacer pausas y observar, y no mantener el temblor durante mucho tiempo. Hay que llevar la atención plena al temblor; no se trata de temblar sin más, sin ninguna conciencia, pues esto podría llevar al agobio y al incremento de la ansiedad. Si adviertes que esta actividad no te aporta beneficios, detente.

INSTRUCCIONES

Dedica quince minutos a este ejercicio. Se tarda unos cinco minutos en pasar por cada fase.

Las fases son tres: inicio, movimiento de temblor y finalización

Realiza este ejercicio de pie. Mantén los pies separados para sentir que las piernas te sostienen. Cierra los ojos si te sientes cómodo haciéndolo; se trata de que veas tu propio cuerpo desde dentro.

1. Inicio

- Observa tu cuerpo, que está de pie, y presta atención a la espina dorsal.
- Deja que los brazos cuelguen a los lados y empieza a moverlos siguiendo un ritmo; la cabeza comenzará a seguir este ritmo.
- Empieza a mover las piernas suavemente, con un movimiento rítmico, arriba y abajo, doblando un poco las rodillas. Esto dará lugar a un suave movimiento ondulante a través de la columna vertebral.

- Empieza con un temblor suave y rítmico que le resulte cómodo a tu cuerpo.
- Permite que este movimiento mantenga el mismo ritmo todo el tiempo, hasta que se vuelva natural y no pienses en «hacerlo».

2. Movimiento de temblor

- En esta segunda fase, es posible que notes que tu cuerpo se está moviendo por sí mismo. Ya no estás pensando en el movimiento, sino que te limitas a permitir que acontezca.
- Pueden surgir sentimientos y sensaciones como tristeza, aflicción o ansiedad. Deja que estén ahí, sin darles energía.
- El procesamiento a través del cuerpo viene dado por el ritmo del movimiento. El cuerpo mismo recordará cómo llevar a cabo dicho procesamiento.
- Confía en el movimiento.
- Deja que el temblor corporal sea uniforme y rítmico, mientras permites que surja lo que sea. Cuanto más relajado puedas estar en tu cuerpo, mejor.

3. Finalización

- Mientras escuchas a tu cuerpo, se irá calmando de manera natural.
- Ralentiza el movimiento; haz que sea cada vez más sutil.
- Es posible que notes una liberación en el cuerpo, pequeños temblores, una emoción o sensaciones agradables o placenteras.
- Haz que tu cuerpo entre en la fase de finalización para que descanse.
- Deja que tu cuerpo se detenga y observa lo que hay.
- Es muy posible que se produzcan pequeños temblores internos, indicativos de liberación. Permanece presente mientras tienen lugar.
- Permanece erguido y sin moverte, y observa cómo las olas de liberación van remitiendo.

- Cuando te sientas tranquilo y en paz, o percibas un cambio en el estado de activación, da por concluido el ejercicio.

Antes de la sesión, después de la sesión y durante su curso:
Para que esta técnica sea máximamente efectiva, empléala antes o después de una sesión dada. Si la aplicases en el curso de la sesión, ello tendría un efecto distractor en el cliente. Si estuvieses nervioso por el próximo cliente, podrías tomarte tu tiempo para prepararte para esa sesión y trabajar con tu ansiedad utilizando la técnica del temblor.

También podrías hacer este ejercicio después de una sesión exigente o perturbadora desde el punto de vista emocional, para no llevarte esa energía a casa. Esta es una excelente herramienta de autocuidado para restablecer el sistema nervioso antes de salir de la consulta al final del día.

Si te sientes alterado en el curso de una sesión, puedes permitir que se presenten pequeños temblores de forma natural; pero ten en cuenta que tu atención se apartará del cliente, y no conviene que este hecho afecte a tu trabajo.

Herramienta 112

Ejercicio para
el cliente

Centrar la atención con la ayuda de un gong

OBJETIVO

Cada experiencia es transitoria y pasa. Tu experiencia traumática también puede pasar, como el sonido de un gong que se va desvaneciendo. Escucharás dos veces el tañido de un gong. La primera vez, lo escucharás como un sonido puro que se va atenuando. La segunda vez, visualizarás que tu imagen o historia se va disipando con el sonido.

Material necesario:
Una campana, un gong o una aplicación de sonidos de gong.

INSTRUCCIONES

- Siéntate en silencio y observa la habitación.
- Estudia cada detalle. Permanece atento a cualquier cambio que se produzca en tu respiración; advierte cualquier cambio que tenga lugar en tu atención.
- Cierra los ojos y examina tu experiencia.

- Mientras el gong suena una vez, explora tu reacción al sonido y el efecto de este. Deja que el sonido resuene hasta que se desvanezca por completo y desaparezca.
- Examina tu respuesta al sonido. ¿Qué sucede dentro de tu cuerpo?
- ¿Puedes permanecer atento al sonido mientras se va atenuando? ¿Qué cambios puedes detectar en la respiración?
- Abre los ojos: ¿qué efecto adviertes en tu atención y tu concentración?
- Toca el gong una segunda vez. Ahora imagina que tu estado de activación o tu historia se funde con el desvanecimiento del sonido.
- Presta atención al sonido y a la respiración al mismo tiempo.
- Ejecuta el ciclo completo dos o tres veces.

········· Herramienta 113 ·········

Hoja de
trabajo para
el cliente

Nombrar la experiencia

OBJETIVO

Esta herramienta te ayudará a arrojar más luz sobre tu experiencia. Aprender a nombrar lo que está sucediendo es el primer paso hacia el cambio. Decir lo que está ocurriendo en el momento presente es una excelente herramienta en caso de hipoactivación; te ayudará a enraizarte, a estar más presente y a no verte tan afectado. Utiliza tus capacidades de detección para sentir y percibir.

INSTRUCCIONES

Aprender a distinguir entre lo que nos ha activado y lo que está sucediendo realmente es útil cuando aprendemos a distanciarnos y regular nuestras emociones. Esta hoja de trabajo se puede usar en la sesión o como tarea después de una sesión.

En este momento, estoy sintiendo _____
_____ [emoción] **y estoy percibiendo en mi cuerpo** _____, _____,
_____ [al menos tres sensaciones corporales], **porque estoy recordando** _____
[nombra el trauma, sin entrar en detalles].

Al mismo tiempo, estoy mirando alrededor donde estoy ahora, en _____ [nombra tu entorno: «mi sala de estar», etc.].

Estoy mirando alrededor y veo _____ _____ [gira la cabeza y observa minuciosamente].

Aquello en lo que más reparo es_____ [anota algunas de las cosas que estás viendo ahora en este lugar].

Y en este momento sé que _____ _____ [solo el nombre del trauma] **ya no está aconteciendo más.**

¡Estoy aquí!

Escribe un enunciado en el que hagas constar tu estado en el momento presente:

Estoy/siento _____

_____

Herramienta 114

Ejercicio para
el cliente

Liberar el psoas

OBJETIVO

El psoas es un músculo importante en el cuerpo. También se lo conoce como el músculo de la lucha o huida, pues lo usamos para alejarnos o contraernos cuando estamos sometidos a estrés o cuando lidiamos con una amenaza. El estrés crónico o el trauma pueden tensar este músculo, con el consiguiente dolor en la ingle o en la zona lumbar.

Aprender a liberar el psoas nos puede ayudar a recuperarnos de traumas, así como a deshacernos del impacto de recuerdos traumáticos. Este ejercicio se centra en una liberación pasiva del músculo psoas.

INSTRUCCIONES

Hay dos formas pasivas de trabajar con el psoas: una es contra una pared y la otra es con los pies en el suelo.

Opción 1 - Los pies en el suelo:

- Acuéstate bocarriba con los pies apoyados en el suelo. Asegúrate de estar cómodo.
- Percibe la respiración y la superficie que hay debajo de ti.
- Comienza a levantar los pies con suavidad, como si estuvieran deslizándose fuera del agua. Este debe ser un movimiento muy lento que no requiera esfuerzo.
- A continuación, vuelve a poner los pies en el suelo.
- Asegúrate de *no* levantar los pies desde el psoas, sino de hacerlo desde el fémur.
- Puede ser que necesites algo de práctica.

Opción 2 - Los pies en la pared:

- Acuéstate bocarriba. Asegúrate de estar cómodo.
- Percibe la respiración y la superficie que hay debajo de ti.
- Pon los pies en la pared formando un ángulo de noventa grados.
- Trabajando en una pierna cada vez, libera el músculo psoas deslizando la pierna hacia la cadera, como si la dejaras caer. Esto hará que el psoas ejecute un movimiento pasivo. Asegúrate de no conducir el movimiento hacia la cadera; limítate a dejar caer la pierna.
- Cuando hayas realizado esta acción cuatro o cinco veces con una pierna, lleva a cabo el mismo proceso con la otra.

CAPÍTULO 23

Recursos somáticos

RECURSOS SOMÁTICOS Y PARA EL BIENESTAR INTEGRAL

Un recurso somático es cualquier cosa que genere una sensación de calma y estabilidad psicofísica en el estado interno del cliente que sufre un trauma; este elemento puede ser desde un recuerdo útil hasta una conciencia corporal interiorizada. La vida trae continuamente estímulos a los ojos del cliente traumatizado, quien encuentra refugio en el recurso somático. De esta manera, este tipo de recurso no solo apoya la supervivencia, sino que también ofrece un camino hacia una vida más plena y fructífera.

Recursos de supervivencia

- Los recursos de supervivencia son las respuestas de lucha, huida o parálisis que da el cuerpo. Son efectivos para la supervivencia porque nos ayudan a hacer frente a circunstancias estresantes y traumáticas. Cuando no podemos soportar más estimulación, acudimos a los recursos de supervivencia. Sin embargo, no son útiles si se usan repetidamente. Los recursos de supervivencia están más allá de la cognición; son la respuesta del cuerpo al estrés importante y el desbordamiento.

Recursos somáticos y para el bienestar integral

* Los recursos somáticos y para el bienestar integral nos ayudan a vivir según nuestro máximo potencial. Son la capacidad de pensar, sentir, percibir y relacionarnos sin caer en la hiperactivación o la hipoactivación, o sin experimentar desbordamiento. Los recursos somáticos nos ayudan a reconstruirnos y a volver a llevar una vida plena y equilibrada. Estos recursos nos permiten convivir con las emociones y circunstancias difíciles y crecer más, aprender y adaptarnos sin que se deriven daños para el cuerpo y el sistema nervioso.

Algunos de los principales recursos somáticos y para el bienestar integral que se han examinado son los siguientes:

1. Ejercicios de enraizamiento: mover intencionadamente los pies y las piernas y conectarlos con el suelo según un enfoque psicosomático.

2. Conexión con la tierra: se trata de percibir, físicamente, que pertenecemos a la tierra. Actividades que puedes llevar a cabo con este fin son las siguientes: sentir los pies en el suelo estando de pie, caminar con conciencia del suelo que tienes debajo o conectar con la idea de que la tierra te sostiene.

3. Caminar siendo conscientes del cuerpo. Esto puede consistir en un simple paseo por el vecindario.

4. Trabajar activamente con el psoas (el gran músculo de la lucha o huida): utilizar técnicas de liberación para aliviar la tensión que experimenta el psoas.

5. Toque compasivo con uno mismo. Explora qué tipo de toque te hace sentir bien. Experimenta con los golpecitos suaves y repetitivos.

6. Toque del terapeuta, cuando sea apropiado; debe ser seguro y no tener contenido sexual. El toque debe proporcionarse con mucho cuidado y prestando atención a los límites. Infórmate sobre las leyes y los principios éticos que rigen en tu zona

sobre este tema o consulta a un profesional de terapia corporal cualificado.

7. Conciencia sensorial: es la práctica de sentir el cuerpo. Por ejemplo, puedes sentarte al sol y sentir los rayos en la piel.
8. Movimientos de expresión corporal; por ejemplo, movimientos suaves y de baile. Descubre qué movimientos te parecen apropiados: ¿movimientos de baile expresivos o movimientos más pequeños, centrados en la experiencia interna?
9. Trabajar con el dolor: modular la intensidad sensorial a través de micromovimientos y la respiración.
10. Ejercicios de respiración que promueven el bienestar: aumenta tu capacidad de inhalación y exhalación. Con espíritu lúdico, experimenta con prácticas de respiración que te hagan sentir bien.
11. Prácticas de mindfulness en las que participe el cuerpo físico.
12. Expresiones creativas como el arte y la escritura, o hacer o escuchar música.
13. Naturaleza: puedes dar paseos por la naturaleza o usar la imaginación para visualizarla.
14. Ejercicio físico: cualquier ejercicio que te aporte una sensación de bienestar. Descubre cuál te va bien.
15. Visualizar un espacio seguro en el que estar.

CULTIVAR LA CONCIENCIA DUAL

En un estado de conciencia normal, somos capaces de encontrar un equilibrio entre los numerosos estímulos sensoriales internos y externos que llegan a nuestra conciencia en cualquier momento dado. Podemos pasar de uno a otro, ya que somos capaces de coordinar, sintetizar, gestionar e interpretar. Sin embargo, las personas que padecen el TEPT se acostumbran a prestar una cantidad desproporcionada de atención a los estímulos internos asociados con determinados sucesos pasados y a interpretar el mundo desde este punto de vista. Son menos capaces de procesar múltiples estímulos simultáneamente y su percepción se reduce. Cualquier sensación similar al trauma las lleva a percibir que están en peligro.

El problema que presenta el hecho de permanecer demasiado alerta en un esfuerzo por prever el peligro es que la persona se vuelve cada vez menos capaz de identificarlo. Los patrones de respiración vinculados a estados activados se manifiestan siempre que hay un recuerdo traumático o un factor desencadenante subyacentes. Llegados a este punto, también se vuelve imposible reconocer la seguridad. El peligro está en todas partes y el miedo es constante. La respiración alterada le recuerda y «demuestra» al cuerpo que el peligro es real.

En el tratamiento del trauma, practicamos la interrupción de estos momentos y proporcionamos recursos para superarlos; le enseñamos al cuerpo a reconocerse a sí mismo y a interrumpir el patrón de respiración disfuncional.

Herramienta 115

Ejercicio para el cliente

Recursos en cinco pasos

OBJETIVO

El propósito de este ejercicio es estabilizar y redirigir al cliente hacia un recurso somático.

INSTRUCCIONES

Visión general de los cinco pasos:

1. Evalúa qué tipo de recurso está disponible. Pregúntale al cliente qué considera útil como recurso. Cuando sea posible, pregúntale si puede percibir un recurso físico en el cuerpo (por ejemplo, sentir los pies en el suelo). Habla de todo esto con él.
2. Nombra la experiencia que proporciona este recurso.
3. Guía al cliente para que entre en un estado de atención plena.
4. Condúcelo a sumergirse en la experiencia del momento presente.
5. Explora la experiencia que proporciona el recurso. Para hacer el seguimiento, pídele al cliente que estudie los detalles de su experiencia. Permanece atento a los resultados positivos y a posibles descubrimientos.

Ejemplos concretos de preguntas e instrucciones para facilitar la aplicación de los cinco pasos:
Paso 1 - Evaluar e identificar el recurso
Evalúa qué tipo de recurso somático está disponible.

- «¿Qué tipo de recurso encuentras útil?».
- «¿Se trata de una experiencia física?».

- «¿Qué consideras seguro, placentero o relajante en este momento?».
- «¿Hay ahora mismo alguna imagen, sensación o emoción en tu cuerpo que puedas identificar como recurso?».
- «Relata un momento en el que te serviste de un recurso».
- «¿En qué parte de tu cuerpo reside ese recurso en este momento?».

Paso 2 - Nombrar la experiencia que proporciona el recurso
Finalidad prioritaria del recurso: ayudar a tener una experiencia positiva.

- «Parece que hay una sensación de calma en tu...».
- «Cuando piensas en tu "X", te relajas de inmediato».
- «Mientras sientes los pies, parece que...».
- «Parece que esto te recuerda algo agradable».

Paso 3 - Guiar al cliente hacia un estado de atención plena
Es importante pedirle al cliente que se tome su tiempo.

- «Adelante, concéntrate en este recurso».
- «Estate tranquilo y observa si puedes permanecer con este recurso».
- «Tómate tu tiempo para percibir que el recurso está aquí».
- «Sé consciente de cómo se concreta el recurso en este momento: ¿qué se manifiesta? ¿Cómo y dónde?».

Paso 4 - Conducir al cliente a sumergirse en la experiencia del momento presente
Pídele al cliente que se sumerja en la experiencia. El cuerpo responderá si se permanece con la experiencia del momento presente.

- «Observa qué te dificulta estar con este recurso en este momento».

- «Permanece con este recurso».
- «Observa cómo se manifiesta la activación y elige el recurso».
- «Adelante, permítete estar con el recurso».
- «Está bien que mantengas este recurso».
- «Permítete confiar en el recurso».
- «Elige este recurso una y otra vez».

Paso 5 - Explorar la experiencia que proporciona el recurso

Examina la experiencia y procura detectar posibles creencias negativas del cliente o intentos por su parte de minar la eficacia del recurso. Pídele que permanezca con el recurso si es posible.

- «Adelante, a ver si puedes desarrollar este recurso».
- «¿Puedes permitir que esto esté aquí en este momento, sin más?».
- «Estudia la calidad y los detalles que presenta este recurso en este momento».
- «Interésate por saber qué puede hacer por ti este recurso».
- «¿Qué efectos percibes que tiene en ti el recurso en este momento?».
- «Averigua qué experiencia quiere manifestarse naturalmente».
- «Observa si puedes permanecer con el recurso y estudiarlo, y advertir qué ocurre con la activación en este momento».

Ejercicio para el cliente

Práctica con la conciencia dual

OBJETIVO

Al cultivar la conciencia dual, somos capaces de procesar viejos traumas a medida que se presentan los ciclos de activación. Cada vez que se procesa con éxito un ciclo de activación, se le indica al cuerpo que se ha completado bien la respuesta al trauma y se han incorporado recursos. Este ejercicio apaciguará estos ciclos y establecerá un nuevo patrón respiratorio y corporal.

INSTRUCCIONES

- Indícale al cliente que imagine un suceso en el que la activación se presente dentro de la ventana de tolerancia, acercándose a la hiperactivación. Pero asegúrate de que la hiperactivación no llega a producirse; se trata de que el cliente pueda trabajar con su experiencia sin sentirse abrumado.
- Ahora dile que deje de lado el contenido y practique la conciencia dual. Esto significa que no debe pensar en la historia, sino enfocarse en la conciencia somática.
- Utiliza preguntas e indicaciones generales que fomenten el acceso a la experiencia somática.

Pídele que esté atento a los detalles de la experiencia somática:

- «Permítete ser testigo de tu experiencia *a medida que* se va desarrollando».
- «¿Dónde comienza y dónde termina esta sensación?».

Atención a la respiración:

- «¿Cómo estás respirando?».
- «Observa cómo se comporta tu respiración...». (Dile al cliente en qué estás interesado a este respecto; sobre todo te interesa saber adónde lleva el aire al respirar).
- «¿Cómo te gustaría estar respirando?».

Participación del recuerdo perturbador:

- «Mantén la activación un rato. ¿Qué sucede a continuación?».
- Indícale al cliente que permanezca con la experiencia de la sensación solamente: «Tómate el tiempo necesario para percibir las sensaciones y la respiración».
- «Deja que la imagen o el recuerdo perturbador esté presente, pero evita que te abrume. Vuelve a enfocarte en las sensaciones y en las características de la respiración».

Movimiento y respuestas:

- Haz que el cliente trabaje con respuestas sensoriales espontáneas e involuntarias: «En la medida en que te sientas cómodo, deja que tu columna vibre».
- «Observa cómo responde tu cuerpo en este momento. Está bien que se exprese según los impulsos naturales que surjan».

Cosecha - Regulación:

- Fomenta que el cliente saboree la experiencia: «Disfruta de sentir cómo tu energía se mueve».
- «Observa cómo tu respiración se tranquiliza y se regula. Fomenta que lo haga».
- «Ahora, percibe el movimiento respiratorio como olas que van y vienen».
- «Deja que tu cuerpo permanezca en este estado de calma...».

Ejercicio para
el cliente

Fortalecimiento con la espalda plana

OBJETIVO

En este ejercicio de fortalecimiento participan las piernas y el *core*. Se puede integrar en una sesión cuando el cliente deba percibir nítidamente el límite de su cuerpo o necesite experimentar fuerza en la parte central del cuerpo.

INSTRUCCIONES

Antes: En una escala del 1 al 10, siento este grado de enraizamiento: _____ .

- Comienza de pie, apoyado contra la pared, manteniendo la espalda plana.
- Siente los pies en el suelo.
- Desliza lentamente la espalda hacia abajo a lo largo de la pared.
- Presiona contra la pared y «siéntate», manteniendo las rodillas en un ángulo de noventa grados. Asegúrate de no forzar las rodillas.

- Haz que participen los músculos del *core* y las piernas. El peso deben soportarlo los grandes grupos musculares de los muslos.
- Relaja el resto del cuerpo; el cuello debe estar libre de tensiones. Mantén la mirada suavemente enfocada.

- Permanece en esta postura hasta que sientas una pequeña vibración en los músculos de las piernas.
- A continuación, endereza lentamente la espalda, deslizándola a lo largo de la pared para volver a ponerte de pie.
- Descansa un momento apoyado en la pared. Seguidamente, sepárate de la pared y permanece de pie.
- Percibe la conexión con el suelo.
- Puedes seguir todo el proceso dos o tres veces, pero asegúrate de no fatigar demasiado las piernas. Esta actividad tiene que ser revitalizadora; no se trata de cansar y forzar el cuerpo.

Después: En una escala del 1 al 10, siento que mi grado de enraizamiento es: _____

Reflexión:
Siento que mis piernas están: _____

Mi *core* está: _____

Mi nivel de energía general es: _____

Percibo que los límites de mi cuerpo son: _____

·········· Herramienta 118 ··········

Hoja de trabajo para el cliente

Conciencia corporal y recursos personales

OBJETIVO

Esta herramienta te ayudará a empezar a compilar tu propio repertorio de prácticas útiles. Las herramientas consistentes en recursos te invitan a responsabilizarte de determinar y usar aquello que funciona mejor en tu caso. La tabla que sigue te ayudará a reflexionar sobre los problemas de tipo somático que te aquejan y los remedios que te van bien. Piensa en tus cualidades y habilidades y en lo que puedes hacer para habitar cada vez más tu cuerpo.

INSTRUCCIONES

Sírvete de la tabla de la página siguiente para reflexionar sobre tus problemas somáticos y tus habilidades para afrontarlos. ¿Qué prácticas pueden ayudarte a cultivar las cualidades de la confianza y el crecimiento? ¿Qué te va bien?

Problemas somáticos y habilidades

Hoja de trabajo para el cliente

Problema somático	Cualidades	Habilidades	¿Qué práctica de mindfulness o conducente a habitar el cuerpo te resulta útil en relación con esto?	¿Qué necesitas practicar más? ¿Qué ayuda puedes obtener en relación con esto?
El cuerpo aloja tensión, ansiedad o depresión	Interés por explorar la forma de habitar el cuerpo y la conciencia de sí mismo	• Capacidad de sentir y percibir la experiencia tal como es • Capacidad de convivir con el dolor emocional, sin reprimirlo • Perspectiva favorable al aprendizaje y el crecimiento		
Recuerdos almacenados en el cuerpo; emociones intensas	Confiar en la inteligencia del cuerpo	• Capacidad de sentir placer y de tolerar las emociones positivas • Apertura a los sentimientos negativos y a indagar sobre su origen • Confianza básica en la propia bondad • Percibir el cuerpo como un aliado		

Problema somático	Cualidades	Habilidades	¿Qué práctica de mindfulness o conducente a habitar el cuerpo te resulta útil en relación con esto?	¿Qué necesitas practicar más? ¿Qué ayuda puedes obtener en relación con esto?
Emociones abrumadoras; relaciones interpersonales complicadas; no hay soluciones fáciles	Tolerar las zonas grises en las experiencias y las relaciones	• Ser capaz de pedir ayuda • Pensamiento claro y acceso a las sensaciones corporales y la autoconciencia • Capacidad de sentir autocompasión y bondad • Capacidad de tomar decisiones beneficiosas		
Fases vitales difíciles, crisis, estancamientos, obstáculos	Apertura a la dimensión existencial de la experiencia en el curso del proceso	• Capacidad de ver la propia vida emocional como transitoria • Capacidad de ver el problema desde una perspectiva más amplia • Capacidad de perdonarse a uno mismo y perdonar a los demás • Capacidad de ver un lado espiritual o favorable al crecimiento en los problemas de la vida • Ver el yo como un proceso en desarrollo		

································ Herramienta 119 ································

Hoja de trabajo para el cliente

Nombra tu recurso

OBJETIVO

Los recursos pueden ser tanto internos como externos. Nos estabilizan y nos ayudan a manejarnos en la vida en distintos momentos. Piensa en los diversos tipos de recursos de los que dispones en tu vida. Pueden ir desde las conexiones familiares hasta tu actividad favorita, tu mascota, las causas que te importan o tus prácticas espirituales. Piensa en lo que te hace feliz, te proporciona recursos y te da estabilidad para que puedas lidiar de manera efectiva con las dificultades de la vida.

INSTRUCCIONES

Identifica los recursos que tienes a tu disposición en tu vida.

Recursos externos	Recursos del ámbito de las relaciones	Recursos internos

LA COHERENCIA SOMÁTICA

La coherencia es la ausencia de estrés y trauma; el bienestar interno y el externo están alineados. Cuando acontece un trauma, afecta al cuerpo y a la persona. Las respuestas biológicas al estrés y al trauma buscan el bienestar emocional y físico. Estos mecanismos innatos de sanación se ven favorecidos si aprendemos a sintonizar con las necesidades del cuerpo y si sabemos cómo se produce la sanación.

La coherencia somática hace referencia a las emociones y las sensaciones que experimenta el cuerpo como un estado en el que se encuentra. Cuando los factores estresantes remiten, nos recuperamos; volvemos a sentirnos en un estado de coherencia: el buen funcionamiento mental se restablece, la agitación emocional se calma y el dolor físico se alivia. Estar conectado con el propio equilibrio y el propio bienestar interno es crucial para el proceso de sanación. La coherencia somática es la manera en que el cuerpo, la mente y el corazón se alinean de nuevo después de haber estado desajustados. Con las prácticas somáticas que siguen aprenderás a identificar tu grado de coherencia y a fomentarla.

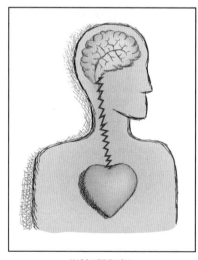

INCOHERENCIA

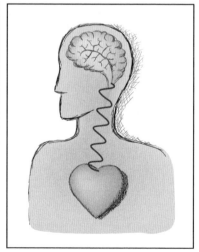

COHERENCIA

Te conviene saber cuáles son tu salud y tu bienestar óptimos. El hecho de conocer tu estado de coherencia interna te ofrece un punto de referencia emocional que te permite advertir de inmediato la aparición del estrés y efectuar cambios antes de que este se acumule y desemboque en la incoherencia. Aprender a cuidar tu coherencia interna es esencial para que puedas lidiar con los factores estresantes de la vida diaria. Si dominas la coherencia somática, puedes enfrentarte a un solo factor estresante cada vez y evitar el agotamiento por desgaste. Si sintonizas con tu cuerpo, te haces amigo de los pequeños factores estresantes y prestas atención a la respiración, el bienestar corporal resultante te permitirá gozar de buena salud durante mucho más tiempo.

Hoja de trabajo para el cliente

Reflexiona sobre tu propia coherencia somática

OBJETIVO

Aprende a determinar por ti mismo qué entiendes por coherencia somática. La coherencia somática representa tu mejor estado y tu mayor grado de sintonía con tu cuerpo, tu corazón y tu mente. ¿Cómo sabes que estás emocionalmente alineado con tus intenciones? ¿Qué indicios inequívocos te hacen saber que te sientes en tu mejor momento?

Esta herramienta te ayuda a evaluarte dentro de lo que consideras que es una coherencia somática alta, equilibrada o baja.

INSTRUCCIONES

Identifica qué te ayuda a llegar a este estado y qué se interpone en tu camino. ¿Qué evita que te sientas bien y con una buena coherencia? Dedica un tiempo a reflexionar sobre los obstáculos internos, como el monólogo interior negativo o los desencadenantes que interfieren en tu coherencia somática. Los obstáculos internos son voces negativas que afectan a la autoestima y a la confianza en el propio cuerpo. Pueden ser voces de duda, preocupación o ansiedad que acallan la curiosidad y la creatividad.

Que gozas de una *coherencia alta* significa que te sientes lleno de potencial creativo, energía y la capacidad de manejar factores estresantes sin verte afectado negativamente. Si tu coherencia es *equilibrada*, estás en armonía contigo mismo. Y una *coherencia baja* significa que puedes hacer frente a las circunstancias, pero no estás rindiendo al máximo. La autoevaluación que aquí se propone está basada en lo que sabes sobre tu propio cuerpo.

```
10
 9     ┌──────────────────────┐
 8     │  Coherencia alta      │
 7     └──────────────────────┘
 6     ┌──────────────────────────┐
 5     │  Coherencia equilibrada   │
 4     └──────────────────────────┘
 3     ┌──────────────────────────┐
 2     │  Coherencia baja          │
 1     └──────────────────────────┘
```

1.ª Parte

Para mí, una *coherencia somática alta* significa que estoy _____
_____.

Para mí, una *coherencia somática equilibrada* significa que estoy __
_____.

Para mí, una *coherencia somática baja* significa que estoy _____
_____.

¿Qué restablece mi coherencia somática?_____
_____.

Reflexión:

Tómate un momento para reflexionar sobre lo que se interpone en el camino de tu coherencia somática óptima. ¿Qué voz interna negativa interfiere? ¿Cuáles son las preocupaciones o ansiedades que te frenan?

Mis obstáculos internos son:

_____

_____

_____

_____

Para superar los obstáculos internos necesito:

_____

_____

_____

_____

2.ª Parte

Otórgate una puntuación en la escala de coherencia somática. Si te encuentras en el nivel de la coherencia alta, tómate un momento para revisar los obstáculos que te perjudican en otros momentos. ¿Cómo te relacionas con ellos en este estado? Compáralo con una ocasión en la que estuviste en un estado de coherencia somática baja y en la relación que mantuviste con tus obstáculos internos entonces. ¿Hay diferencias?

Encontrándote en un estado de coherencia somática alta, escríbeles a tus obstáculos internos:

Entiendo que:

_____

_____

Quiero que sepáis que:

_____

_____

_____

La próxima ocasión en que me encuentre en un estado de baja coherencia, quiero que me ayudéis a hacer lo siguiente:

_____

_____

_____

Seguimiento del cliente desde la activación corporal hasta la coherencia somática

Hoja de trabajo para el terapeuta

OBJETIVO

Esta herramienta te ayudará a determinar qué herramientas de sabiduría corporal son útiles con tu cliente. Comienza por hacer un seguimiento de aspectos clave como son la respiración, la atención, el movimiento de los ojos, la postura, el movimiento corporal y la capacidad de estar presente. Al registrar estas señales corporales, obtendrás una comprensión más completa acerca de qué señales somáticas deben tenerse en cuenta en la evaluación del trauma y el estrés del cliente. Pero no te bases en este recurso solamente; sigue empleando cualquier otra herramienta de evaluación clínica que ya estés utilizando. Rastrear el cuerpo e interpretar correctamente las señales puede ser lioso y difícil, ciertamente, pero la tabla que a continuación se presenta te ayudará a seguir observando e indagando.

Además, busca la coherencia somática. Averigua cuándo se encuentra en un estado de equilibrio tu cliente según su propia percepción. El término *coherente* significará algo distinto para cada uno de tus clientes; por lo tanto, es importante que sepas qué considera que es la *coherencia somática* cualquier cliente dado, para que puedas conocer y comprender su experiencia interna.

INSTRUCCIONES

La tabla que sigue contiene partes del cuerpo clave en las que rastrear la activación. Dicho rastreo puede incluir tanto lo que observas en cualquier sesión dada como lo que declara el cliente. Esta tabla puede ayudarte a hacer el seguimiento de los patrones y comportamientos corporales del cliente a lo largo del tiempo, para que estés más orientado a la hora de usar las herramientas somáticas incluidas en este libro. Apunta las herramientas que utilices y anota cuáles funcionan y cuáles no; esto te ayudará a ser más efectivo. Deberás basarte en tu formación y tu criterio profesional para realizar las intervenciones adecuadas.

Señales somáticas	Notas/ Observaciones	Herramientas de sabiduría corporal	Ha funcionado bien	Necesita ajustes	Señales de coherencia somática
Dónde tiene lugar la respiración					
Parte superior del pecho					
Parte media del pecho					
Parte inferior del pecho					
Características de la respiración					
Veloz					
Rápida					
Contenida					
Rígida					

Señales somáticas	Notas/ Observaciones	Herramientas de sabiduría corporal	Ha funcionado bien	Necesita ajustes	Señales de coherencia somática
Denota miedo o ansiedad					
Stacatto					
Entrecortada					
Conciencia de la respiración					
Capaz de enfocarse en la respiración					
Se distrae con facilidad					
Evita ser consciente de la respiración					
Teme ser consciente de la respiración					
Atención					
Capaz de enfocarse					
Demasiado enfocado, con visión de túnel					
Distraído y con ansiedad					
Distraído y con ira					
Distraído y con molestias somáticas					
Deja de enfocarse y se distrae con facilidad					

Señales somáticas	Notas/ Observaciones	Herramientas de sabiduría corporal	Ha funcionado bien	Necesita ajustes	Señales de coherencia somática
Ojos					
Exploradores, muy alerta					
Exploradores, con miedo o terror					
Miran de reojo					
Mirada perdida, demasiado poco enfocada					
Mirada intensa, demasiado enfocada					
Postura					
Rígida y tensa					
Erguida y sin movimiento					
Músculos contraídos					
En tensión defensiva					
Decaída					
Movimiento					
Espasmos en las piernas					
Espasmos en los brazos					
Espasmos en las manos					
Columna temblorosa					
Piernas temblorosas					

Señales somáticas	Notas/ Observaciones	Herramientas de sabiduría corporal	Ha funcionado bien	Necesita ajustes	Señales de coherencia somática
Brazos o manos temblorosos					
Temblor en todo el cuerpo					
Movimientos repetitivos (en cualquier parte del cuerpo)					
Retuerce o aprieta las manos					
Manos apoyadas o sujetadas debajo de las piernas					
Mueve o arrastra los pies					
Pies uno sobre el otro o recogidos por debajo					
Brazos cruzados					
Capacidad para la atención plena					
Incapaz de gozar de atención plena					
Sale del estado de atención plena					
Mente o pensamientos acelerados					
Se desconecta					

Señales somáticas	Notas/ Observaciones	Herramientas de sabiduría corporal	Ha funcionado bien	Necesita ajustes	Señales de coherencia somática
Sumergido en su mundo interior					
Experimenta su mundo interior como una amenaza					
Otras señales corporales					

CAPÍTULO 24

Vergüenza y trauma

La vergüenza es un estado de profunda inseguridad en el que el yo está «dividido», imaginando el yo en los ojos del otro; en contraste, en la culpa el yo está unificado. En la vergüenza, el yo es pasivo; en la culpa, el yo es activo. La vergüenza es una emoción extremadamente dolorosa y perturbadora, mientras que la culpa puede experimentarse sin que tenga que producirse una respuesta emocional fuerte. La vergüenza engendra un deseo de esconderse, escapar o atacar a la persona que ha provocado este sentimiento. En cambio, la culpa engendra un deseo de deshacer la ofensa, de enmendar. Finalmente, la vergüenza es expulsada con el restablecimiento del contacto visual y con la risa compartida e impregnada de buen humor, mientras que la culpa se supera con un acto de reparación.

—Judith Lewis Herman

Pueden aparecer sentimientos de vergüenza al trabajar con el cuerpo en general. Pueden aflorar creencias arraigadas sobre el cuerpo que hagan que el cliente experimente sentimientos «oscuros y vergonzosos». En el contexto de la psicoterapia somática, estos son momentos importantes que no deben pasarse por alto. Puedes validar estos sentimientos del cliente, y hacerle saber que son normales, por medio de declaraciones empáticas. El cliente querrá volver a ocultar estos sentimientos y esconderse a sí mismo junto con ellos (probablemente), ya que estos momentos son realmente difíciles de presenciar. El simple hecho de que la persona pueda aceptar estos momentos de vulnerabilidad es sanador.

Los sentimientos de vergüenza a menudo surgen de una forma más evidente en relación con un trauma. Puede haber una serie de emociones conectadas a este, como las siguientes:

- Un fuerte impulso de esconderse y retraerse emocionalmente.
- Autocrítica negativa, rozando el abuso verbal para con uno mismo.
- Sentirse humillado, avergonzado.
- La inclinación a guardar secretos y evitar ciertas situaciones.

LA VERGÜENZA Y LAS INTERVENCIONES SOMÁTICAS

La experiencia de la vergüenza puede provocarles un alto grado de disociación corporal a los clientes que sufren algún trauma. Dado que la vergüenza es una respuesta involuntaria del cuerpo, similar a las respuestas de huida y parálisis, el cliente puede sentirse atrapado internamente. La presión social para permanecer en la relación terapéutica puede llevarlo a sentirse mal. Dado que los clientes no pueden salir de la consulta en ese momento (aunque algunos tal vez lo hagan), es posible que experimenten que no tienen escapatoria. Esto podría intensificar el trauma existente o reforzar los mensajes internos que lo acompañan. La vergüenza nunca nos hace sentir bien, y la mayoría de nosotros queremos alejarnos de ella o esconder la experiencia lo más rápido posible. La vergüenza puede alentar el deseo de ser reservado y de ocultar el verdadero yo.

Como terapeutas somáticos, tenemos la inclinación de querer ayudar a nuestro cliente a ocultar ese momento de vergüenza; también queremos apartar la mirada o evitar mencionar lo que está sucediendo. Sabemos instintivamente que no queremos decir algo que empeore la situación; sin embargo, no decir nada es asimismo una mala opción. En el trabajo somático, se trata de fomentar la amabilidad y una exploración suave y consciente de los sentimientos de vergüenza. Al mismo tiempo, tenemos que dejar espacio al cliente para que se retire y siga adelante.

Al principio, la vergüenza puede abordarse *a posteriori*; es decir, una vez que el ataque de vergüenza ha pasado, puedes invitar al cliente a reflexionar y a tomar conciencia de lo que ha experimentado. Cuanto más habléis al respecto y trabajéis con ello, menos poder tendrá la vergüenza. Estaréis afirmando que esta sensación corporal es normal, como cualquier otra. Alguna pregunta de indagación que no comprometa al cliente puede bastar para que este recupere cierto control sobre la experiencia y se interese por ella. (Aquí tienes un ejemplo de pregunta: «Esa reacción fue potente. ¿Tienes alguna curiosidad por explorar lo que acaba de suceder?»).

Una vez que haya aceptado este tipo de exploración, tendrás la oportunidad de trabajar con el ataque de vergüenza cuando se produzca. La verdad es que el ataque de vergüenza en sí dura unos segundos solamente; sin embargo, la experiencia interna y el significado que se le da pueden estar ahí toda la vida. Cuanto menos poder tengan estos mensajes duraderos, menos frecuentes serán los ataques de vergüenza.

A menudo, las experiencias de vergüenza pasadas van acompañadas del hecho de haber sido «descubierto» por alguien. El ejemplo clásico de ponerse rojo y que alguien te diga que te has puesto colorado nos da una pista del gran impacto negativo que puede tener el hecho de ser delatado. El cuerpo responde a la exclusión como si se tratase de una amenaza a la propia vida. Ser expulsado de nuestra tribu humana es un miedo primario programado en nosotros y puede significar la diferencia entre la vida y la muerte. El cuerpo registra esta experiencia y responde desde el sistema de lucha, huida o parálisis.

PISTAS VERBALES

Si el cliente utiliza las siguientes palabras para explicar su experiencia, presta atención a cualquier señal corporal que pueda indicar que la vergüenza está presente: *ridículo*, *absurdo*, *estúpido*, *tonto*, *humillado*, *indefenso*, *inepto*, *dependiente*, *pequeño*, *inferior*, *avergonzado*, *inútil*, *débil* o *idiota*.

INDICIOS RESPIRATORIOS

Cuando un cliente hable sobre su experiencia de vergüenza o tenga un ataque de vergüenza, presta mucha atención a cómo respira. Verás patrones de respiración similares a cuando sufre una activación de su trauma. La respiración es una de las señales corporales más fáciles de seguir para detectar la presencia de vergüenza. Busca indicios como estos: una respiración superficial y contenida, una constricción en la garganta, dificultad para respirar, respiraciones pequeñas y medidas como si se estuviera sorbiendo el aire, quejas de opresión en el pecho, labios apretados e inhalaciones y exhalaciones en ráfagas cortas o respiración rápida en la parte alta del pecho.

Herramienta 122

Ejercicio para el terapeuta

Tomar una instantánea corporal para el día

OBJETIVO

Los pasos que aquí se presentan son formas suaves de ayudar al cliente a hacerse amigo de la experiencia de vergüenza y aprender a dominarla en lugar de rehuirla. Dado que se siente rehén, somáticamente, de la intensidad de la vergüenza, tienes que tomar la iniciativa para ayudarlo en estos momentos. Asegúrate de ser amable y aceptar su experiencia. Es fácil que como terapeuta te sientas afectado; por lo tanto, exprésate con delicadeza y claridad. Cada vez que realices con éxito esta intervención, estás reeducando el cerebro y el resto del cuerpo hacia nuevas posibilidades.

INSTRUCCIONES

- **Identifica y acepta.** Reconoce el estado de vergüenza, con mucha delicadeza: «Estoy advirtiendo que hay muchas emociones y sensaciones en este momento. Parece que todas están hablando a la vez. Entiendo que tiene que ser una experiencia muy intensa para ti...».
- **Toma la iniciativa.** El cliente está atrapado en su vergüenza y quiere esconderse. Como terapeuta, debes tomar la iniciativa, con delicadeza: «Intentemos cambiar algo. ¿Puedes enfocarte en la parte baja del vientre ahora mismo y hacer algunas respiraciones lentas? Sé que esto podrá parecerte un poco ridículo en este momento, y está bien. Puedo hacerlo contigo». También puedes ofrecer recursos corporales que sabes que el cliente aceptará, en relación con los pies, las piernas..., partes del cuerpo que sabes que no serán problemáticas o que le ayudarán a enraizarse.

427

- **Saca al cliente de la experiencia y haz que perciba lo que está ocurriendo como normal.** La atención plena es apenas posible y el pensamiento está fuera de lugar, así que debes sacar al cliente de la experiencia guiándolo hacia sus propios recursos: «Tienes muy calientes las manos, ¿verdad? Está bien. Deja que el calor esté ahí; ya pasará»; «Puedes observar cómo pasan estas sensaciones. Déjame ayudarte con esto...»...

- **Rastrea el cuerpo.** Una vez que veas una liberación parasimpática y que el cliente establece más contacto visual, puedes hacer explícito lo ocurrido: «Apareció algo de vergüenza, ¿eh?». «Sí, dio la impresión de que te sentiste un poco avergonzado»...

- **Brinda educación psicoemocional y ayuda a integrar con herramientas:** «¿Qué te recordó eso? Ahora que no estás tan alterado, hablemos de lo ocurrido»; «¿Sabes?, eso es lo que sucede cuando el cuerpo se asusta: sentimos vergüenza. Es una respuesta muy normal». Contextualiza la experiencia de vergüenza como una de las respuestas normales al trauma. Por ejemplo: «La vergüenza es una respuesta saludable y nos recuerda que somos seres morales. Sentimos y percibimos lo que no está bien»; «Cuando sentiste vergüenza, siendo una niña pequeña, cuando ocurrió "X", supiste que eso estaba mal, ¿no?»...

Exponer al monstruo de la vergüenza

OBJETIVO

La vergüenza es una respuesta involuntaria. Al «sacar a la luz» la vergüenza y tomar conciencia de ella, perderá su fuerza y su carácter oculto. Este ejercicio está concebido para ayudarte a sentirte cómodo con tus monstruos de la vergüenza y quitarles poder. Es importante mantener la atención plena y tomarse las cosas con calma en este ejercicio.

INSTRUCCIONES

Completa las afirmaciones y responde las preguntas:

1. «Recuerdo haber sentido vergüenza por...». Primero, estudia la respuesta en tu cuerpo; después, escribe lo primero que te venga a la cabeza.

   _____

   _____

2. «Recuerdo esa experiencia de vergüenza en mi cuerpo; fue como si...»

   _____

   _____

3. «Ahora recuerdo la vergüenza del pasado, y siento...»

_____

_____

4. «Le pondré este nombre a este monstruo de la vergüenza»:

_____

_____

5. Si pudieras dibujar a este monstruo de la vergüenza, ¿qué aspecto tendría? Dibújalo ahora en una hoja de papel aparte.

6. Regresa a tu cuerpo; respira y siente. ¿Qué percibes en este momento?

_____

_____

Herramienta 124

Hoja de trabajo para el terapeuta

Identificar y reenfocar los ataques de vergüenza

PRIMERA PARTE

OBJETIVO

La vergüenza es una respuesta natural del cuerpo. Pero también es una respuesta involuntaria que puede causar estrés secundario,* ya que puede ser intensa, repentina y abrumadora. La vergüenza puede surgir cuando tenemos un comportamiento que no es conveniente desde el punto de vista moral o ético, o en el contexto de nuestra cultura. Podemos experimentar una sensación de fracaso al protegernos a nosotros mismos o al mantener un conflicto interno. La vergüenza también puede surgir al ser testigos o espectadores de un acto de violación que no podemos evitar presenciar y está más allá de lo que podemos controlar. Asimismo, puede ser el resultado de la reflexión sobre un comportamiento poco consciente que hemos tenido. La vergüenza es una respuesta del cuerpo que llega y se va como un destello. Sin embargo, el efecto de la vergüenza puede persistir y pueden surgir respuestas secundarias, como el deseo de ocultar los sentimientos, una actitud defensiva, la agresividad hacia la persona que ha advertido la reacción de vergüenza o el deseo de retraerse emocional y físicamente.

Como terapeuta que trabaja con la vergüenza, tienes que ser sensible y considerado hacia la experiencia de la persona. El impulso de querer ocultar el momento de vergüenza es grande,

---

* N. del T.: El estrés secundario es la tensión experimentada por el terapeuta, en este caso, al tratar con el problema del cliente (la vergüenza, en este contexto). Puede tener un impacto en su bienestar emocional y en su capacidad de brindar un apoyo efectivo.

porque no es una experiencia agradable cuando está ocurriendo. Saber que el momento pasará es crucial, porque entonces
puedes trabajar con el momento de vergüenza y ayudar al cliente a salir del bloqueo. La vergüenza refuerza la vergüenza con el
tiempo si no se comprende o no se trabaja con ella.

La primera parte de la herramienta 124 está enfocada a
que como terapeuta trabajes con tu propia vergüenza cuando
percibas que esta te ha bloqueado o alterado. La segunda parte de la herramienta la podrás usar con tu cliente cuando el
episodio de vergüenza acabe de producirse. Existe un lapso de
tiempo ideal, una vez que la vergüenza ha disminuido un poco,
en el que podrías encontrar que el cliente está receptivo a la
sugerencia de trabajar directamente con ella. Si la vergüenza
pasa a ser un recuerdo demasiado lejano, no estará lo bastante
viva para él, mientras que si la abordas de inmediato, cuando
está sucediendo, puede ser que la exacerbes. Sentir vergüenza
a causa de la propia vergüenza es una experiencia común. Asegúrate de contar con los recursos pertinentes como terapeuta
y sé *muy* amable con tu cliente. Se trata de que veas lo que tiene
de «bueno» la vergüenza y de que no la fomentes.

La vergüenza es un momento fugaz pero importante. Por
lo tanto, te conviene ser valiente y trabajar con ella. Es fácil dejar pasar el momento de vergüenza, pero te animo a que trabajes con él. La vergüenza quiere que se la explore; su significado
es más profundo de lo que puede parecer. Si te muestras amable, abierto y receptivo, y realmente te mantienes atento a la
experiencia corporal del cliente, verás que puede abrirse una
posibilidad totalmente nueva. El cliente podría descubrir qué
le hizo sentir vergüenza en primer lugar. La vergüenza es como
una brújula moral que quiere ser conocida, no que se la arroje

a causa de la fuerte manifestación somática. Recuerda que el momento difícil es fugaz; no durará.

Consejo importante:
Cuando se esté produciendo el ataque de vergüenza, evita usar esta palabra. Refiérete a ella de una manera indirecta y espera a que sea el mismo cliente quien utilice la palabra *vergüenza* para referirse a su experiencia. ¡Esto es importante para fomentar su empoderamiento! Aquí tienes algunas formas de hacer referencia a la intensidad del ataque de vergüenza:

- «Veo que estás manifestando una respuesta fuerte».
- «Parece que esto es difícil para ti en este momento, ¿verdad?».
- «Tu cuerpo está respondiendo en este momento; ¿de qué te das cuenta?».
- «Parece que es difícil manifestar con palabras lo que está expresando tu cuerpo».
- «No es fácil comprender lo que está sucediendo en este momento».
- «Observa cómo responde tu cuerpo. ¿No sientes curiosidad por lo que está pasando?».
- «Hay un montón de emociones y sensaciones en conflicto ahora mismo».

INSTRUCCIONES

Conoce tus propias respuestas de vergüenza. Haz tu propia tarea a este respecto. Indaga a partir de las preguntas que siguen, sobre todo cuando notes que te afecta un cliente que tiene una respuesta de vergüenza.

Preguntas para la autorreflexión:
Bajo cada punto se incluye una línea para escribir en el original.

- ¿Qué te pasó cuando se activó la vergüenza en tu cliente?

  _____

- Conecta con el momento del ataque de vergüenza y sintoniza somáticamente con tu cuerpo para tomar conciencia de lo que sentiste. Percibe las señales manifestadas por tu cuerpo y tus pensamientos.

  _____

- ¿En qué parte o partes del cuerpo notas la vergüenza? ¿Hay zonas en las que ya la hayas notado antes?

  _____

- Advierte las señales corporales que indicarán un ataque de vergüenza la próxima vez y considera que constituyen un sistema de alarma personal. Esta alarma debería ayudarte a redirigir la experiencia de este momento hacia una acción positiva con la que apoyarte a ti mismo. Anota cuál es la alarma de la vergüenza en tu cuerpo:

  _____

- Enumera ahora los lugares de tu cuerpo que te pueden ayudar la próxima vez que experimentes vergüenza y siéntelos; constituyen tus recursos corporales:

  _____

- Encuentra una forma positiva de referirte a la vergüenza; ponle otro nombre, que usarás solo tú. ¿Y si la vergüenza tuviera un mensaje positivo para ti? ¿Qué diría?

  _____

Reflexión:
¿De qué formas me empequeñece la vergüenza? _____
_____.

······ Herramienta 124 ······

Hoja de
trabajo para
el cliente

Identificar los ataques de vergüenza y prevenir las espirales de vergüenza

SEGUNDA
PARTE

INSTRUCCIONES

Trabaja con el cliente en relación con su ataque de vergüenza y en la forma de evitar una espiral emocional negativa. Recuerda que lo ideal sería que la intensidad del ataque de vergüenza haya pasado, el cliente haya identificado que lo que ha experimentado ha sido vergüenza o estés explorando la naturaleza de esta respuesta intensa justo después de que se haya producido.

Paso 1 - Identificar

1. Haz una observación amable.
   - «Esta ha sido una respuesta intensa, ¿verdad?».
2. Estimula la curiosidad y la ausencia de juicio.
   - «¿No tienes curiosidad por lo que acaba de suceder?».
3. Haz que el cliente explore la respuesta del cuerpo, sin poner ninguna carga emocional.
   - «Permanezcamos con lo que estás notando en el cuerpo en este momento. Explora un poco esta experiencia».
4. Indícale que ponga un nombre a su experiencia, reflexione sobre ella y la contextualice.
   - «Trata de ponerle un nombre a esta parte de tu cuerpo o a la experiencia que acabas de tener».

Paso 2 - Nombrar la experiencia y reflexionar al respecto [a partir de aquí, las instrucciones se dirigen directamente al cliente]

Ahora que tienes más información, intenta ponerle un nombre a la experiencia que has tenido:

_____

_____

Haz un dibujo muy rápido o ponle un nombre a tu experiencia. No pienses; confía en la primera respuesta que te venga a la mente.

Dibujo de la primera respuesta:

Observa el nombre del dibujo y reflexiona al respecto ahora mismo.

¿Cómo suena o qué aspecto tiene?

¿Qué te resulta familiar?

¿Cuándo tiene lugar este ataque de vergüenza?

¿Cuáles son algunos de los desencadenantes de la vergüenza que conoces?

_____

_____

_____

_____

Paso 3 - Descubrir las lecciones del ataque de vergüenza

Toma un aspecto del dibujo, nombre o reflexión relativos al ataque de vergüenza que te llame la atención. Por ejemplo, puedes tomar una palabra y trabajar, en este paso, con esta palabra solamente. Si tuvieras una palabra como *esconder*, preguntarías: «¿Qué tiene que enseñarme *esconder*? Si *esconder* tuviera un mensaje, ¿qué diría? Si *esconder* fuese brillante e inteligente, ¿qué significaría?».

«¿Qué tiene que enseñarme _____?».

«Si _____ tuviera un mensaje, ¿qué diría?».

«Si _____ fuera brillante e inteligente, ¿qué significaría?».

Ahora, formula una nueva afirmación sobre el ataque de vergüenza con esta información que acabas de descubrir.

«El ataque de vergüenza que he tenido significa que soy/
estoy...»

_____

_____

_____

¿Has comprendido algo más?

_____

_____

_____

································ Herramienta 125 ································

Rayos de sol en tu cuerpo

OBJETIVO

El propósito de este ejercicio es contrarrestar la experiencia de vergüenza. La vergüenza hace que el cuerpo se sienta pequeño y contraído. Para «liberar» el cuerpo, puedes acogerlo de nuevo de una manera suave y progresiva. Visualiza que los rayos del sol llegan a tu vientre y te van calentando gradualmente.

INSTRUCCIONES

- Imagina un espacio seguro en la naturaleza. Tal vez estás acostado en una roca suave, en la tierra o en un banco acogedor.
- Pon una mano sobre el ombligo.
- Imagina que el sol está ahí, cálido, brillante y acogedor.
- Comienza a respirar lentamente como si llevases el aire a la zona del ombligo, debajo de la mano.
- Ahora imagina que los rayos del sol llegan al ombligo y se expanden desde ahí, calentándote. ¿Puedes sentir los rayos del sol en tu cuerpo? Concéntrate en la imagen.
- ¿Qué sucede cuando sientes el calor? Observa si puedes fluir con las sensaciones corporales y disfrutarlas; advierte qué surge. Mantente atento a tu cuerpo y a tu respiración. ¿Respiras más despacio ahora? ¿De qué te vuelves consciente a medida que realizas esta práctica?

- Observa el cambio que tiene lugar y cómo tu cuerpo regresa a un estado de calma.
- Percibe cómo el fulgor intenso de la vergüenza ha sido reemplazado por el cálido brillo del sol.

Reflexión:

- ¿De qué maneras me empequeñece la vergüenza?

  _____

  _____

  _____

- ¿Qué desencadena mis ataques de vergüenza?

  _____

  _____

  _____

- ¿Qué me ayuda cuando estoy en medio de uno de estos arrebatos?

  _____

  _____

  _____

- ¿Qué recursos tengo en mi interior para contrarrestar la vergüenza?

  _____

  _____

  _____

• ¿Qué tengo que recordar después del ataque?

_____

_____

_____

Bibliografía

Para tu comodidad, puedes descargar e imprimir las hojas de trabajo para el cliente y el terapeuta contenidas en este libro (en inglés) desde www.pesi.com/SomaticTB.

Baka, D. (1999). *Minding the Body: Clinical Uses of Somatic Awareness*. Nueva York, EUA: Guilford Press, 4-5.

Bainbridge Cohen, B. (1993). *Sensing, Feeling and Action: The Experiential Anatomy of Body-Mind Centering*. Northampton (Massachusetts), EUA: Contact Editions.

Damasio, A. (2018). *La sensación de lo que ocurre: cuerpo y emoción en la construcción de la conciencia*. Barcelona (España): Destino.

Field, T. (2003). *Touch*. Londres (RU): The MIT Press.

Field, T. (2014). *Touch. A Bradford Book*. Cambridge (Massachusetts), EUA: The MIT Press.

Fogel, A. (2009). *Body Sense: The Science and Practice of Embodied Self-Awareness*. Nueva York, EUA: W. W. Norton.

Franklin, E. (2012). *Dynamic Alignment Through Imagery*. 2ª edición. Champaign (Illinois), EUA: Human Kinetics.

Hartley, L. (1995). *Wisdom of the Body Moving: An Introduction to Body-Mind Centering*. Berkeley (California), EUA: North Atlantic Books.

Heller, L. y LaPierre, A. (2017). *Curar el trauma del desarrollo: el método relacional neuroafectivo (NARM) para restablecer la conexión*. Sitges (España): Eleftheria.

Johnson, D. (1983). *Body*. Boston (Massachusetts), EUA: Beacon Press.

Levine, P. A. (2021). *En una voz no hablada: cómo el cuerpo se libera del trauma y restaura su bienestar*. Móstoles (Madrid): Gaia.

McHose, C. (2006). *How Life Moves: Explorations in Meaning and Body Awareness*. Berkeley (California), EUA: North Atlantic Books.

Mischke-Reeds, M. (2015). *8 Keys to Practicing Mindfulness: Practical Strategies for Emotional Health and Well-Being*. Nueva York (EUA): W. W. Norton.

Olsen, A. (1991). *Body Stories: A Guide to Experiential Anatomy*. Nueva York, EUA: Station Hill Press.

Prendergast, J. (2015). *In Touch: How to Tune in to the Inner Guidance of Your Body and Trust Yourself*. Boulder (Colorado), EUA: Sounds True.

Ray, R. (2008). *Touching Enlightenment: Finding Realization in the Body*. Boulder (Colorado), EUA: Sounds True.

Weiss, H., Johanson, G. y Monda, L. (2015). *Hakomi Mindfulness-Centered Somatic Psychotherapy: A Comprehensive Guide to Theory and Practice*. Nueva York, EUA: W. W. Norton.

Sobre la autora

Manuela Mischke-Reeds, máster en Humanidades, licenciada en terapia matrimonial y familiar y psicoterapeuta somática, es profesora y conferenciante internacional, autora y profesora de meditación. Forma a profesionales de la salud en California, Australia, Nueva Zelanda, Israel, Europa y China. Además, codirige el Instituto Hakomi de California, donde también imparte clases, y es la creadora de «From Trauma to Dharma» ('del trauma al *dharma*'), una formación somática en trauma para profesionales de la salud.

Manuela imparte conferencias, atiende una consulta y forma a profesionales del sector de la salud y de entornos corporativos sobre el estrés, el trauma, la atención plena y el bienestar. Su trabajo se centra en cómo vivir en nuestro propio cuerpo desde un conocimiento incorporado y consciente. Comprender la inteligencia de nuestro propio cuerpo es fundamental para acceder a la salud mental y el bienestar y conservarlos. Ella cree que toda persona puede acceder a su propia salud y sabiduría corporal inherente a pesar de cualquier factor de estrés emocional o trauma del pasado. Trabaja y ejerce en Menlo Park, California.

Manuela ha publicado *8 Keys to Practicing Mindfulness: Practical Strategies for Emotional Health and Well-Being* [8 claves para practicar la atención plena: estrategias prácticas para la salud emocional y el bienestar] (W. W. Norton, 2015); además, ha colaborado en las obras *Hakomi Mindfulness-Centered Somatic Psychotherapy* [Psicoterapia somática centrada en la atención plena de Hakomi] (W. W. Norton, 2015) y *The Praeger Handbook of Community Mental Health Practice* [Manual de práctica de salud mental comunitaria de Praeger] (Praeger, 2013).

Puedes encontrar más información en su sitio web:

www.manuelamischkereeds.com